아! 숭례문과
나의 삶

아! 숭례문과 나의 삶

초판 1쇄 인쇄 2025년 12월 10일
초판 1쇄 발행 2025년 12월 15일

지은이 최용완
펴낸이 金泰奉
펴낸곳 한솜미디어
등 록 제5-213호

편 집 김태일
마케팅 김명준

주 소 (우 05044) 서울시 광진구 아차산로 413(구의동 243-22)
전 화 (02)454-0492(代)
팩 스 (02)454-0493
이메일 hansom@hansom.co.kr
홈페이지 www.hansomt.co.kr

ISBN 978-89-5959-599 0 (03810)

*책값은 표지에 표시되어 있습니다.
*잘못 만들어진 책은 구입하신 서점에서 친절하게 바꿔드립니다.

아! 숭례문과
나의 삶

최용완 지음

한솜미디어

| 시작하는 글 |

나의 젊음을 받친 대한민국 국보 제1호 서울시 남대문(숭례문)

1961년 나의 건축과 대학 졸업 논문은 한국 고전 건축양식이었다. 1950년 박정희 군사정부 때 한국은 세계에서 가장 가난한 나라였고 나라 예산에 남대문 보수는 빠듯한 지출이었다. 6 · 25 한국전쟁 중에 포격의 상처로 남대문의 구조에 무너질 위험이 컸다. 서울대학교 건축과 김정수 교수님은 나를 남대문 보수공사 현장에서 일하도록 주선하셨고 1961년 봄에 중수공사가 시작되었다.

서울시에서 주관하고 문교부 문화재 위원들의 자문으로 시작하는 공사장에는 8명의 건축 제도사들과 조원재 도편수가 지명되었고 30여 명의 고 건축 목수들이 공사를 시작하였다. 임천 단청사가 단청을 지휘하였고 일본에서 활동하는 젊은 고고학자 김정기 씨는 문교부 파견 현지 감독으로 지명되었다.

지붕에서 기와를 들어 내리면 자로 재서 크기를 기록하고 문양을 탁본하고 복원 공사에 재사용 여부를 결정하였다. 처마에 기와 문양은 여러 가지 아름다운 그림을 조각하였고 하늘을 나는 용의 모습은 참으로 살아 움직이는 듯한 예술이었다. 우리 선조들이 수천 년 동안 대대로 전수해 온 정교하고 안정된 예술과 기술이 건축물의 모든 부분에서 감탄을 멈출 길이 없었다. 내 나이 가장 민감한 때에 남달리 도취하였다. 지붕에 흙을 내리는 중에 놀라운 사실이 발견되었다.

조선 건국 태조 이성계가 도읍을 개성에서 지금의 서울로 옮기고 서둘러 성곽을 짓고 남대문을 세웠을 때에 붓글씨로 쓰인 원래의 상량문이 기록된 대들보가 톱으로 무자비하게 잘려진 모습으로 흙속에 묻혀 있었다. 발견된 기록에 의해서 이태조 5년 1396년 음력 10월 6일에 세워졌음을 처음으로 알게 되었고 임진왜란 후에 기록이 없는 보수 공사가 있었음을 상상하도록 하였다.

건물 부재가 하나하나 해체되어 내려올 적마다 정확한 규정 치수를 찾아 실측도 기록을 작성한 후에 복원 설계의 자료를 얻고 곧 복원 도면 설계를 시작하였다. 나는 도편수 조원재 씨와 같이 생활하면서 역사 속에 사라져 가는 우리 선조들의 고전 건축에 관한 지식과 기술을 배우는 일에 밤낮을 가리지 않고 듣고 배웠다. 설계에 가장 어려운 부분은 네 모퉁이에 추녀 설계였다. 처마의 아름다운 곡선의 원형을 전면에서 찾고 측면에서 찾아 두 개의 곡신을 맞추어 높이와 길이를 정한 나음 추녀의 설계를 해체된 추녀에서 확인하였다.

옛사람들은 건물 부재들의 용도에 적합한 여러 가지 나무들을 산에서 찾아 가장 적절한 시기에 베어서 바닷물에 수년 동안 침수한 다음 다시 그늘에서 수년 동안 말려서 나무의 결을 따라 부재 용도에 맞는 모양으로 제작하였다고 한다. 제한된 공정과 재료 공급에 따라 그러한 원칙은 최선을 다하여 공사를 진행한다고 도편수는 설명하였다.

우리나라 고전 건축의 가장 아름다운 부분은 지붕과 기둥 사이에서 지붕의 무게를 모아 기둥에 전해 주는 공포구조와 양식에 있다. 수많은 크고 작은 부재들을 조립하여 구성한 구조물은 지붕과 처마의 무게를 균등하게 분배하여 포라고 불리는 작은 구조물을 만들어 기둥에 전해 준다. 그 기능에 맞는 예술적 표현은 역사의 향기가 가득하다. 동아세아 목조 건축양식은 당송대의 양식과 원명대의 양식으로 나누어지며 우리나라 대부분의 목조 건축양식은 후자에 속하고 일본에 남은 우리나라 백제의 공장들이 지어 남긴 나라현 법륭사, 일본 최초의 사원 아스카데라 목조 건물들은 전자에 속한다.

일본에 백제의 불교가 전래된 것은 사상과 교리뿐 아니라 백제 선진 문물의 획기적 수용을 의미하기도 했다. 사원 건축은 건축 · 토목 · 회화 · 금속 공예 · 기와 제작 등 다양한 선진 기술을 아우르는 것이기 때문이다. 일본 역사에서 한반도 백제에서 전래된 불교문화가 눈부시게 발전한 7세기를 '아스카(飛鳥) 시대'라고 하는데, 그 시작이 바로 백제 건축가의 일본에 건설한 아스카데라의 건립이었다.

남대문을 공사하는 동안 서울 시민들에 떠도는 소문들이 있었다. "지붕에서 용이 하늘로 올랐다", "구렁이가 나왔다", "처녀 몸의 유골이 나왔다" 시민들이 궁금해 하기에 나는 서울 일간지에 계속해서 보고서를 발표하기 시작하였고 건축 잡지에 보고서도 출간하였다. 현장 일들은 힘들고 지루하였기에 처음부터 시작한 건축가들과 제도사들은 하나둘씩 모두 떠났지만 나는 역사적인 의무감에서 벗어날 수 없었다. 복원도를 완성할 무렵 공대 건축과 동창 친구들 여상현과 장석진을 불러 복원공사에 시간을 맞춰 필요한 모든 도면을 완성하였다. 그 후에 40여년이 지났다.

지난 2008년 2월 8일 일요일 아침 7시경에 내가 평시에 즐겨보는 24시간 한국 뉴스 TV를 켰을 때 나는 내 인생에 가장 슬픈 순간을 보았다. 숭례문이 불에 활활 타고 있었다. 나는 TV 앞 방바닥에 주저앉아 아픈 가슴에서 우러나는 뜨거운 눈물을 한없이 흘리고 있었다. 3시간동안 내 집이 불타고 있었다. 내 가족이 죽어가고 있었다. 소방대들의 물줄기는 기와지붕 위에 소나기물처럼 처마 끝으로 흘러내리고 건물 안에 불은 더욱 거세게 타오를 뿐, 무기력한 소방 작업에 천년의 민족혼이 맥박을 잃어가고 있었다. 나의 젊음을 통째로 바쳐 일한 건축 인생에 최고의 자랑이 검고 하얀 연기로 서울의 하늘 속으로 사라지고 있었다. 목사인 내 아내도 교회를 잊고 내 옆에서 같이 슬퍼하고 있있다.

돌연한 화제로 소실된 숭례문은 엄격한 문화재 보수공사 과정을 거쳐 다시 복원하면 국보 1호의 위치로 환원할 수 있다. 가장 중요한 기록은 1963년에 재작한 실측도였다. 미국에 유학

올 때 집에 남겨둔 실측도를 어머님이 알아보시고 20년 동안 잘 보관하셨다가 도미하실 때 고스란히 나에게 전해 주셨다. 다시 20여 년 동안 내 책장에 잘 보관되었다. 40여 년 후에 남대문을 다시 세우는 귀중한 자료가 되었다.

누각 일층에 재사용할 수 있는 잔여 부재들을 모두 다시 사용하고 실측 기록들과 도면에 따라 새로운 부재를 정확하게 원형과 맞추어 건물의 모든 부분이 원래의 모습으로 복원된다면 문화재의 가치는 다시 살아난다. 서울의 얼굴이 회복한다. 민족의 혼이 다시 일어선다. 1961년에 조원재 도편수와 같이 일한 이광규와 신응수 도편수들이 있었다. 2008년 신응수 도편수를 다시 만나 둘이서 머리를 맞대고 남대문의 위용을 다시 찾을 수 있었다.

1963년 5월 14일에 준공식에서 윤태일 서울특별시장은 내게 표창장과 금일봉을 수여하고 윤천주 문교부 장관은 나를 문화재위원들과 상의하여 문화재 건축전문위원으로 위촉하였다. 전국에 국보건축물들을 답사하고 보수공사 계획을 세우고 예산을 세웠으며 불국사, 순천 송광사, 여수 진남관, 등의 보수 공사를 감독하였다. 이순신 장군이 남해를 바라보고 왜군과 해적을 소탕하던 진남관 보수 공사를 끝으로 나의 문화재 전문위원직을 남겨두고 나는 유학을 떠났다.

숭례문 화재의 책임을 서울시청이나 문화재청에 묻기 전에 서울 시민들과 우리나라 국민들이 우리 문화에 얼마나 많은 관심을 갖고 우리 것을 찾아서 사랑하느냐를 물어야 한다. 숭례문은 우리를 깨워 주었다. 이조 건국의 새 시대를 열어준 우리 선조들의 혼은 이제 새로 복원된 숭례문과 함께 대한민국의 새로운 역사를 열어 줄 것이다.

1966년에 미네소타 주립대학 석사 학위 과정을 받으러 도미하였다. 그 후에 미국 오하이오주 수도 콜럼버스에서 한국 아내를 만나 가정을 꾸미고 1남 3녀의 자식을 두었다. 미국의 건축가로서 동포들 사회의 한인회장직과 미국 사회를 위해서 병원건축 전문가로 전 미국 대도시마다 병원들을 설계건설하며 콜럼버스와 데이튼 오하이오에서 45년 동안 건축 설계사무실을 운영해 왔다.

2003년 65세에 은퇴하여 시인 수필가로서 한국문단에 공인작가로 등단하였다, 2009년에 남가주 한국문인들의 모임 글샘터를 창립하고 매주 수요일이면 시, 수필, 단편소설, 등의 문예창작 발표회를 진행하고 있다. 건축예술과 문예창작에 새로운 세계를 열어 가는 모임을 지속하며 여생의 보람을 느끼며 산다.

미국에서 지은이 최용완

| 차례 |

제2부 북한 동포들의 자유

제3부 대통령의 딸

제4부 사랑방 글샘터

제1부

조용한 시간들

애들아, 아버지 먼저 출발하셨다

– 고향 찾아 4천 리 길, 8 · 15의 기억

두 아들과 딸 그리고 젖먹이 막내딸을 등에 업은 순옥이는 칭얼대는 아이들을 달래었다. 만주 땅 중앙에 있는 하얼빈시에서 사는 동안 2차 대전이 갑자기 끝났다. 1945년에 미국의 원자탄이 일본의 히로시마와 나가사키에 투하되며 8월 15일에 일본은 항복하고 말았다.

우리 가족은 전남 순천 고향길을 재촉하였다. 애들 아버지 최갑수는 단둥시에서 만나기로 약속하고 먼저 떠났다. 애들 엄마 순옥이는 집에 있는 모든 것들을 이웃집에 팔고 금 조각들을 사서 아이들의 외투 속에 감추어 꿰매었다.

두 아들은 앞에 걷고 딸의 손을 잡고 어머니의 등에 업은 두 살배기 딸, 다섯 사람은 열차에 올라 단둥으로 떠났다. 만주에 살던 모든 한국 사람은 한국의 신의주를 향해서 움직이고 있었다. 단둥역 앞에 광장에서 아버지와 재회하였다.

압록강은 소련군이 국경을 봉쇄하고 삼엄한 경계를 펼치고 있었다. 갑수는 압록강 건너는 나룻배를 찾아서 교섭하였다. 안개 낀 새벽 어두움 속에 여섯 식구는 나룻배 바닥에 엎드리고 천막을 위에 덮었다. 짐을 실어 나르는 모습으로 위장하였다. 배가 강 중앙에 이를 무렵 소련군의 따발총 소리와 장총 소리가 딱콩딱콩 들리기 시작하였다. 총알이 머리 위로 지나는 소리, 총알이 물에 튀는 소리가 빈번했다. 갑수와 순옥이는 가끔 하늘을 올려보며 기도만 하고 있었다. 배가 신의주에 접근하며 총소리는 잠잠해졌다. 삼엄한 국경선을 넘어 신의주 여관에 들어 여섯 식구는 드디어 안심하는 듯했다.

다음날 가족은 기차에 몸을 싣고 평양을 향해 움직였다. 평양역 광장은 조용했다. 부근에 학교 광장이 있고 다음날 아침 소련군과 북한군 사이에 축구 시합을 개최하고 있었다. 가족이 여관에 머무는 동안에 용성, 용완, 신자는 축구 구경을 하러갔다. 소련군과 북한군 사이에 경합이었다. 응원하는 열기 중에 누군가 신자를 넘어지게 하고 신자는 소리 내어 울었다. 어디선가 소련 헌병이 달려와서 신자를 울린 북한 청년의 뺨을 때렸다. 용완이는 한국 사람을 함부로 다루는 소련군에 화가 났고 소리 지르며 대들고 싶었지만 어린 나이에 참을 수밖에 없었다.

다음날 가족은 개성으로 향하는 기차에 올랐다. 기차는 발을 디딜 곳 없는 초만원이었고 기차 꼭대기 위에도 사람들이 올라앉아 있었다. 열차가 달리는 중에 누군가 하얀 보자기를 창밖으로 던졌고 아기 엄마의 외쳐 우는 소리가 들렸다.

죽은 아기를 안고 울기만 하는 모습을 보다 못해 사람들이 죽은 아기를 빼앗아 창밖으로 버린 일이었다. 기차는 혼신을 다해서 남쪽으로 달리고 있었다. 기차는 가던 길에서 멈춰 섰다. 철길이 끊겨 있었다. 그곳에서 개성까지는 며칠을 걸어야 했다. 아버지는 다시 큰 짐을 등에 메고 형과 나는 외투를 입고 앞을 걸었고 어머니는 딸의 손을 잡고 젖먹이를 등에 업고 뒤를 따랐다. 하루 종일 걷고 해가 지면 남의 집 처마 밑에서 밤을 새웠다. 하루 종일 걷고 다음날 다시 걷기를 거듭했다.

개성에 도착한 즉시 가족은 삼팔선을 넘는 길을 물어 찾아갔다. 개성 남쪽으로 흐르는 임진강이 남과 북을 나누는 경계선이었다. 우리 일행은 인민군 경비군에 체포되었다. 부모님은 우리 일행을 다시 돌려보내는 트럭에 태울까봐 걱정스런 눈빛이었다. 구치소에서 하룻밤을 뜬눈으로 새웠다. 어머니는 가족과 고향 찾아가는 난민임을 이야기하고 경비군 장교에게 어머니 손가락에 금반지를 빼주는 듯했다. 장교는 우리 가족을 인솔하고 골짜기를 내려갔다. 계곡에 강을 건너는 다리를 가리키며 잘 가라는 손짓을 하고 떠났다. 계곡의 다리 건너편에 남조선 경비병들이 보였다. 일행은 조심스럽게 다리를 걸어 넘었다. 한국군과 미군이 섞인 경비대는 우리를 반기며 머리끝에서 발끝까지 하얀 방역가루(DDT)를 뿌려서 우리 가족은 모두 눈사람이 되었다. 아버지와 어머니는 눈사람이 된 채 처음으로 웃어 보였다.

만주에 살던 때 순천에 사시는 할아버지(최양섭)가 다녀가셨다. 할아버지는 개성에서 우리 가족이 오기를 기다리고 계셨다. 경비군의 연락으로 할아버지와 다시 만났다. 열차는 개성에서 서울까지 그리고 순천까지 우리 가족을 무사히 옮겨 주었다. 하지만 8월 중순에 만주에서 떠나 2달 후에 고향 순천에 도착했을 때 두 살배기 막내는 엄마 등에서 영양실조로 고생 끝에 숨을 거두었다. 기쁨과 슬픔이 겹친 귀향길을 마치었다.

순천 할아버지 댁은 큰길 위에 높은 석축을 쌓고 그 위에 지은 큰집이었다. 계단을 올라 정원에 들면 감나무가 있고 현관은 현대식으로 지었다. 할아버지가 젊으셨을 때 일본을 오가며 순천에서 처음으로 백화점을 차려서 운영할 때 지은 집이다.

용완이는 이곳 할아버지 댁에서 출생하였고 자라는 동안 할아버지를 닮았다는 이야기를 자주 들었다. 용완이가 서울대학교 건축과를 졸업하고 미국에서 건축사무실을 운영하는 때까지 어려서 본 할아버지가 사업하는 모습을 자주 기억했다.

길 건너에는 순천의 갑부 성씨의 저택이 있었다. 순천의 가을 하늘은 맑고 여수에서 불어오는 바닷바람은 우리가 어렸을 때 추억을 돌려주었기에 고향은 평안하고 아름다웠다. 갑수와 순옥은 광주로 이사하여 아이들 학교(서석 초등학교) 옆 서석동에 무등산을 바라보는 경관을 갖춘 새집을 지었다. 철봉대를 세워 아이들이 운동할 수 있도록 했다.

1945년 세계 2차 대전을 마칠 무렵에 이집트 카이로 회담에서 미국과 소련은 한반도를 남과 북으로 나누어 북위 38도선을 경계로 북쪽은 소련이, 남쪽은 미국의 주도권 지역으로 정하였다. 소련은 북한을 김일성을 수령으로 독재 정부를 수립하였고 남한은 이승만의 책임 아래 민주주의 체제를 갖추었다. 1950년에 소련의 스딜린 공산당 세제는 6월 25일 일요일 아침에 남침을 시작하여 한국전쟁이 발발하였다.

유럽은 아이젠하워의 노르망디 상륙작전에 성공하여 독일을 동독과 서독으로 나누어 동독은 소련이 서독은 미국이 주도권을 이루었다. 한반도에서는 김일성 공산군이 소련 탱크를 앞세워 쉽게 서울을 함락하고 호남을 지나 낙동강 경계에 이르러 치열한 공방을 이루는 중에 미국의 태평양 제독 맥아더 장군은 인천 상륙작전에 성공하여 공산군은 철수를 시작하고 빠르게 삼팔선을 지나 평양에 이르렀다가 평안북도까지 철수하였다. 한반도에서 공산국이 사라지려는 절박한 상황에 중공군이 압록강을 건너서 남침을 시작하였다. 맥아더 장군은 중국을 공격하는 작전을 세웠다.

투루만 대통령은 맥아더 장군을 퇴역시키고 맥아더 장군의 “노병은 죽지 않고 사라진다”는 은퇴 연설을 남기고 사라졌다. 아이젠하워는 트루먼을 이어 미국의 34대 대통령으로 선출되었다. 중국과 미국은 한반도에서 휴전협정을 맺고 임진강을 경계선으로 남과 북을 나누어 한반도의 정세는 오랜 세월이 흘렀다.

전쟁 중에 광주 서석동에 서석초등학교는 박기병 대령이 지휘하는 육군 연대가 있었고 무등산에는 아직 후퇴하지 못한 빨치산 유격대가 숨어 살고 있었다. 한밤에 유격대가 내려와서 육군 연대를 공격하고 쌀을 훔쳐 도망쳤다. 우리 사는 동네에 가족과 함께 사는 젊은 병장은 총소리를 듣고 급히 무장하고 부대에 가려고 대문 밖으로 나오는 순간 삘치산의 총에 맞아 숨졌다. 빨치산의 뒤를 따라 공격한 육군은 아홉 명의 포로를 체포했다. 박기병 대령은 마을 사람들이 보는 앞에서 공개처형하였다.

초등학교에 국군 부대가 주둔하고 무등산에는 후퇴하지 못한 공산군 빨치산이 숨어 살고 있었다. 총성이 요란하고 수류탄 폭음과 화염에 잠을 깬 새벽, 치열한 살인의 절규, 목숨의 마지막 비명, 창밖에 보이는 지옥은 12살 된 나에게는 너무나 눈물겨웠다. 아침 길에 군인들의 시체를 치우고 포로 열 사람은 끈에 묶여 무등산 기슭에 이르렀다. 헌병은 포로에게 삽을 주어 땅 구덩이를 파게하고 불 뿜는 총 끝 연기에 한 사람씩 목숨이 사라졌다. 자리를 파고 그 자리에 쓰러진 시체들을 흙으로 덮고 헌병들은 떠났다. 잠시 후에 가족인 듯한 사람들이 찾아와 소리내어 울며 흙속에서 찾은 시체를 등에 메고 어디론가 사라졌다.

초등학교 6학년 담임선생님은 최춘배 선생님이었다. 다음날 아버지가 근무하시는 상공회의소 운동회가 있다고 알려 주셨다. 나는 달리기 대회에 나가고 싶어졌다. 운동장을 3바퀴 돌며 연습해 보았다. 뛰겠다고 마음을 다짐했다. 운동회에서 가장 큰 행사는 올림픽 정규 마라톤 거리를 달리는 거였다. 광주에서 송정리를 다녀오는 경주였다. 아버지는 나를 격려하고 내가 달리는 뒤를 자전거를 타시고 따랐다.

지금 돌이켜 보면 막내 누이를 잃었지만, 그때 부모님의 용단으로 우리는 자유의 나라, 이승만 정부 대한민국으로 돌아왔음이 얼마나 감사한 운명이었는지. 6 · 25전란을 겪으며 학교 다니고 4 · 19혁명을 거치며 대학을 마쳤다.

서울 남대문 종수공사를 마친 후에 1966년에 미국 미네소타 주립개학에 유학을 왔다. 어려운 이민 생활의 선축가 세월이 지날 부렵 2008년에 남대문이 불에 타서 다시 찾아가 재건을 도왔다. 부모님들마저 20년 전에 우리 곁을 떠나셨지만 우리의 어린시절 8 · 15 해방의 파란만장했던 기억은 아직도 어제 일처럼 선명하다.

삶 속에 무한한 혜택

내 나이 4살 때 부모 따라 만주로 이사해서 살면서 할아버지가 가르쳐 준 불경을 아침마다 잠을 깨면 외웠지요. 아버님과 어머님이 절실한 불교 신자였습니다. 1945년 해방되는 해 9월에 나는 8살이었고 부모님과 우리 4남매는 이미 소련군이 가로막은 압록강을 건너는 위험을 겪었습니다. 북한의 평양에 잠시 머무른 후에 계속해서 개성을 지나 인민군이 가로막은 아슬아슬하게 38선을 넘는 위험도 겪었습니다. 그때 우리 부모님이 갖으신 믿음의 힘이 없으셨으면 우리 가족은 사할린 동포가 되었거나 북한 동포로 그곳에 남아 살게 되었을지도 모릅니다.

저희 세대는 13살 때 6 · 25 한국전쟁을 치르며 동족을 살생하는 전쟁의 비참함을 보면서 자랐습니다. 한 번은 우리가 다니던 서석초등학교에 육군 부대가 주둔해 있었고 어느 날 밤에 무등산에 공산군 유격대가 습격을 해왔습니다. 밤새 총소리와 총 맞은 부상병의 신음 소리에 밤을 새웠지요.

휴전 후에 중고등학교를 다니면서 친구들과 교회를 다니는 동안 아침에 불경을 외우고 일요일에 교회에서 찬양대 하고 아버지께서 장남이셔서 집에서는 선조들을 모시는 제사를 지내고 사업하시는 삼촌댁에서는 굿을 했습니다. 우리 생활에 종교가 무엇인가 생각하면서 살게 되었지요.

서울대학교 건축과에 입학해서 4년간 학교생활하면서 태릉에서 하숙 생활을 하는 동안에도 사람이 죽으면 어디로 가나 하고 혼자서 공동묘지에도 자주 찾아가 보기도 했습니다. 그때 한국은 학생들 데모에 의해 이기붕 국회의장 가족들이 파괴되고 이승만 대통령이 하야하고 박정희 군사 정권이 들어서서 격동기를 지나는 때였습니다. 그럴수록 기독교는 강하게 성장하고 있었음을 기억합니다. 저는 1961년에 건축과를 졸업하고 서울 남대문(숭례문) 복원 공사에 2년 반 동안 일했습니다. 그에 관한 방송과 신문 보도는 이전에 이미 발표되었습니다.

28살 되는 1966년에 미국에 미네소타 주립대학에 유학을 왔을 때 기숙사에서 친구들과 성경 공부를 시작하면서 기독교인이 되었지요. 목사님을 모셔 오고 교회를 시작했습니다. 중고등학교를 같이 다니던 형제처럼 가까이 지내던 친구가 세상을 떠났을 때 내 안에 쌓인 한도 많았던지 나도 많이 울었습니다. 그때 성령님이 내 어깨를 만져 주시는 느낌을 얻었고 내 몸이 불길에 타는 듯 뜨거워짐을 느끼며 엎드려 기도하던 체험도 하였지요.

40년 넘어 여러 교회 일에 열심히 봉사하면서 살았습니다. 그 동안에 오하이오 주에서 30년 넘게 마취 의사였던 아내가 하나님의 부름을 받고 미국 감리교 목사님이 되고 나는 오하이오 주에 건축가로서 전국에 수많은 건축설계 활동을 하면서 이곳 LA에 굿사마리탄 병원도 설계하고 오하이오주에 한국전쟁 참전용사들을 위한 사회사업도 하며 동포 사회에도 봉사하고 항상 하나님을 섬기는 마음으로 살아왔습니다.

나이 70이 넘는 인생에 몇 차례 죽을 고비도 겪었지요. 그때마다 하나님께서 구해 주시는 경험을 했습니다. 30년 전에 테니스 운동을 하다가 갑자기 오른팔을 쓰지 못하는 불편한 상황이 생겼습니다. 밤에 팔이 아파서 잠을 자지 못하고 일주일 동안 병원에서 검진을 받고 의사인 친구는 목에 척추 수술을 권고했습니다. 나는 놀라서 병원을 피해서 나와 테니스장 사우나에 앉아 기도하고 있었지요. 체구가 큰 독일 발음을 하는 미국인이 걸어 들어와 내 팔목에 환자 팔찌를 보고 어디 아프냐고 물었습니다. 그리고 대학병원에 물리치료 의사를 소개해 줬습니다.

Dr. Jonson은 2주일 물리치료를 받게 하고 나의 생활습관을 고쳐 주어서 4주일 후에 완전히 회복되고 나는 다시 테니스를 칠 수 있게 되었습니다. 나는 그 독일계 미국 사람이 나를 찾아온 천사임을 생각하게 되었지요.

또 한 번은 한국에 다녀오는 길에 비행기 안에서 책 읽는데 열중해서 거의 10시간 이상 움직이질 않았습니다. 집에 온 며칠 후에 갑자기 왼쪽 다리가 부었습니다. 저녁 밥상을 차려 놓고 밥을 먹으려는데 아내가 나를 병원 응급실에 데려갔습니다. 왼발에 혈전이 생겨서 뇌일혈이나 심장마비나 폐경색을 일으킬 직전의 상황이었지요. 아내가 내 목숨을 구해준 천사였습니다.

오하이오주에서 35년 건축가 생활을 마치고 6년 전에 은퇴해서 남가주로 옮겨왔지요. 지금은 한국 전통 정원을 추진하는 일과 교민 사회를 돕는 일과 교회 일 그리고 글 쓰는 시간을 많이 갖고 어바인 베델교회에서 손인식 목사님을 모시고 교회 장로로서 교회 내에 일을 맡고 하루에 몇 번씩 기도하면서 살고 있습니다.

"하나님은 우리의 지식으로 이해할 수 있는 분이 아니고 우리를 항상 보고 잘 아시는 분이다"라고 생각합니다. 요한복음 3장 16절에 "하나님은 세상을 이처럼 사랑하사 독생자를 주셨으니" 했습니다. 이 세상에 모든 생명체는 하나님께서 주신 사랑을 가졌기에 어미가 새끼를 낳고 보호해서 그 생명이 자연 속에 존속하고 있습니다. 사람들도 이처럼 사랑이 있기에 함께 살고 가정과 사회를 꾸려 가고 있습니다. 우리 모두 하나님의 사랑 안에 살고 있습니다. 누구든지 주위에 모든 사람들을 사랑하면 행복한 사람이라고 생각합니다. 그것이 우리 삶의 원동력이니까요.

현대인의 바쁜 생활 속에 묻혀 사는 사람들은 교회에 가는 시간이 어렵게 느껴지고 믿음을 갖고 사는 것과 믿지 않고 사는 것의 차이를 보지 못합니다. 하지만 믿음이 없이 사는 인생은 문자 그대로 삶이 허무하고 텅 빈 무덤으로 향하게 됩니다. 누구든지 기도하면 우리를 사랑하시는 하나님이 응답하시고 그 혜택을 받게 됩니다.

삶 속에 하나님이 주시는 은혜는 무한합니다. 그리고 인생을 바칠 때 하나님 계신 고향에 돌아가지요. 그래서 주위 친구들과 아는 사람들에게 아무 때고 어디서나 기도하고 믿는 분들과 함께 지내시기를 권고하며 살지요. 우리 부부가 함께 사회봉사를 할 수 있음을 감사하며 매일 기도하고 지냅니다.

인류 역사에 새 시대의 문을 여는 우리의 핏줄

사이언티픽 아메리칸(Scientific American) 책자 2008년 7월호에 게리 스틱스(Gary Stix)의 논문은 그전에 1995년 출간된 카발리 스포르차(Cavalli-Sforza)의 저서 'The Great Human Diasporas'의 내용을 더욱 발전시켜 정확하게 전개한 논문이다.

우리 민족의 혈연은 M174와 M130으로 나누어져서 M174는 만주, 몽골, 티베트로 이어지는 고구려의 선조로 보이고 M130은 시베리아, 알라스카를 지나 북미, 중미, 남미에 이르는 백제의 선조로 보인다. 현대 인류는 발원지 아프리카에서 10만 년 전까지 서식하다가 해 뜨는 동쪽으로 이동하기 시작했다.

떠난 후에 세계에서 가장 먼저 인도양과 태평양을 끼고 돌아온 6만 년 전 인류 혈연의 대동맥이 우리의 핏줄이다. 동남아시아에 머물러 모여 살면서 언어가 발달하였다. 5만 년 전 한반도 서부의 요동반도에 이르렀을 때 처음으로 겨울철을 맞았으리라. 김치, 곡주 등 발효 음식을 개발하고 온돌방을 지어 겨울을 이겨 내는 우리 민족의 뿌리는 이때부터 영글었으리라.

당나라 양균송이 지은 '감룡경'이 있다. '감룡경'의 3개의 큰 물을 삼룡이라 했고 삼룡 가운데 하나가 "동쪽으로 아득히 멀리 삼한(三韓)으로 들어간다"고 하였다고 한다. 송나라 때 성리학의 대가 주자(朱子)는 천하의 큰물(大水) 세 개를 황하 · 장강 · 압록강으로 꼽았을 만큼 동아시아의 중심은 요동반도였고, 그곳에서 만리장성과 대륙을 횡단하는 실크로드가 시작된다.

일찍이 단재 신채호 선생은 광대한 땅에 "여진, 선비, 몽골, 흉노 등 본래 우리의 동족(同族)"의 땅이라고 했다. 만주 · 몽골 · 중앙아시아 · 티베트 그리고 멀리 유럽의 헝가리 · 핀란드까지 같은 민족이었다. 당나라 사람들이 삼룡 가운데 북룡을 우리 민족의 터전으로 본 것은 한때 동아시아 최강이었던 고구려와 한반도에 백제가 있었기 때문이다.

우리 고대 민족사에 정통한 김석동 전 금융위원장도 북룡을 따라 성립된 국가들과의 동질성 회복과 교류가 진정 한국의 미래에 경제 대국으로 가는 길이라고 말한다. 한반도 남단에 못을 파고 흙산(mound)을 짓던 풍습은 미시시피 강변을 따라 3,000여 개의 흙산들로 연결되며 중미 유카탄 반도의 마야 문명을 비롯한 원주민은 우리의 핏줄이며 오랜 역사를 통하여 생활 풍습이 우리와 유사함을 이해하게 된다.

세계에서 가장 일찍 9천 년 전쯤에 요동반도 홍산문화와 문명은 석조 성곽을 짓고 토기를 만들고 옥돌 조각물 재작이 시작되었음이 중국의 가장 최근 고고학 발굴에서 발견되었나. 층난식 돌무덤을 세워 인류의 문화와 문명이 동아시아에서 시작되지 않았을까 하는 생각을 하게 한다. 하나라, 은(상)나라로 이어지는 고조선의 역사는 중화 문명의 기반이 된 듯하다. 만주 지역에서 시작한 우리 선조는 수만 년 전부터 말과 개를 가정에서 기르기 시작했다고 한다. 주나라의 기록 서경에 은(상)상나라를 멸망시켰을 때 주위의 부락민에게서 개와 말을 선물로 받았다고 기록되어 있다. 삽살개나 발바리라는 개 이름도 오래된 우리 말이다.

양자강과 황하 중류에서 시작된 중화민족의 주나라가 은(상)나라를 비롯한 동이족의 나라들을 점령하는 5천 년 전쯤에 약 25만 명에 이르는 민족 이동이 해외로 분산되었다고 기록되었다. 동이족의 금속 문화, 천체 종교와 조상 종교로 시작된 피라미드 문화는 나침판을 만든 항해 기술과 함께 전 세계 각 대륙에 전파된 듯하다. 동아시아에서 필사적으로 도피하여 아프리카 나일강변과 중남미 대륙에 흘러간 것이 아닐까. 이때 고인돌 문화도 스톤헨지(Stonehenge)를 세운 서유럽에 전해졌을까.

만주 땅에 훈족은 2만 년 전 유럽 땅의 빙하가 녹아 사람이 살 수 있을 무렵부터 지금의 아시아 대륙을 횡단하는 비단길을 열고 유럽에 제후국들을 세웠으리라. 우리의 핏줄이 유럽에 스며들고 로마를 멸망시킨 훈족이 우리의 핏줄이며 11세기에 서남아시아와 유럽을 통일한 몽골 민족이 우리의 핏줄이다. 중화민족의 만리장성도 훈족을 막으려 세워졌다.

베이징과 상하이가 한반도 주위에 있듯 중화민족의 역사는 우리 민족의 역사를 뒤따랐다. 많은 중국의 나라들이 한반도 주위에서 시작되었다. 청나라의 창시자, 누루하치도 백두산 기슭에서 태어나 그곳에서 자라난 백두산 사람이다. 아시아 대륙을 횡단하는 비단길과 진시황제의 만리장성이 한반도에서 시작하는 모습은 우리 역사의 위치를 보여 준다. 일본은 백제의 땅 우리말과 우리 문화를 간직한 우리 민족의 한 부분이고 만주도 고구려의 땅 우리 민족의 뿌리가 묻혀 있는 고향 땅이다.

어머니의 사랑에서 자라난 우리의 믿음은 우리의 조상 종교, 자연 종교, 하늘과 땅의 음양오행으로 시작하여 도교와 유교가 이루어졌다. 인도 동부의 갠지스강에 전해진 동아시아 종교는 불교의 석가 탄생을 맞이하게 되고, 후에 티그리스 유프라테스강 유역에 예수가 태어나게 된다. 예수의 기독교가 설립된 이후에 이슬람교의 창시자 모하메드가 태어나고 기독교와 이슬람교의 끊임없는 분쟁이 오늘날까지 이어지고 있다. 동유럽의 천주교와 서유럽의 개신교는 미국을 거쳐 종교의 고향 동아시아를 찾아왔다. 동아시아에서 시작된 세계 종교는 지구의 회전을 역행하여 고향을 찾아와서 현대 종교는 이제 새로운 출발점에 이르렀다.

세계의 종교, 예술, 과학은 태어난 본연의 고향, 동아시아로 돌아오고 있다. 이제 인류의 미래는 지구상의 자연을 떠나 우주에 의존하는 새로운 모습으로 변하고 있다. 11세기에 칭기즈칸이 유럽 중세기의 긴 밤을 깨워 지구상에 현대 역사의 문을 열었듯이 동아시아의 우리는 지구의 인류 역사에 새 시대의 문을 연다. 지금 우리는 그 길목에 이르러 무엇을 해야 할까.

전자 발찌를 찬 침략자 일본

최근에 서울에서 미성년자 성폭행 전자 발찌를 차고 성폭행을 가해한 범인이 잡혀 세상을 놀라게 했다. 침략자의 전자 발찌를 차고도 침략을 멈추지 못하는 일본을 어떻게 이 땅 위에 사는 지성인에게 알려 그들이 놀라게 할 수 있을까?

1910년 8월 29일 한일합병조약을 맺고 1945년 8월 15일까지 일본은 한국을 약탈하고 중국을 비롯한 아시아 동남부 지역을 침략하였다. 독일 히틀러가 유럽을 침략하고 유대인 600만 명을 학살하는 때를 맞춰 침략자 일본은 한국과 중국을 침략하고 천황의 이름으로 수백만의 한국인과 중국인을 학살하였다. 2차 대전이 종식하고 독일의 독재자는 사라졌지만, 일본의 천황을 신으로 생각하는 일본 극우파는 아직도 침략의 근성을 행동으로 보여 주고 있다.

1945년 일본은 북일본, 남일본으로 나누어지지 않고 일본 식민지에서 해방된 한국은 북한과 남한으로 분단되었다. 미국은 남한에 자유 민주주의와 자본주의 발판을 만들었다. 하지만 소련의 스탈린과 중국의 모택동을 따르는 북한의 김일성은 적화통일의 꿈을 품고 1950년 6월 25일 일요일 새벽에 남침하여 수백만의 한국인과 수십만의 외국인 목숨이 한반도에서 희생되는 한국전쟁을 일으켰다.

미국은 한반도에 필요한 군수 물자를 일본에서 생산하도록 하였다. 폐망한 일본은 한국전쟁의 혜택으로 자동차와 전자산업을 시작하고 미국과 군사동맹을 맺었다. 지난 반세기 동안 세계를 지배해 온 미국의 경제권 안에서 독일은 통일되고 독일과 일본은 세계 경제 강국으로 성장하였다. 한국도 전쟁이 없었으면 독일처럼 통일되고 현재 일본의 위치에 일어섰을 수도 있었을 것이다.

상고시대부터 지금까지 한국과 일본의 역사적 관계를 살펴보면 한국에는 만주 몽골을 지배하는 고구려 대국과 동남아시아 해양지대를 지배하는 백제 대국의 오랜 역사가 기원 전후까지 지속하여 왔다. 일본 열도는 백제 대국의 한 지역에 불과했다. 한반도에 삼국이 형성되고 신라가 당나라와 연합군을 형성하여 고구려의 영토였던 만주는 당나라에 빼앗기고 백제는 자기 영토의 일부인 일본으로 이주하여 일본 문화의 발상 시대인 아소카 시대가 시작되었다. 일본 열도에 처음으로 국가의 모습을 갖추고 우리 언어가 지배층의 언어로 지금의 일본어로 발달하였다. 십여 년 전에 일본의 천황이 처음으로 일본 지배자의 혈연은 한반도에서 유래된 민족이라는 그들의 비밀을 드디어 밝힌 바 있다.

일본은 백제의 후손이기에 육지를 동경하고 생활이 어려울 적마다 한반도와 중국 동해안에 해적으로 출몰해 왔다. 우리나라 이조 중엽부터 일본의 인구가 일본열도에 만연하면서 일본은 대륙을 향한 침략 행위가 시작된다. 임진왜란이 시작되고 한반도를 통해서 중국의 명나라까지 침략하겠다고 기세를 올렸었다. 그런 후에 일본은 서구 문화를 한국이나 중국보다 60년 앞서서 받아들여 현대화하였다. 한반도의 통상수교 거부정책은 조선 말엽에 경술국치의 비극을 불러오게 되었다.

최근에 독도 분쟁은 힘을 잃어가는 일본 여당에 큰소리 치는 기회를 주었다. 일본의 극우파를 포섭하고 경제 저조와 국민에게 보여줄 것 없는 여당의 정치에서 일본 보수파의 정치적 관심을 끌어오는 계기가 되었다. 이명박 대통령의 독도 방문을 문제삼고 천황의 사과 요구에 극도로 반발하는 일본 애국심을 일본 내에 불러일으키고 있다. 필요하면 독도자위대를 파견한다는 본격적 침략 행위를 선포하였다.

한국이 전쟁의 가난에서 시달리는 동안 한국은 2차 대전 중에 빼앗긴 대마도를 찾아오지 못했다. 일본은 대마도를 생각하는 기회를 예방하는 방법으로 독도만을 거론하고 있다. 경제적으로 앞선 일본은 한국의 독도를 매수하는 노력을 해왔고 중국의 영토 섬들을 침략하는 행위를 계속해 왔다. 침략을 반성하고 침략자의 사죄를 보인 독일과는 정반대로 일본의 침략 행위는 동해를 일본해로, 독도를 자기네 영토라고, 전쟁 중에 부녀자를 성 노예 시킨 근거가 없다고 세계의 이목을 속여 주장하며 중국의 영토 섬들을 자기 것처럼 천명한다.

이러한 상황에 미국은 침략의 피해자를 이해하지 못한다. 총으로 활을 쏘는 민족을 몰아내고 땅을 빼앗아 세운 나라이기에 침략을 정당화하는 경향마저 있는 나라이다. 피해자 된 한국을 이해하기보다는 앞으로 중국 성장의 방어선이 될 일본의 군사력 성장을 먼저 생각한다. 미국 인구의 4.5배나 되는 중국이 세계 군사력을 지배하는 때는 20년에서 50년을 내려다보기에 미국이 피할 수 없는 역사적 위협이다.

오늘의 한국은 북한 문제를 등에 업고 세계 10대 경제 대국에 진입하였다. 삼성전자, 현대 기아 자동차, 선박 조선사업 등의 경제 성장을 바탕으로 한국어, 한글, 한국의 문화는 한국산 전자기술을 타고 빠르게 세계 안으로 성장하고 있다. K-POP(케이팝)은 세계의 젊은이에게 크게 관심이 쏠려 한국 음식과 한국 물품이 세계 시장에 분포되고 있다.

일본의 침략과 북한의 위협은 한국의 국력으로 풀어야 한다. 사람을 신으로 믿는 그들임을 그리고 침략자의 전자 발찌를 찬 그들임을 세계의 지성인에게 알려야 한다. 그런 이웃과 전쟁을 예방하기 위해서는 강력한 정치력과 경제력 그리고 첨단 무기를 개발 설치한 강력한 군사 방어력을 갖추어야 한다. 우발적인 전쟁이 없도록 미리 세계의 열방과 공동 대치함이 우리 역사의 비극을 반복하지 않고 밝은 미래를 보장하는 길인가 싶다.

조용한 시간

네 살 때(1942년) 부모님이 만주에 직장을 구하셔서 이사할 무렵에 매일 아침 일어나면서 베개 옆에 앉아 염불하는 습관을 가졌었다. 해방 할아버지는 우리 형제들에게 염불을 가르쳐 주셨다. 그때부터 우리는 후에 광주에서 중학교 다닐 무렵에 친구들 따라 교회도 다니기 시작했고 교회 찬양대도 하고 이모할머니 따라 천주교 성당에도 다니고 성탄절에 선물 받는 날이 제일 좋았다. 그러는 동안에 아버님은 장손에 장남이셔서 집에서 유교 전통식 선조들의 제사를 잘 지켜 지내셨다. 대학교 다닐 때 나는 이들 종교의 필요성과 의미를 알고 싶어서 혼자서 조용한 시간을 갖고 명상하는 습관을 시작하였는데 시간을 내기가 어려웠다.

공과 대학이 태릉 육군사관학교 가까이 불암산 남쪽 편에 있고 학교에서 하숙집까지 큰길로 40분 걸리고 공동묘지 샛길로 30분 걸리는 거리에 있었다. 학비를 버느라 일주일에 네 빈 가정교사 하러 돈암동에 다니고 학교 럭비운동 팀으로 연습도 하였기에 항상 시간이 모자랐다. 밤늦게 건축과 설계실에서 숙제하고 나면 새벽길을 혼자서 걸어 하숙집에 갔다. 처음에는 큰길로 다니다가 10분을 줄여서 묘지 샛길로 다니기 시작하였다. 머리털이 바짝 서고 몹시 긴장하고 걷다가 차츰 익숙해지고 한두 달이 지나면서 도리어 조용한 시간이 참 좋아졌다.

그때부터 혼자서 생각하기 시작하였고 지금도 계속해서 생각한다. 아이가 어머니 몸에서 태어나 어머니의 사랑을 받으며 이 세상에 태어나서 자랐기에 우리의 몸과 마음에 보호받고 보호하는 사랑이 있다. 우리는 항상 우리에게 생명을 주고 우리를 보호하는 절대주를 생각하고 의지하는 본능이 있고 외로움이 두려워서 변하지 않는 절대주와 항상 동반하는 습관이 있다. 지구상에 살고 있는 모든 생명체는 생명을 전하는 모체와 생명을 얻은 새 생명 사이에 사랑의 연관이 있고 그 관계가 종교의 기본이었음을 이해하기에 이르렀다. 그 사랑이 없었으면 그 생명이 지구상의 생존경쟁 속에서 생존하지 못하였고 그 씨가 계속하여 살지 못하였을 것이다.

지금 60이 지난 나이에 돌이켜 보면 그때 나이에 생각하는 능력이 내 인생에 가장 민감하였다고 본다. 혼자서 걷는 동안에 귀신을 만나면 어떻게 행동해야 하나 준비하였고, 시골 불량배들을 만나면 어떻게 대비해야 하나 등의 불안한 생각도 했고, 고향 생각, 학교 숙제, 장래 계획, 여자 생각 등의 공상도 많았고 시를 쓰는 버릇이 있어 시도 읊고 혼자서 걸으면서 노래도 불렀다. 그중에 가장 큰제목은 역시 종교에 관한 생각이었다.

인류에게 반드시 종교가 필요한 것이다. 그래서 절대주는 인류와 함께 언제나 어디서나 존재하고 누구에게나 동반한다. 지구상에 종교 본능이 생명체들과 함께 존재한 이후에 인류가 그리고 문화가 나타났고, 인류의 종교의식은 인류가 동남아시아에서 정착된 단체 생활을 시작할 때부터 자연 종교와 조상 종교의 형식으로 나타났다.

그 후 인류 문명은 문화의 한 부분으로 동아시아에서 발달하였고, 종교는 인류와 항상 함께 문화와 문명 속에 자리 잡게 된 것이다. 이성이 발달하고 과학이 발달하면서 종교와 과학 사이에 모순이 있는 듯 착각하지만 과학은 인류만이 가진 극히 제한된 지식이고 우주와 자연 그리고 그 안에 서식하는 생명의 섭리는 지식이 성장할수록 더욱 요원할 뿐이다.

비 오는 날 어느 묘에 기대고 앉아 묘 안에 누워 있는 시신과 이야기하는 가능성도 상상해 보고 이집트 피라미드에 미라가 재생하여 부활하는 상상도 했다. 그러는 동안에 나에게 그런 어떤 비슷한 일이 일어나기를 기대하는 때가 있었다. 그러던 어느 날 새벽길에 갑자기 아기 우는 소리를 들었다. 나는 곧 아기를 구출하겠다는 생각으로 소리 나는 곳을 찾았다. 하지만 그 소리는 나를 피해 옮겨 다녔다. 갑자기 무서움이 닥치는 듯하다가 드디어 나는 도망치는 여우 한 마리를 어둠 속에서 보고서야 안심하고 집에 왔다. 옛말에 여우에게 홀린다는 일을 혼자서 경험하였다.

신을 찾으려던 현대인들 중에 신을 보지 못하여 신은 죽었다고 말한다. 지식의 눈으로는 신을 보지 못한다. 현대 세계에 종교를 정치적 목적으로 이용하여 국가나 개인을 우상화하고 인간의 종교적 본능을 악용하거나 혹은 자기의 종교만을 유일한 종교인 것처럼 생각하여 종교에 편견을 조성하고 종교 간에 분쟁을 불러오는 범죄 집단의 행동을 하는 과오가 허다하다. 독재국가의 정책으로 국민이 겪는 고통을 정당하게 보이도록 하거나 혹은 기독교와 회교도의 분쟁으로 계속되는 전쟁과 평민의 학살이 정당하게 보이도록 되었음이 현실이다.

다음날 아침 하숙집 아주머니가 내 방에 밥상을 들여오면서 나를 보는 눈초리가 평상시와 달리 아주 차가웠다. 아주머니 슬하에 나보다 어린 두 아들이 있고 나는 그들과 사이가 좋았었다. 밥상을 내 갈 무렵 아주머니는 내 방에 들어와 조심스럽게 물었다. 어젯밤에 묘지에서 무엇을 했느냐고…. 나는 자초지종 모두 이야기하였고 여우 우는 소리에 길을 헤맸던 일도 말하였다. 아주머니는 같이 웃고 안심하는 듯 밥상을 들고 부엌으로 가고 나는 학교에 갔다.

나중에 알게 된 사실은 동네에서 누군가가 어두운 새벽에 묘지에서 나오는 나를 보았고 남의 묘를 파고 훔치는 도굴꾼으로 의심하여 하숙집에 알려 주었다고 한다. 나는 계속해서 학교 졸업할 때까지 한결같이 같은 묘지 길을 걸으면서 달과 별들 그리고 흐르는 구름과 함께 조용한 시간을 가졌고 대학에 등록금을 내지 않은 과목으로 아마 성적이 제일 좋았을 듯하다.

진실한 종교의 의미와 현대 세계에 부합하는 실명으로 모든 인류가 조용한 시간을 갖고 종교의 혜택을 얻도록 함이 우리에게 주어진 급선무이다. 영의 세계는 모든 생명체들과 예술의 세계는 고등생물들과 과학의 세계는 인간과 함께 존재하고 인간은 이들 세 가지 세계에 모두 소속하여 만물의 영장이 되었다.

영의 세계, 예술의 세계, 과학의 세계에 무한한 도전이 우리의 생활 과제이고 그 안에 무한한 생활 혜택을 얻어 옴이 현대인의 생활 기능이다. 현재까지 보존되어 온 모든 종교들이 문을 열고 마음을 비워 다른 종교들을 받아드리고 모든 경전에 기록된 진리를 모아 모든 일류에게 종교가 자유, 평화, 복지의 근원이 되어 현재와 장래에 태어나는 인류 사회에 크게 공헌하기를 바란다.

즐거웠던 23년

1966년 5월 28일 내가 한국을 떠나던 당시 김포공항은 미국의 작은 마을 비행장 만한 규모였고 한국은행에 국고 20억 불은 미국 대학가에 은행 예금 정도의 가난한 나라로 박정희 군사정부가 시작되는 무렵이었다. 호주머니에 법으로 허락되는 50불을 담고 작은 토트백을 어깨에 메고 미니애폴리스에 도착하여 3년 동안 고학하며 건축과 석사 과정을 마쳤다. 엘러비 회사에서 매이요 클리닉, 뉴욕 로체스터대학, 그리고 국내외에 여러 병원 건물을 설계하는 동안에 건축가 면허를 받고 두 딸도 갖고 미국 시민이 되었다.

16년이 지나서 1982년 4월에 데이튼 레빈포터 사무실에 파트너로 이사 왔을 때 취미로 골프, 테니스, 스키를 좋아하는 친구들이 많았다. 유태인과 독일계 백인 우월주의 파트너들과 일하는 동안에 힘든 직장생활은 더욱 어려워졌고 남모르는 가정불화를 겪고 내 인생에 중년의 위기를 겪는 중이었다.

곧 이혼과 재혼을 겪는 파란이 있었고 내 인생은 다시 시작하는 때가 되었다. 새 아내는 나를 격려해 주고 건축가로서 내 사업을 시작하는 용기를 주었다. 흑인 건축가와 백인 건축가를 동행하는 AAI 건축사무실을 시작했을 때는 1986년 6월이었고 두

명의 직원을 채용하고 다운타운에서 밤낮을 가리지 않고 열심히 일하는 건축사무실이 되었고, 1994년에 데이튼 상공회의소에서 그해의 스몰비즈니스로 입상하는 영광도 얻었다. 데이튼 VA를 포함한 병원 건축설계를 하던 중에 1995년에 오하이오주 한국참전용사 기념비와 공원을 설계하여 무료 증정함으로서 그 기념사업이 데이튼 다운타운에 자리 잡게 되는 결과를 가져왔고 데이튼 역사에 기리 보존되는 일을 하였다.

1999년에 데이튼 한인회가 위기에 봉착하여 문을 닫게 된 무렵에 나는 32년 만에 다시 한인회 일을 맡을 결심을 하였다. 손상현 회장님을 앞서게 하고 나는 부회장으로 시작하였다. 우선 한인회 이사들과 후원인들을 모아 매달 모이는 임원회 회식비 부담을 열두 사람에게 나누고 매년 1월 첫모임은 내가 맡았다.

2000년에 회장직을 이어받았을 때에 현재 한인 회장인 장한영씨 부부의 지원을 받고 당시 한글학교를 구해낸 우기희(현재민주평통위원)의 한글학교 모금운동으로 한인회와 한글학교는 다시 튼튼한 기반을 쌓았다. 그해에 미들타운 코리안페스티벌은 데이튼 한인회 역사에 가장 큰 행사였다.

나는 한국에 연세대학 건축과를 방문하고 한국 온돌 주택 건축 연구자료를 얻어와 전시하였고 온돌방 모형을 만들어 우리 문화를 소개하였다. 한국정부와 현대건설의 지원으로 미들타운 시티 행사는 크게 성공하였고 데이튼과 신시나티 한인회는 모든 인원을 총동원하여 한국의 문화를 미국 중서부 시민들에게 보여 주는 노력에 최선을 다하였다.

2003년에 한인회 이사장을 맡는 해에 한국에서 여러 대학 학생들로 구성되고 유명한 인간문화재들을 포함한 연예 예술인단이 오하이오주를 방문할 무렵 40명을 수용할 능력을 갖춘 한인회가 다른 큰 도시에 없었다.

참전 용사 재향군인 회장 짐 스나이더와 나는 데이튼 시장을 찾아가 데이튼 컨벤션 센터를 무료로 사용하도록 기증을 받았다. 대학생 모두를 3일 동안 숙박하도록 미국 가정과 한국 가정에 분배하였고 오하이오 각처에서 찾아온 75명의 참전 용사들과 100여 명의 가족들 그리고 고위 인사들이 참관했던 무대 공연과 전시회는 보는 이들 눈에 눈물이 고이도록 기뻐했고, 참전 용사 한 사람 한 사람 무대에 올라와 한국 국방부에서 준비한 메달을 목에 걸어 주었을 때 가난하고 비참했던 한국 전쟁터의 기억은 씻어지고 아름다운 대한민국의 얼을 그들의 마음에 심어 주었다. 젊은 나이에 목숨을 바쳐 한국의 자유와 평화를 수호한 그들에게 참으로 감사함을 보여 주었다.

같은 해에 한인 회관 설립 모금 음악회를 개최하고 한국에서 김성길 오페라 가수 및 국내외 음악인들을 초청하였고 필요한 여비와 숙박은 내 아내가 부담하였다. 한인회임원들의 적극적인 후원으로 민주평통위원 회장 원현묵 씨 지도하에 오하이오 지부장으로 일하는 동안 시카고를 재외한 중서부 13개 주 한인회원 중 처음으로 노무현 대통령 표창장을 받는 영광을 얻었으나 그 상은 데이튼 한인회원들의 공로로 본다.

매년 한인 건강진단을 베풀고 오하이오 교민들에게 시조 책자를 분배하여 하나님의 사랑을 전달하던 정근일 씨 부부. 매년 겨울에 한인회 행진을 하신 분들에게 따뜻한 식사를 대접하는 손상현 씨 부부, 데이튼 아시아인 연맹을 조직하고 한인 대표로 일하며 여러 가지 정보를 제공하는 서문섭 씨 부부, 한인회를 위해서 헌신하는 문동수 씨 부부, 한만표 씨 부부, 우기희 씨 부부, 장세곤 씨 부부, 한인 회관을 시작한 우철형 씨 부부, 박성현 씨 부부, 남현희 씨, 심영숙 씨, 지난해까지 한글학교와 한인회를 이끌어온 김상원 씨 부부, 이보다 더 많은 한인회원들을 나는 기억하고 감사한다.

금년에 한인회를 이끌어 가는 장한영 씨 부부는 참으로 하나님의 뜻을 따라 하나님의 사랑을 데이튼 교민들에게 전하는 하나님의 쓰임을 받은 분들이다. 앞으로 더 많은 우리 형제자매들이 가정 안에만 교회 안에만 메어 있지 않고 더 큰 사랑에 더 큰 하나님의 가정에 그 뜻을 따르는 이분들의 본을 받기를 기도한다. 우리 모두 한 달란트 받은 종이 되지 말고 다섯 달란트 받은 종이 되자(마태. 25.14-28).

이제 두 해 더 지나면 칠순에 드는 내 나이에 지난 23년은 내 인생에 가장 즐거운 시간이었다. 데이튼 VA 새 병원 건물, 다운타운에 라이볼 빌딩, 양키추레이스 골프 클럽하우스, 워렌카운티 미니스트레이션 빌딩들을 내 손으로 설계하고 시민들에게 남겨 주었다. 시카고 한인회에 필요한 한인 문화회관을 기본 설계하여 무료 봉사해 주고 지난해에 남가주로 이사 왔다.

항상 하나님께 범사에 감사하고 쉬지 않고 기도하며 아내와 아이들에게 고마워하고 사랑을 나누던 데이튼 교민들을 생각하며 기뻐한다. 이제 남은 여생을 이곳 한인 교포들을 위해서 그리고 서울대학교 동창회 일에 내일을 계획하고 있다.

종종 데이튼 친구들 소식 들려주기 바란다.

우리 선조의 지혜

– 음양오행(陰陽五行)

인류 역사에 여자는 농사를 지으며 아이를 기르고 남자들은 농사를 돕기도 하고 사냥 다니는 모계 사회가 오랫동안 지속되었다고 한다. 초승달에서 보름달로 달의 모양이 바뀜으로 시간을 인식하였고 자연의 모든 사물들을 살아 있는 신으로 모시는 원시 자연 종교의 풍습이었다.

지성이 발달하면서 사람은 모든 사물에 비교 대조되는 다른 사물이 있을 때 비로소 인식을 하기에 이른다. 여자가 있어 남자를 알아보고 밤이 있어 낮을 알게 되었다. 따라서 모든 사물에는 양면성이 있음을 보게 되었다. 우리 선인들은 세상에 사물을 음과 양으로 나누어, 땅과 하늘, 달과 해, 바다와 육지, 안과 밖, 물과 불, 마음과 몸처럼 늘 상대적인 개념으로 보았다. 상대와 대조되고 조화하며 우주 안에 보이는 모든 사물은 균형을 이루어 진행하는 진리를 깨달았다.

이러한 음앙 사상은 사람의 몸 인에 생리적 기능도 작은 우주와 같게 보아 건강관리와 질병치료에 한의학의 기본이 되었다. 마음에 기쁨과 슬픔, 용기와 무서움, 몸에 따듯함과 차가움, 습기와 건조, 음식과 분비물처럼 생리 균형을 유지할 때 건강하다. 균형을 잃으면 질병을 얻게 됨을 설명하였다.

우리 선조들의 지식이 더욱 발달하면서 다섯 손가락의 오행사상(五行思想)이 나타났다. 봄, 여름, 가을, 겨울의 계절을 동남서북 공간으로 나누고 땅은 사각형으로 생각하고 하늘은 원형으로 생각하기에 이르렀다. 열 손가락의 십진법을 이해하는 동시에 육각형과 팔각형을 이해하여 여덟을 쪼개어 64괘를 만들었다. 우리나라 태극기는 중앙에 음과 양이 회전하는 원을 그리고 네 모퉁이에 팔괘 중에 사괘의 의미를 선택하여 그려졌다. 태극기는 우리 문화에 오래된 종교 철학의 상징을 보여 준다. 도교의 경전인 주역은 자연을 64괘로 나누어 우주의 사물을 노래하는 시를 읊었다. 공자는 예수가 태어나기 600년 이전에 젊은 나이에 논어와 주역을 즐겨 읽었다고 한다.

동양의 오행 사상은 삶의 환경을 다섯 가지 요소로 나누었다. 물, 불, 나무, 쇠, 흙으로 눈에 보이는 사물의 색을 파란, 빨간, 하얀, 까만, 노란 색으로, 세상에 생명을 가진 것들을 물고기, 새, 네발짐승, 기는 짐승, 그리고 두 발로 서는 사람, 등의 다섯으로 나누어서 고구려 고분의 청룡, 주작, 백호, 현무와 중앙에 위치한 황제는 이들 다섯 가지 목숨을 상징하였다. 수만 년 동안 그림 그리기에 능숙한 선인들은 삼원색과 명암을 이미 이해하였다.

오행 사상은 한의학에 결부되어 오장(五臟)은 간(肝), 심(心), 비(脾), 폐(肺), 신(腎)으로 지정하고 오관은 눈, 혀, 입, 코, 귀, 오체는 근육, 맥, 살, 피부, 뼈, 오분비는 땀, 콧물, 눈물, 오줌, 뒤 등으로 나눠 마음의 오지(五志), 화냄, 기쁨, 근심, 슬픔, 무서움에 따라 연쇄적 상호관계로 유기적인 순환과 조화를 이루어 균형을 이루는 사람 목숨의 기능을 설명했다.

하늘의 네 방향을 일곱으로 나누어 우주를 28등분으로 나누었다. 우주 안에서 해의 길, 황도와 달의 길, 백도는 한 해에 12번 겹쳐서 12달이 정해지고 자축인묘로 시작되는 12지 상징적 동물들이 꾸며졌다. 바다에 용궁이 있다고 믿었기에 심청전 이야기가 우리에게 전해졌다.

하늘에 천궁은 항상 자리가 일정한 북극성을 왕으로 모시고 북두칠성과 주위에 별들은 왕위를 받들었다. 우리나라 궁궐 옥좌 뒤에 오악도는 해와 달을 그리고 다섯 산봉우리를 그렸다. 음양오행은 우주를 상징하고 땅 위에 임금님은 우주를 다스린다는 뜻이며 동시에 우주는 임금님을 받든다는 뜻이다.

음과 양 그리고 오행을 합하면 일곱이 되는 숫자이고 우주를 상징한다. 삼국유사의 우리나라 건국 신화에도 곰과 호랑이가 산신령에게 찾아와서 사람 되기를 청하였을 때 마늘과 쑥을 먹으며 세 번의 일곱 날들을 굴속에 살라고 명한다. 곰은 말씀을 따라 21일을 인내하여 사람이 되고 우리나라 건국 시조 단군의 아버지가 된다.

불교에도 석가의 열반 후에 7날을 7번 지나서 49제를 모신다. 일곱 숫자는 성경에서 4백30번이나 나타난다. 음력 7월 7석이면 소를 몰아 밭을 가는 견우와 베틀을 움직여 옷감을 짜는 직녀가 은하수에서 만난다.

하늘에 별의 움직임을 보고 많은 설화와 신화가 나타났다. 동양에서 시작된 신화와 설화는 수 만년 후에 빙하기가 지나서 나타난 유럽인들에게 아시아 상인들의 비단길을 따라 전해지고 그리스의 신화로 이어졌으리라.

인도의 역사 기록이 보여주듯 그리스의 왕들이 인더스강에 찾아와 불교 승려가 되어 삭발하고 동양의 문화를 배워 가서 유럽의 문화가 시작되었음을 볼 수 있다. 그리스의 석조 조각은 남인도의 목조 조각을 보여 주고 석조 건축은 동아시아의 목조 건축 양식을 보여 주기 때문이다. 종교와 철학의 원점이 우리 선조의 지혜 속에 숨겨 있지 않을까.

태양계에 지구와 동행하는 다섯 별들을 오행의 이름으로 화성, 수성, 목성, 금성, 토성으로 부르고 일주일의 일곱 날 이름도 음양오행의 일곱 이름으로 일, 월, 화, 수, 목, 금, 토요일로 세계의 모든 일류가 사용하고 있다. 고구려 고분에 사신도를 그린 음양오행의 철학과 과학이 전 세계에 나타남을 보면 우리 선인들이 금속기, 고인돌, 피라미드 등의 세계의 문화와 문명을 시작하고 세계의 다른 곳에 전해 줬음을 상상하기 어렵지 않다.

집안에서 사랑 받으며 자라난 아이들은 어른이 되어 세상의 부모를 찾으려 했다. 자연은 땅 위에 사는 모든 목숨들이 서로 의존하고 함께 사는 큰 가정임을 알게 되고 자연의 부모 사랑을 찾아서 종교를 얻게 되었다. 경전을 만들어 생활의 기준을 세우고 지식의 힘으로 자연의 질서를 알게 되었다. 세월이 흘러 생존 경쟁을 이겨낸 현대 인류는 자연에 모든 목숨들을 지배하는 주인이 된 듯 생각하고 "인간은 만물의 영장" 혹은 "사람은 조물주의 걸작"이라고 말하며 자연을 인간의 가정 환경으로 개조하고 있다.

이런 상황에 우리 선조의 지혜를 다시 찾아 이 땅의 모든 목숨들이 균형을 유지하며 조화를 이루어 사는 음양오행 사상에 관한 이해는 더욱 절실하다. 인류는 이제 지구상에 다른 생명들의 생활 영역을 침범하여 제한된 지구 표면에 자연을 파괴하는 주범이 되어 가는 현실이다. 우리 선조의 음양오행으로 설명되는 종교와 과학의 원점을 되찾아서 자연과 인류가 균형을 이루는 움직임이 인류와 지구를 구원하는 미래가 되지 않을까. 이러한 노력이 세계평화를 가져오는 시작이 되기도 하겠다.

다음 시는 이글의 내용을 함축하여 노래로 읊었다.

음양오행(陰陽五行)

밤별을 헤아려 낮 하늘 우러러
고구려 선인들은 벽에 사신도를 그렸다

달과 해를 머리에 이고
동서남북 가려 집을 지으니
하늘이 땅에 내려와 함께 살았다

물 불 나무 쇠 그리고 흙 다섯 자리에
파란 빨간 하얀 까만 노랑

물고기 새 호랑이 뱀 사람
청룡 주작 백호 현무 황제 함께 왔다

북두칠성 일곱 신하들 북극성 왕위 받들어
황도를 날아가는 해
백도를 기어가는 달
열두 번 지나치면 한해가 지난다

기다리던 일곱 달 일곱 날에
까치 까마귀들 날아와 오작교 세워 주어
견우와 직녀 손잡고 은하수에 뛰어내리고

해 달 화성 수성 목성 금성 토성
일 월 화 수 목 금 토요일
우주는 일곱 날에 만들어져
사람들은 달력 따라 산다

고구려 선인들이 지은 우리 큰집에
세상 사람들 모두 한 마당 이루어
균형과 화평의 세계가 여기에 일어선다

춤 소리 전설

고등 생물의 감성은 음식을 먹는 의욕과 이성을 만나 자식을 갖는 욕망으로 이루어졌다. 이 세상에 모든 동물들은 다른 생물들을 먹고 살기에 그들의 생활에 죽고 사는 살벌한 부분이 있고 이성을 만나 사랑을 나누는 행복한 부분이 있다.

봄날 아침에 종달새가 짝을 찾는 동안에 새벽부터 노래하고 춤을 춘다. 곱추 고래는 태평양의 북단 알라스카 연해에서 짝을 만나고 새끼를 낳을 때는 태평양의 남단 하와이 연해에 찾아와서 산다고 한다. 아기가 말을 하기 이전에 자라며 춤을 추고 노래하는 모습을 보면 태고에 인간들도 예전에 언어가 생활에 적용되기 이전에는 짝을 찾고 맞나 노래와 춤으로 교제를 하였을 것 같다.

그래서 우리나라의 소리나 창도 우리의 언어가 있기 이전부터 시작된 음률이었을 것 같다. 씨족 사회와 부락 사회가 형성되고 인어가 생활에 직용되면서 수많은 창이 유행하다가 그중에 심청가, 춘향가, 수궁가, 흥부가 등의 전설이 지금까지 전해온 듯하다. 둥그렇게 둘러서서 강강수월래 춤을 추는 우리의 전통 춤도 그렇다.

심청이는 홀로 길러 주신 아버지가 세상을 보지 못하는 장님인데 효심으로 제사에 몸을 바다에 바치고 용왕은 나라의 풍년과 심청이의 효심에 감탄하고 심청이의 소원을 이루어주고 다시 살려 보내 아버지를 만나도록 명하였다. 딸이 제사장 희생물로 죽은 줄로만 알고 슬퍼했던 아버지가 돌아온 딸의 음성을 듣고 손을 잡는 순간 그만 놀라며 눈을 뜨게 되었다는 심청가는 우리의 전설이기도 하다.

옛사람들은 왕과 신하들이 사는 궁이 하늘에도 바다 밑에도 있다고 믿었다. 천문학에서 해와 달 그리고 모든 별들이 동쪽에서 뜨고 서쪽으로 지는데, 별들의 세계에 궁궐은 하늘의 중앙에 있다고 한다. 북극성과 북두칠성은 그 자리를 떠나지 않기에 북극성은 하늘의 왕이요 일곱 신하를 거느렸으며 그 주위를 하늘의 궁이라고 불렀다. 그때부터 왕에게 충성하는 일곱 신하는 성스러워지고 일곱 숫자는 인류 역사에 가장 많이 쓰이는 성스러운 숫자가 되었다. 도교, 유교, 불교, 기독교, 회교들의 경전들에서 가장 많이 쓰이는 숫자이고 종교 건축 양식에서도 흔히 볼 수 있는 숫자이다.

호랑이와 곰이 백두산 산신령을 찾아가 사람 되기를 원하였을 때 마늘과 쑥을 먹고 세 번의 일곱 날을 굴속에서 살라는 명을 받았다. 호랑이는 견디지 못하여 굴 밖으로 도망하였고 곰은 스무하루를 굴속에 남아 여자가 되고 산신령과 혼인을 맺어 단군 왕검을 낳았음이 우리나라 건국 신화요 삼국유사의 전설이다.

백제인들이 일본 열도에 처음으로 나라를 세우고 일곱 칼끝이 하나의 창끝을 이루는 칠지도(七支刀)를 남겼다고 한다. 일본의 역사는 일본서기에 기록되었고 그 기록의 대부분이 한반도의 역사이다.

오늘의 우리 생활에 일주일이 일곱 날 됨도 음과 양 그리고 오행이 합하여 일곱 날이 되었다. 음양오행은 동아시아 문화의 근본이며 철학의 기본이라 전한다. 음은 달의 날, 월요일이고 양은 해의 날, 일요일이고 불은 화요일, 물은 수요일, 나무는 목요일, 쇠는 금요일, 그리고 오행 중에 중앙에 위치한 흙은 토요일이다. 심청이가 바다 밑 용궁에서 만난 용왕은 용이고 음양오행에서 동쪽에 위치하며 물의 상징이다. 남쪽은 새가 불과 함께 살며 서쪽은 호랑이가 나무숲에서 북쪽은 뱀이 쇠 묻힌 산속에서 그리고 중앙에는 사람이 흙 위에 살기에 사람 주위 사방에 봄, 여름, 가을, 겨울 사계절을 둘러놓았고 청, 홍, 백, 흑, 황 등의 삼원색과 명암도 오행에 배치되어 있다.

용의 얼굴은 통일신라 건축물의 처마끝 기와(와당)에서 그리고 우리나라 고대 건축의 용마루에, 유럽 여러 도시의 천주교 성당 건물 조각물에, 교회와 절의 성화 속에, 아시아와 유럽문화 여러 곳에서 그리고 멀리 중미 대륙에 아즈텍 문명이 남긴 해와 달 신전 앞에 용의 위용이 크게 조각되어 보여준다.

견우별과 직녀별이 음력 칠월 칠일에 은하수를 건너는 오작교에서 만남은 소를 몰아 밭을 가는 총각과 배틀을 돌려서 옷감을 짜는 처녀가 일 년을 기다려 한번 만나는 날이다. 이날은 동아시아 모든 마을에 여름 더위 속에 물가를 찾고 만남의 기쁨에

춤과 노래가 들리는 날이었다. 춘향이와 이도령의 만남도 남녀가 사랑하는 노래이고 수궁가는 땅위에 사는 토끼와 바다 밑에 사는 거북이가 친구 되는 노래이며 흥부와 놀부의 노래는 형제의 선악을 노래하는 전설들이다.

10만 년 전에 아프리카의 한 남녀가 가정을 이루고 6만 년 전에 그 자손들이 동남아시아에 이르러 살았다. 그중에 몇 가족이 바닷가를 따라 한반도에 도착하였다는 현대 유전학의 전설(?)을 생각해 본다. 그들이 바닷가 마을에서 정착하여 생활하는 동안에 처음에는 심청가나 수궁가처럼 바다의 노래와 춤을 즐겼으리라 상상한다. 그러다 다시 가족이 불어나 내륙에 이주해 들어왔을 때 농사를 짓게 되고 견우와 직녀 노래를 부르게 됐다가 가족 친척들이 더 늘어나 산으로 들어가 살게 된 무렵에 호랑이와 곰 노래를 부르며 춤추고 즐겼을 것이다. 그 후에 사람들이 많아져서 섞여 살면서 흥부 놀부 노래나 춘향 이도령 노래를 부르고 춤을 추는 즐거움이 지금까지 전해 왔나 생각해 본다.

이 세상에 수만 년의 세월이 지나는 동안에 해와 달 그리고 별들의 문화가 음양오행 같은 생각으로 지구상에 옛사람들의 생활에 오랫동안 평화롭게 살면서 이루어 놓은 동아시아 문화는 기적이라고 부르고 신비스럽게만 생각할 뿐이다. 하지만 최근 이천육백 년 진에 불교가 시작되고 육백 년 후에 기독교가, 다시 육백 년 후에야 회교도가 시작되었는데 이들 전설은 경전으로 쓰여져 현대 세계에 종교 체제를 갖추었고 불교 이전에 자연을 숭배하고 가정과 사회에 도덕을 따르는 도교와 유교는 우리 생활에서 숨겨져 있다. 자연은 인류 생활의 편이만을 위해서 오염되고 파괴며 가정생활은 개인 만족과 쾌락으로 도덕이 약해지고 있다. 사회는 자본주의 물질 산업으로 지구상에 모든 생명체들은 그들의 생활 환경을 인간에게 빼앗기고 살아져간다.

동아시아 전설이 동남아시아를 통하여 서남아시아와 유럽으로 전해져서 이루어진 세계 종교 경전에 자신의 목숨을 잃으면서 남의 목숨을 끊으라는 전설은 없는 듯한데 서남아시아와 유럽 사이에 잘못 전해진 전설인가 싶다.

매일 살인 전쟁은 계속되고 자연 파괴는 진행되고 있다. 싸우지 않고 노래 부르며 춤추고 살던 동아시아의 평화스러운 그 옛날을 다시 찾는 동아시아 문예 부흥을 미래 세계에서 볼 수 있을까 생각해 본다.

각성(覺醒), 창작(創作), 발명(發明)

척추동물의 움직임은 앞으로 나가며 발달하였기에 몸의 맨 앞쪽에서 뇌가 발달하였다. 사람의 뇌는 뇌간, 소뇌, 대뇌로 나누어 사람의 삶은 영성의 세계, 감성의 세계, 지성의 세계에 살고 있다. 이 세 가지 세상은 언어가 다르고 행동이 다르지만 함께 미래를 향하여 앞으로 나가고 있다.

눈, 입, 코, 귀, 피부로 감각이 발달하면서 모든 목숨이 그렇듯 자신이 살기 위하여 먹이를 구하고 자라나면 짝을 찾아 새끼를 낳는 두 가지 본능이 살아가는 힘이다. 이 본능은 곧 모든 생명이 가진 삶의 영성이다. 자신을 보호하고 엄마의 젖을 먹고 사랑을 나누기에 어려서 엄마에게 의지하고 자라난다. 자라서 어른이 되며 엄마의 자리에 의존하는 영역을 찾아 곧 사람에게는 종교가 있다.

영성의 세계는 사랑의 관계로 인류의 생활에 가장 오랫동안 지속되어 왔고 지금도 우리 생활 안에 가장 중요한 부분을 차지한다. 사람의 능력으로 감당하지 못할 때 의지할 수 있는 대상이 있어 견디며 살아난다. 불평과 불만에 감사하고 행복해 하는 마음으로 한순간에 평화를 얻는다.

기독교에 부활이 있고 이슬람교에 구원이 있고 불교에 열반이 있어 영적 각성(覺醒)을 얻는다. 그래서 사람은 종교 안에 살고 있다. 경전의 언어는 영성 세계의 언어이기에 감성의 언어나 이성의 언어로 설명할 수 없다.

고등 동물의 감각 발달과 감정의 형성은 소뇌와 대뇌에서 조종되어 음식을 나누어 먹는 즐거움과 짝을 찾아 가정을 꾸려가는 즐거움을 얻는다. 사람의 감성 세계는 느낌으로 교감하는 예술적 활동이다. 시각에 비추는 미술이나 조각, 청각에 울리는 노래와 기악, 미각으로 즐기는 요리, 몸으로 움직이는 무용이나 체육 운동을 말하는 언어를 문자로 표현하는 시와 소설, 그리고 종합 예술의 건축, 여러 예술 분야는 새로운 감동을 일으키기에 끊임없는 창작(創作)은 인류의 정서에 새로운 세계를 열어 가고 있다.

고등 동물 중에 사람은 언어와 문자가 발달하여 논리적 소통을 이루는 대뇌가 발달하였다. 어린아이가 태어날 때 대뇌의 자리는 거의 비워있지만 엄마와 교감하며 말하기 시작하는 동안 대뇌는 빠르게 성장한다. 이성의 세계는 언어와 문자나 숫자를 통하여 논리와 과학의 형태로 발달하였다. 새로운 논리와 발명은 사람만이 가진 능력이며 인류의 생활에 가장 큰 변화를 가져왔다.

우리의 조상이 그릇을 만들 때 받침다리를 만들었다. 세 개의 다리로 균형을 찾았다. 각성, 창작, 발명의 균형은 사람을 만물의 영장으로 만들어 놓았다. 아프리카를 떠나 바닷길을 따라 동쪽으로 이주한 현대 인류는 한반도에서 사계절을 맞아 처음으로 농사짓고 겨울을 극복하기 시작하며 인류의 종교, 예술, 과학의 3가지 균형을 이루기 시작하였다. 아프리카와 동아시아 사이에 이미 열린 바닷길 따라 조상의 신전, 고인돌을 짓고 마을을 이루어 온 세계로 개척해 나갔다. 어려운 환경 속에 생존하며 온 세계에 8만여 곳에 고인돌 유적을 남겼다.

한반도와 만주 지역에 흔한 석탄불을 생활에 이용하여 그릇을 발명하고 쇠를 녹여 쇠붙이 연장을 사용하기 시작하였다. 현대 인류의 금속 문화가 신석기 시대 한반도와 요동반도에서 시작하였다. 금속 도구의 발명은 오랫동안 지속해 온 석기 시대에서 벗어나 자연을 개조하였다. 나무, 돌, 바위를 다듬어 집을 짓고 사람의 생활 공간을 건설하는 인류의 문명이 시작하였다. 인류의 금속 시대가 손칼로 옥돌을 다듬기 시작한 상고 시대 생활부터 철길 위에 철마가 달리는 현대 운송 산업에 이르기까지 인류의 변화와 성장이 계속되어 왔다.

동아시아의 음양오행의 종교와 과학이 바닷길을 따라 인도로 전해져서 불교가 탄생하고 이어서 서남아시아로 전해져 기독교와 회교도가 시작하였다. 유럽을 거치는 동안 인류의 현대 역사가 시작하였다. 힘의 주축은 대영제국에 머물었다가 미 대륙에 도착하면서 미국은 현대 세계의 막강한 강대국으로 군림했다. 기독교 사상으로 건국된 미국은 세계의 예술을 종합하여 발전시키고 에디슨의 전기 발명은 어두운 세상의 밤을 광명으로 밝혔다. 제1차와 2차 세계대전 중에 자동차, 비행기, 컴퓨터의 발명은 미국이 최강국으로 부상하는 원동력이 되었다.

미국의 경제력으로 세계대전의 패전국이 된 독일과 일본을 경제 강국으로 부흥시켰다. 3만여 명의 미군이 희생된 한국전쟁으로 한국은 세계에서 가장 가난한 나라가 되었지만 농사짓기 시작하고 고인돌 마을을 세운 한미족의 얼은 지금의 10대 경제 강국으로 부상하였다.

고구려 역사에 삼족오(三足烏)가 있었다. 해를 따라 나르는 까마귀가 다리 셋을 가지면 자연을 초월하는 신의 능력으로 세계를 지배한다는 상징이었다. 각성(覺醒), 창작(創作), 발명(發明)은 인류가 세계를 지배하는 능력이며 계속해서 앞으로 새로운 길을 열어가는 인류의 미래이다.

문명의 주축은 지구가 동쪽으로 자전하는 동안 서쪽으로만 이동해 왔다. 지금은 힘의 주축이 미국을 거쳐 태평양을 건너 동아시아로 넘어오는 과정이다. 전자정보시대를 바탕으로 다시 동아시아에서 시작되는 미래의 세계는 이들 세 가지 능력을 가진 미래의 인류가 탄생한다. 동아시아에서 우주인과 함께 생활하는 새롭고 평화스러운 가정 시대가 우리 앞에 다가오고 있다.

친구가 들려준 잊힌 이야기

6·25전쟁의 휴전 협정이 체결되고 우리나라는 참으로 가난한 때였다. 사현이 아버지는 사업을 하신다고 사현과 어머니를 두고 떠나신지 몇 해가 지나도 소식이 없다고 했다. 어머니의 바느질품팔이에 의존하여 사현은 점심 도시락 없이 서중학교에 오는 날들이 잦았다. 나는 내 도시락을 사현과 나눠 먹고 같이 유도 반에 들어 운동하는 시간이 즐거웠다.

중학교를 졸업할 무렵 나는 사현을 도와 치과의대를 가도록 했고 나는 공대를 다니러 헤어졌다. 그리고 20년이 지나서 나는 미국에 건축가로 두 아이들의 아버지가 되었고 사현은 세 아이들을 가진 치과의사로 고향 광주에 살고 있었다. 고향을 찾아간 그날 밤에 친구는 잊어버린 옛 이야기를 모두 기억하고 들려주었다

"용완아, 너는 서울에 대학 다니러 가라. 나는 어머니 모시고 여기 있을 거야."

사현은 철봉에 매달린 채 섭섭한 마음으로 옆에서 운동하는 나에게 말했다. 나는 사현에게 어머니께 아들이 4년 동안만 서울에서 대학 다니고 오면 어머니를 더욱 잘 모실 거라고 말씀 잘 드리라고 했다. 사현은 철봉대에서 내려와 더욱 침울한 얼굴로 나에게 말했다.

"나, 국문학에서 낙제했어."

둘이서 한참 동안 조용했다. 그리고 내가 다시 말을 이었다.

"사현아, 내일 우리 시장에 가서 선생님 선물 하나 사자."

다음 날 둘이서 선생님께서 좋아하실 선물을 예쁘게 포장해서 들고 선생님 댁을 찾아갔다. 나는 국문학이 재미있어 공부를 열심히 했고 선생님은 내가 쓴 시를 학교 교지에 꼭 실어 주시며 총애해 주셨다.

선생님 댁을 찾았을 때에 옛날에 천자문 배우는 서당 방 같은 인상을 느꼈다. 대문에서부터 둘은 고개를 숙이고 들어가서 대청 앞 디딤돌에 서서 고개를 다시 숙이고 인사했다. 선생님은 우리를 번갈아 보며 들어오라 하셨다. 우리 두 사람은 다가가서 선물을 드리고 다시 큰절을 했다. 선생님은 심상치 않은 듯 왜 왔느냐고 물었다.

"선생님 사현이 공부를 덜 해서 낙제 점수를 받았나 봅니다. 제가 책임지고 졸업하는 날까지 제가 공부한 만큼 사현이도 공부 다시 하도록 하겠습니다."

선생님은 화를 잔뜩 내신 듯 "미친놈들, 어서 나가" 외치셨고 두 사람은 뒷걸음질 쳐서 대문 밖으로 나왔다. 그리고 같이 공부해서 함께 졸업했다.

담임선생님이 사현의 성적으로 서울대학 응시하지 못한다고 하셨지만 그때도 나는 이제 처음으로 설치된 치과대학은 응모자가 많지 않다고 선생님을 설득하고 사현은 치과대학에 응모하였고 입학하게 되었다. 그런 후 20년의 세월이 한순간처럼 지났다.

두 사람은 다시 옛 우정을 찾고 어른이 되어서도 운동을 좋아하고 여행을 즐겼다. 같이 플로리다 올란드에 친구를 찾아 아놀드 파머 골프장에서 골프도 치고 디즈니 월드를 구경하며 아이스크림도 먹으며 같이 걸었다. 그렇게 오며가며 가족들과도 함께 몇 해를 지냈다. 어느 날 사현이 간암 초기라는 소식을 들었다. 사현이 나를 찾아와서 의사인 내 아내와 의사 형님의 충고를 듣고 갔다.

술 담배 끊고 음식 가려먹고 매일 가벼운 운동하며 규칙적인 생활로 바꾸라고 그리고 사현은 충고 받은 대로 행하고 건강이 회복되는 듯했다. 그러나 얼마 후에 다시 술과 담배를 시작한다는 소식을 듣고 나는 크게 실망했다.

친구는 곧 이어서 서울삼성병원에 입원했고 병세가 위독하다는 소식에 나는 간곡한 편지를 보냈다.

끊임없이 투병하는 친구에게

얼마나 힘 드는지 말로 다할 길이 없을 거야. 태평양 건너 멀리 있는 내 마음은 요즘에 항상 너 옆을 떠날 수 없구나. 현아, 우리가 자랄 때 어머니가 싸준 도시락 나눠 먹고 학교에서 집에 가는 먼 길을 같이 걸어 주던 어린시절을 회상할 적마다 아름다운 이야기로 끝이 없구나. 내가 고국을 떠나온 뒤에 한참 동안 소식이 끊겼었지, 하지만 다시 만난 그날 밤 우리의 우정은 더욱 뜨거웠고 너의 집 안방에서 밤을 새워 이야기하며 비웠던 지난날들을 모두 매웠던 기억이 어제 일 같아. 네가 내 집을 찾아와서 같이 올란드에 내려가 고등학교 동창들과 함께 아이스크림 먹으며 유니버설 스튜디오를 구경하던 모습은 우리 기억 속에 새겨진 조각예술품 같구나. 다시는 돌아오지 못하는 금이나 은으로 장식해도 더 고울 수 없는 우리의 인생이었어.

우리 부부가 고향을 찾아갈 때마다 꼭 너를 찾아 고향 친구들 소식 듣고 너희 부부와 같이 골프 치고 친구들 불러 저녁밥상 나누는 때는 아마 우리가 지금 살면서 가장 즐거웠나봐. 그러기에 나는 다음해도 기다리고 있었지.

지난 성탄절 카드에 썼듯이 나는 가끔 네가 행운이 많은 친구라고 생각해. 옆에서 혼을 다해 정성껏 돌보는 아내와 가족들의 손길, 친구 원장님의 지휘 아래 한국 최고 의료진, 그렇게 유명하신 치과의사의 회복을 기다리는 고객들의 기원, 매일처럼 기도하는 천주교 교우들, 우리나라 어느 임금님도 아프셨을 때 그런 우대 못 받았을 거야.

현아, 아무리 힘들어도 떠날 생각은 하지 마. 얼마나 좋은 천당이 우리를 기다려도 우리는 이 세상에서 오래 같이 살자. 웃으며 아픔을 묻어버리고 편한 마음으로 두려움을 초월하자. 우리 앞에는 패배가 있을 수 없어, 오직 승리하는 길만이 있어. 우리가 학교 운동선수 때도, 우리 사회에 전문 분야 개척할 때도, 여기까지 우리는 그렇게 살아 왔기에 앞으로 그렇게 살 거야. 우리는 주검을 넘어 선 영원한 친구야.

이제 내가 다시 글을 써서 너에게 보낼 때는 너의 치료가 끝나고 회복하여 고향 집에 돌아가서 다시 건강한 모습으로 만나기를 빈다. 이 세상을 창조하시고 오늘의 우리를 다스리는 신령하신 하늘에 눈물로 기도드리며 이글을 줄인다.

– 태평양 건너편에서 친구 용완이가.

나의 건축 인생

1961년에 서울대학교 건축과를 졸업하면서 숭례문(남대문) 중수공사에 참여하여 실측도를 작성하고 63년에 준공했다. 서울시장 표창장을 받고 문교부 문화재 전문위원 위촉을 받았다. 공무원 교육원과 서울대, 연세대 건축과에서 고건축 강의를 했다.

1966년에 도미하였을 때 호주머니에는 한국에서 허락한 단 $50.00 밖에 없었다. 도착한 다음날부터 교수님댁 아이들을 봐주고 마당에 풀을 깎아 주는 생활을 시작했고 한 주일 후부터 건축 사무실에 나가 밤낮으로 일하여 학비를 준비했다. 제도판에 엎드려 설계도면 그리는 일은 건축설계의 중노동이었다. 지금처럼 컴퓨터의 도움이 없었기에 연필이나 잉크로 매일같이 제도하다 보면 손가락이 휘어지고 눈도 나빠졌다.

백인들의 텃세도 대단했다. 궂은일은 모두 내게 밀려오는 듯했다. 초년병들이 겪어야 하는 노장들의 텃세이기도 하다. 그들 사이에 낄낄대며 주고받는 농담을 알아들을 길 없고 함께 웃지 못하기에 소통이 안 돼 답답했다. 사람들은 동성심을 갖는 눈으로 쳐다보는 듯하고 자기들의 사투리 농담을 알아듣지 못하는 나 자신이 안타까웠다.

하지만 설계하는 실력과 부지런함에는 인정받는 듯했다. 멀리 캘리포니아의 LA에 굿 사마리탄 병원 설계 청탁이 들어왔을 때, 인도 출신 노장 건축가와 젊은 한국 건축가를 파견하기로 했다. 이때부터 미국 대륙을 횡단하며 동부, 서부, 남부의 병원 설계를 도맡아 일하던 중에 어느 날 '세일즈맨의 죽음'이라는 영화를 보았다. 미국의 자본주의 사회에서 기업주는 숨어서 돈을 벌고 고용인은 평생 노예처럼 살다가 꿈을 이루지 못하고 직업을 마치는 현대 사회를 고발하는 내용이었다.

"남을 위해 돈 벌어 주는 자는 3년을 빌어먹는다"는 옛말이 생각났다. 머지않은 장래에 나 자신의 건축 사무실을 차리려는 장거리 계획을 세웠다. 10년 후에 내 이름으로 건축 설계하는 꿈의 도표를 그렸다. 집 책상머리에 붙여 놓고 가끔 아내와 함께 드려다 보았다. 내가 할 수 있다는 아내의 격려는 항상 나의 힘이 되었다. 1985년에 본인 건축 사무소를 설립하기에 이르렀다.

거기까지 이르는 길은 쉽지 않았다. 550명이 일하는 미네소타 주의 회사에서 120명 일하는 회사로 옮겨 오하이오주로 이사했다. 그곳에서는 동부에 뉴욕 근교나 보스턴에 설계 일들을 맡아 하게 되었고 미국의 동부와 서부의 다른 점을 알게 되었다. 뉴요커는 유럽 사람의 전통을 이어받아 백인들의 자존심이 대단했다. 그들은 서부의 흑인, 히스패닉, 아시아인들과 함께 사는 곳을 싸잡아 동물원이라고 부른다.

120명 직원을 가진 회사에서 5년 근무하는 동안 건축 전문가의 기능을 거의 배웠지만, 사무실 운영에 관한 지식은 배울 기회는 별로 없었다. 마침 데이튼 오하이오에 40명 직원을 가진 회사의 파트너를 찾고 있기에 파트너 계약하고 그곳으로 이사를 갔다. 3년 동안 파트너로 일하며 회사 자금관리와 세칙, 고용인 노동법, 고객의 법적 계약관계, 등을 배워 고용주의 경험을 쌓은 다음 곧 서둘러 내 사무실을 차렸다. 미네소타에서 세운 10년 계획이 약 15년쯤 걸렸다. 드디어 자본주의 사회에서 고용인 직책을 벗어나 고용주가 되었다. 하지만 경쟁자들은 이미 그들 나이 30대에 창업하여 꾸준히 성장해 온 기업들이다.

우선 백인 건축가와 흑인 건축가 동료들을 구하여 세 사람이 함께 일을 시작했다. 전문가 사업을 혼자서 하기에는 너무 일이 많기 때문이다. 일을 찾아 고객을 데려오는 마케팅이 제일 어려웠다. 미국의 도시마다 30개 또는 150개의 건축 사무실이 경쟁하기에 생존 경쟁은 치열하였다. 나 같은 한국인이 중서부 백인들의 보수적 사회 안에서 서투른 영어 실력으로 일과 고객을 찾아오기는 거의 불가능해 보였다.

미국 연방 정부에서 어려움 속에 창업하는 작은 회사를 지원하는 보조 정책이 있어 작은 관공서 건물 설계부터 시작하였다. 회사는 비교적 순조롭게 안정되고 성장하기 시작했지만, 기업관리에 대인관계가 제일 어려웠다. 나도 모르게 우리 문화의 전통적인 권위주의 개성이 나타날 적마다 미국 고용인들은 딱 질색을 하였다. 40년 넘은 고질병을 고칠 수 없었었다. 한번은 직원들이 무더기로 회사를 옮겨 떠났다. 어떤 직원은 내 방에 들어와 내게 한바탕 욕을 실컷 하고 사표를 내놓고 떠나는 어려움을 겪기도 했었다.

그때부터 나 자신의 한국인 껍질을 벗고 미국인 옷을 입는 인간 개조가 필요했다. 지도자 훈련도 받아 보고 이웃이 말하는 미국 사람의 생각과 행동에 관하여 귀를 기울였다. 옆에 듣기 싫던 아내의 잔소리도 이제 귀 기울여 들어보면 고마워 졌다. 곱슬머리 최 씨 고집이 차츰 무릎을 꿇기 시작했던 모양이다.

회사 직원 한 사람 한 사람이 귀중해 졌고 이미 미국인이 된 아이들의 이야기에도 귀를 기울였다. 산에 가서 도를 닦는 수련을 직장과 가정에서 겪는 듯했다. 이웃과 동화되어 나 자신을 내려놓는 실습에 끊임없이 노력했다.

함께 생각하고 같이 행동하는 한 묶음이 되기 시작하면서 회사는 급속도로 성장하였다. 다운타운에 3층 사무실 건물을 사드리고 내부 구조를 개조하였다. 한국 참전 용사들의 기념 공원을 내 호주머니에서 $100,000.00을 내어 설계를 기증하였다.

일하는 동안 3,000여 명의 한인들을 위해 한인회 회장, 이사장, 민주평화통일 지부장의 임무도 수행하였다. 회사는 오하이오주에 그해의 모범회사로 상을 받고 한국 정부에서는 미국 사회에 한국인의 위상을 높여준 공로로 대한민국 대통령 표창장과 공로상도 수여하였다.

대학교 건축, 병원건축, 교도소, 공공시설, 공원, 야구경기장, 등의 큰 설계 계약에는 직원이 50여 명까지도 필요했다. 토건, 구조 기술, 냉난방, 수도하수, 기계기술 회사, 실내 디자인까지 하면 약 100여 명의 직원과 그들이 거느린 가족 400여 명의 생활을 보장하는 사업의 책임을 지게 되는 일이다. 나이 65세에 이르렀을 때는 2백만 불 가치의 회사를 직원들에게 단 1불 받고 넘겨주었다. 그들이 회사를 위해 십여 년 노력한 보답이었다.

은퇴하기 전부터 내 인생의 목표를 다시 세웠다. 세계가 종교 전쟁으로 시달림을 어떻게 벗어날까. 세계 역사에 동아시아의 세계적 위치를 어떻게 알려 줄까. 나는 건축의 창작에서 어려서부터 좋아하는 글쓰기 창작으로 삶의 길을 바꾸었다.

그러던 어느 날 놀라운 사건이 돌발하였다. 서울의 얼굴 숭례문이 불에 탔다.

나의 건축 인생은 숭례문으로 시작했고 이제 곧 숭례문으로 마치게 됨을 느꼈다. 2008년 2월 10일 일요일 밤에 숭례문 불길은 우리 민족의 혼이 어두운 서울 하늘에 횃불처럼 크게 타고 있었다. 육백 년 도읍을 지켜온 수문장이 제 몸을 불사르고 잠들려는 우리의 문화 의식을 일깨워 주고 있었다.

미국에 사는 나는 아침 교회에 가려다 TV 앞에 엉겨 붙어 한없이 흐르는 눈물을 멈출 길이 없었다. 불타는 목조 건물 기와 지붕 위에 물줄기만 퍼붓는 소방대를 보며 가슴을 조이던 중에 펑 소리와 함께 불길이 사라졌다. 드디어 산소 절단재를 투척했구나! 상상하며 아래층 구조물은 살렸구나 생각했다. 검은 연기는 한순간에 흰 연기루 바뀌고 마지막 하얀 연기 속에 내 마음은 헤어나질 못하고 서울의 밤하늘을 맴돌고 있었다.

1961년 7월 건축과 졸업 논문 심사에 나는 한국 건축양식에 관한 발표를 했다. 해방 이전에 일제 36년 동안 우리 문화를 공부하는 일이 금지되었기에 당시 우리 세대에 선구적인 노력으로 교수님들의 주목을 받았다. 일제 강점기 일본 건축학자 관야정의 조선 건축 책자와 고유섭 선생의 고고학 자료를 연구하며 준비하였다. 대부분 동기 졸업생은 4월에 이미 졸업하였고 나는 군복무 기간이 끼어서 9월에 졸업하게 되었다.

김형걸 건축과장님이 심사하였고 졸업반 주임교수 김정수 교수는 당시 서울특별시에서 주관하는 숭례문 복원공사의 건축 자문위원장이었다. 나는 곧 7월에 시작되는 현장 사무소에 출근하여 서울대, 한양대, 홍익대, 선배들과 숭례문 실측에 종사하였다. 한편 현장에서 일하는 목수들과 석수들을 지휘하는 도편수 조원재 선생은 전통 건축의 살아 있는 증인으로 가장 중요한 기능을 맡고 있었다. 그를 보조하는 이광규 목수 부편수와 김천석 석수 부편수가 한국에 실존하는 최고의 전통 건축 기술진을 이루고 있었다.

숭례문은 이성계가 고려의 국사에 종지부를 찍고 도읍을 개성에서 한양(서울)으로 옮겨 사방에 사대문을 지어 성곽을 두르고 궁궐을 세웠다. 태조 5년(1396)에 숭례문을 도읍의 관문 곧 이조 왕국의 정문으로 건립하여 2년 후에 완성하였다. 세종 29년(1447)에 보수되었음이 조선왕조실록에 기록되었으나 성종 10년(1479)에 보수된 기록은 공사 도중에 발견된 기록에 의해서 알게 되었다. 또한, 임진왜란 이후 고종 때에 보수했음이 논의되었으나 근거를 찾지 못했다. 일제 강점기 직전(1907)에 문루 양쪽 성곽을 헐어 큰길을 내었을 때부터 지금의 모습으로 보존되었으나 6 · 25 한국전쟁에 포탄을 맞아 부분적인 손상이 있었고 문루와 석축의 노화 현상이 심하여 군사정부의 어려운 경제상황에도 결단하여 1961년에 중수 공사를 감행하였다.

1961년 7월에 시작된 서울시 산하의 공사 관리는 중단되고 1962년 3월부터 교육부 문화재 위원과 국립박물관의 협조로 진행되었다. 필자는 쉬지 않고 조원재 도편수와 일본 고고학계에서 새로 부임한 김정기 감독을 보조하며 해체되는 모든 부재를 하나하나 실측하고 기록하였다.

수천 개에 달하는 모든 숭례문 건축 부재들을 하나하나 기록하여 원형을 찾고 그 모든 기록을 지금까지 보관하고 있다. 조원재 도편수 댁에 투숙하여 도편수와 함께 출퇴근하며 사라져가는 전통건축 기술을 이해하고 용어를 기록하여 후에 건축학계에 전해줄 수 있도록 기록하였다. 동기 동창 여상현과 장석진의 도움을 받으며 실측도와 복원도를 공사 일정에 차질이 없도록 작성하였다.

1963년 5월 14일 준공식에 최봉주 현장사무소장, 김정기 감독관, 조원재 도편수, 최용완 제도사, 네 사람은 윤태일 서울특별시장에게서 중수 공사 공로 표창장과 금일봉을 받았다. 그때 전남 광주에 사시는 부모님이 참석하셨다. 그 후에 윤천주 교육부 장관은 나를 교육부 건축 문화재 전문위원으로 위촉하였고 당시 철도청 산하에 공무원 교육원에서 한국문화사와 건축사 강사로 일하며 25세 젊은 나이에 바쁘게 연구하며 종사하였다.

교육 공무원인 아버님도 교육원에 오셔서 교육 과정을 거치는 중에 내 강의를 듣고 가셨다. 김정수 교수는 연세대학교 이공대 학장으로 부임하시고 나는 건축과 졸업반에 특강을 하였다. 당시 대학원 과정이 설치되어 이경회 학생과 주남철 학생이 한국건축 관계 논문을 준비 중이었다. 윤장섭 교수와 현지답사하며 함께 연구했다.

1966년에 모교와 자매결연한 미네소타주립대학에 대학원 과정을 위해 서둘러 도미할 때에 숭례문 자료들은 부모님 댁에 남겨 두었다. 수년 후에 아버님께서 돌아가시고 어머님께서 살림을 치우실 때 숭례문 자료들을 안전하게 보관하셨고 내가 미국에 온 지 20년 후에 이민 오실 때 숭례문의 모든 자료를 고스란히 가져오셨다. 그 후에 어머님도 돌아가시고 다시 20년 동안 숭례문의 모든 자료를 보관할 수 있었음은 어머님의 정성이었다고 감사한다.

숭례문은 불에 탔어도 사라진 부재들의 기록이 살아 있기에 불에 타지 않은 아래층을 회복하고 보관된 기록에 따라 위층이 회복되면 숭례문은 다시 국보 1호로 화상을 회복하고 건강한 모습으로 돌아온다. 6백 년의 건축양식이 전수되고 다시 서울의 얼굴이 후세에게 전해지게 된다.

2010년 2월 10일 이건무 문화재청장, 최종덕 건축과장, 신응수 대목장, 그리고 관여 기관장들이 참석하여 복구공사 착공식이 열렸고 화재 잔여 부분 해체에 착수하였다. 여기까지 발굴 및 조사연구를 기반으로 드디어 해체 실측이 진행되었다. 문화재청 숭례문 복구 단체는 복구공사팀, 실측고증팀, 행정지원팀,

세 팀으로 구성되고 복구자문단은 고증분과, 기술분과, 방재분과, 세 자문위원팀으로 구성되었다. 나는 고증분과와 기술분과에 소속되었다.

신응수 도편수는 2010년 3월 5일 KBS 아침마당에 건축 팀을 소개하였고 도편수 본인이 초보자 목수로 1962년에 이광규 부편수의 조수로 숭례문 공사에 참여한 경험담을 들려주었다. 당시 조원재 도편수와 일하는 최용완 제도사를 도와주기도 했고 목수에게 도면을 읽는 일이 필연으로 느꼈을 때 최용완 재도사가 본인을 남대문 시장에 데려가서 9가지 제도기 세트와 제도기구를 사서 쓰도록 해주며 제도실의 제도판에서 실습하도록 해준 최 선배의 친절에 지금도 고마운 마음 잊지 못한다며 다시 숭례문에서 함께 일하게 되는 인연을 기뻐하였다.

나는 아침마당 방송을 통해 우리가 우리 문화를 인식하고 세계에 알리는 일이 우리 앞에 직면한 중대한 과제임을 강조했다. 태조 이성계가 도읍을 개성에서 서울로 옮긴 3년 후에 서울의 주위에 성곽을 짓고 숭례문이 새 대문으로 열렸듯이 이제 대한민국의 새 시대가 열릴 것이다. 숭례문은 우리를 깨워 조상들의 혼을 우리 마음 안에 들려주려 불에 탔고 우리는 우리 자신을 찾은 새 시대를 얻게 되었다.

숭례문 하층 복구공사를 마치고 상층 공사를 준비하는 과정에 김찬 문화재청장은 드디어 나에게 1963년의 실측 자료를 기증해 주기를 요청하였다. 2011년 11월 4일에 숭례문 공사현장에서 내가 반세기 동안 보관해 온 실측 자료의 도면과 기록 복사물을 한국에 오고 간 여비만 받는 조건으로 기증하였다. 현장에는 신응수 도편수와 조원제 도편수의 막내아들이 참석하였다.

2012년 3월 8일에 전통에 따른 상량식이 진행되었고 12월 말까지 상부 구조와 지붕 공사를 하고 다음해 봄에 단청 공사를 마무리한 다음 2013년 4월 29일 완공되었다. 2013년 5월 4일 복원 완료를 기념하는 완공식이 있었다.

문화재청은 화재 이전에 자료관리 부실을 부끄러워했다. 이렇게 귀중한 문화재가 한 개인의 소장 자료로 복원되었음을 발표하지 않았음을 나는 이해한다. 숭례문 기념전시관이 설립되면 1961년부터 문화재 전문위원으로 일하면서 수집한 50여 점의 개인이 소장해 온 모든 자료의 원본을 기증하겠다고 약속했다.

숭례문 화제는 한국의 건축 문화재 관리에 획기적인 분기점을 이루었다. 세계에 경제 기적을 이룬 한국이 최근 한류를 따라 세계 문화권에 자리를 찾아가는 이때 한국의 고대 건축과 현대 건축이 융합되어 우리의 참된 모습을 보여 주는 때가 우리 앞에 다가오는 것일까. 나는 대한민국 숭례문이 제자리에 다시 찾아오도록 실측도 기록을 아껴 주신 어머님께 감사한다.

숭례문이 불에 탄 직후에 현장을 찾아갔을 때 느낌은 다음과 같았다.

그슬린 얼굴

불에 탄 상처를 가리개로 두른 채
병상에 누어
찾아온 나를 껴안고 흐느낀다

36년 동안 몸을 빼앗기고 마음이 짓밟혔던 고통
해방되어 찢긴 옷깃을 여미었었다

반세기 지나도록
정치에 경제에 바쁜 사람들 구경하는 동안
빼앗긴 역사
잃어버린 문화
흩어진 선조의 혼을
지켜 돌보아 온 외로운 숭례문

육백 년 옛 도읍의 수문장이 제 몸을 불사르고
훨훨 타는 불길 속에
피 끓는 선조의 발길을 보지 못하는 애통함이여

불에 그슬린 임의 얼굴을 더듬어
민족의 넋을 다시 찾으려
그 앞에 엎드려 통곡하는 경복궁의 눈물.

나의 젊음을 받친 숭례문

지난 2월 8일 일요일 아침 7시경에 내가 평시에 즐겨보는 24시간 한국 뉴스 TV를 켰을 때 나는 내 인생에 가장 슬픈 순간을 보았다. 숭례문이 불에 활활 타고 있었다. 나는 TV 앞 방바닥에 주저앉아 아픈 가슴에서 우러나는 뜨거운 눈물을 한없이 흘리고 있었다.

3시간 동안 내 집이 불타고 있었다. 내 가족이 죽어가고 있었다. 소방대들의 물줄기는 기와지붕 위에 소나기처럼 처마 끝으로 흘러내리고 건물 안에 불은 더욱 거세게 타오를 뿐, 무기력한 소방 작업에 천년의 민족의 혼이 맥박을 잃어가고 있었다. 나의 젊음을 통째로 바쳐 일한 건축 인생에 최고의 자랑이 검고 하얀 연기로 서울의 하늘 속으로 사라지고 있었다. 목사인 내 아내도 교회를 잊고 내 옆에서 같이 슬퍼하고 있었다.

나의 건축과 대학 졸업 논문은 한국고전 건축설계였다. 1960년에 서울대학교 건축과 김정수 교수님은 나를 서울 남대문 보수공사 현장에서 일하도록 주선하셨고 1961년 봄에 중수공사가 시작되었다. 서울시에서 주관하고 문교부 문화재 위원들의 자문으로 시작하는 공사장에는 8명의 건축 제도사들과 조원재 도편수가 지명되었고 30여 명의 고건축목수들이 공사를 시작하였다. 임천 단청사가 단청을 지휘하였고 일본에서 활동하는 젊은 고고학자 김정기 씨는 문교부 파견 현지 감독으로 지명되었다.

지붕에서 기와를 들어 내리면 자로 재서 크기를 기록하고 문양을 탁본하고 복원공사에 재사용 여부를 결정하였다. 처마에 기와 문양은 여러 가지 아름다운 그림을 조각하였고 하늘을 나는 용의 모습은 참으로 살아 움직이는 듯 예술이었다. 우리 선조들이 수천 년 동안 대대로 전수해 온 정교하고 안정된 예술과 기술이 건축물의 모든 부분에서 감탄을 멈출 길이 없었다. 내 나이 가장 민감한 때에 남달리 도취하였다. 지붕에 흙을 내리는 중에 놀라운 사실이 발견되었다.

조선 건국 태조 이성계가 도읍을 개성에서 지금의 서울로 옮기고 서둘러 성곽을 짓고 남대문을 세웠을 때에 붓글씨로 쓰인 원래의 상량문이 기록된 대들보가 톱으로 무자비하게 잘려진 모습으로 흙속에 묻혀 있었다. 발견된 기록에 의해서 이태조 5년 1396년 음력 10월 6일에 세워졌음을 처음으로 알게 되었고 임진왜란 후에 보수공사가 있었음을 상상하도록 하였다.

건물 부재가 하나하나 해체되어 내려올 적마다 정확한 규정 치수를 찾아 복원 설계의 자료를 얻고 곧 복원도면 설계를 시작하였다. 나는 도편수 조원재 씨와 같이 생활하면서 역사 속에 사라져 가는 우리 선조들의 고전 건축에 관한 지식과 기술을 배우는 일에 밤낮을 가리지 않고 듣고 배웠다. 설계에서 가장 어려운 부분은 네 모퉁이에 추녀 설계였다. 처마의 아름다운 곡선의 원형을 전면에서 찾고 측면에서 찾아 두 개의 곡선을 맞추어 높이와 길이를 정한 다음 추녀의 설계를 해체된 추녀에서 확인하였다.

옛사람들은 건물 부재들의 용도에 적합한 여러 가지 나무들을 산에서 찾아 가장 적절한 시기에 베어서 바닷물에 수년 동안 침수한 다음 다시 그늘에서 수년 동안 말려서 나무의 결을 따라 부재 용도에 맞는 모양으로 제작하였다고 한다. 제한된 공정과 재료 공급에 따라 그러한 원칙은 최선을 다하여 공사를 진행한다고 도편수는 설명하였다.

우리나라 고전 건축의 가장 아름다운 부분은 지붕과 기둥 사이에서 지붕의 무게를 모아 기둥에 전해 주는 공포의 구조와 양식에 있다. 수많은 크고 작은 부재들을 조립하여 구성한 구조물은 지붕과 처마의 무게를 균등하게 분배하여 기둥에 전해 준다. 그 기능에 맞는 예술적 표현은 역사의 향기가 가득하다. 동아시아 목조건축 양식은 당송대의 양식과 원명대의 양식으로 나누어지며 우리나라 대부분의 목조건축 양식은 후자에 속하고 일본에 남은 우리나라 백제의 공장들이 지어 남긴 목조 건물들은 전자에 속한다.

공사하는 동안 서울 시민들에 떠도는 소문들이 있었다. "지붕에서 용이 하늘로 올랐다", "구렁이가 나왔다", "처녀 몸의 유골이 나왔다" 시민들이 궁금해 하기에 나는 서울 일간지에 계속해서 보고서를 발표하기 시작하였고 건축 잡지에 보고서도 출간하였다. 현장 일들은 힘들고 지루하였기에 처음부터 시작한 건축가들과 제도사들은 하나 둘씩 모두 떠났지만 나는 역사적인 의무감에서 벗어날 수 없었다. 복원도를 완성할 무렵 공대 건축과 동창 친구들 여상현과 장석진을 불러 복원공사에 시간을 맞춰 필요한 모든 도면을 완성하였다.

1963년 5월 14일에 준공식에서 윤태일 서울특별시장은 내게 표창장과 금일봉을 수여하고 윤천주 문교부 장관은 나를 문화재위원들과 상의하여 문화재 건축전문위원으로 위촉하였다. 전국에 국보건축물들을 답사하고 보수공사 계획을 세우고 예산을 세웠으며 불국사, 순천 송광사, 여수 진남관, 등의 보수공사를 감독하였다.

1966년에 미네소타 주립대학 석사 학위 과정을 받으러 도미하였다. 그 후에 미국의 건축가로서 동포들 사회와 미국 사회를 위해서 40년 동안 봉사해 왔다. 돌연한 화제로 소실된 숭례문은 엄격한 문화재 보수 공사 과정을 거쳐 다시 복원하면 국보 1호의 위치로 환원할 수 있다. 누각 1층에 재사용 할 수 있는 잔여 부재들을 모두 다시 사용하고 실측 기록들과 도면에 따라 새로운 부재를 정확하게 원형과 맞추어 건물의 모든 부분이 원래의 모습으로 복원된다면 문화재의 가치는 다시 살아난다. 서울의 얼굴이 회복한다. 민족의 혼이 다시 일어선다.

그리고 화재의 책임을 서울시청이나 문화재청에 묻기 전에 서울 시민들과 우리나라 국민들이 우리 문화에 얼마나 많은 관심을 갖고 우리 것을 찾아서 사랑하느냐를 물어야 한다. 숭례문은 우리를 깨워 주었다. 이조 건국의 새 시대를 열어준 우리 선조들의 혼은 이제 새로 복원된 숭례문과 함께 대한민국의 새로운 역사를 열어줄 것이다.

인생의 끝장에서 목적을 이루는 삶

1963년에 서울 남대문 중수공사를 마치고 남대문과 약속한 우리 문화의 뿌리를 찾고자 반세기 넘도록 공부했고 나이 86세 되는 이제 그 공부한 지식을 널리 나누고 싶다.

한반도에 우리 선조가 보금자리를 친 유적은 5만 년 전으로 고고학 발굴에서 보여 주고 유전 인자의 기록에도 인류의 발자국이 동아시아에 나타남이 5만 년 전이다. 지구는 아직 빙하기였기에 2만 년 전까지 유럽과 북미 대륙이 얼음 아래 깔려 있었다.

한반도 민족은 5만 년 전부터 생활이 시작하였고 유럽의 백인들은 2만 년 이후부터 생활이 시작하였다. 한반도 민족은 5만 년 전부터 4계절을 맞아 겨울에 생존 방법을 찾아 농사짓기 시작하였다. 봄에 씨를 뿌리고 여름에 길러서 가을에 거두어 겨울에 살아남을 수 있었다.

한반도 영산강 나주평야에서 인류가 처음으로 자연에 도전하여 겨울의 위기를 극복하고 생존할 수 있었다. 농사짓는 생활은 인구가 성장하여 한반도 북방으로 이주하였고 만주 요하와 일본 열도에 이주했다. 이때 한반도 문화는 음양과 오행에서 시작하였다.

오늘날 세계 인류의 일주일이 일 월 화 수 목 금 토로 이루어짐이 한반도의 음양오행 사상의 해 달 불 물 나무 금속 흙에서부터 시작하였다. 만주의 석탄불에서 금속 도구의 발명은 인류의 문명에 혁명을 일으켰다. 만주의 홍산문화는 인류 문명의 시작이었음을 역사학계에서 모두가 인정한다.

한반도 민족이 만주 평야에서 자라는 말들을 가정에서 기르고 석탄불에서 만들어 낸 금속 도구와 무기들을 갖추어 흉노민족(Huns)으로 나타났다. 강력한 무기와 쇠바퀴의 유동성은 동아시아를 지배하고 세계 각 대륙에 이르렀다. 농사짓고 유목 생활도 하는 문화로 지중해 지역에 이집트와 그리스 문화를 유발하고 미 대륙의 중미에 마야와 아스텍 문화를 시작했다.

남미 대륙에 페루 문명도 이때부터이다. 최근에 필자가 남미 페루에 농가를 방문했을 때 소가 끄는 쟁기와 맷돌, 절구, 채, 방앗간에 디딜방아까지 한반도에 우리 선조의 농기구들을 보았다. 지중해에 그리스의 석조 건축양식이 우리 선조의 목조 건축양식임을 보았다. 한반도 민족이 인류의 문화와 문명을 시작한 근거를 세계 각 지역에서 볼 수 있다.

1961년 나는 서울대학교 졸업 논문에 한국 건축양식에 관한 이야기를 썼다. 김정수 교수님은 나와 남대문의 인연을 맺어 주었다. 2년 반 동안 남대문을 해체하고 건설하는 일을 하면서 남대문과 우리 문화의 뿌리를 찾고자 약속하였다. 반세기 넘어 연구한 내용은 참으로 놀라웠고 책으로 출판하였다.

한국 천산출판사에서 2020년에 〈동아시아는 인류 문명 · 문화의 어머니〉를 출간하였다. 같은 내용을 세계의 지성인들에게 알리려 영문으로 번역하여 〈Civilization begins in East Asia〉를 영국의 저명한 Austin Macauley Publishers, London에서 2023년에 출판하였다.

우리 선조가 한반도에서 시작한 인류 문화 문명을 우리가 먼저 배우고 세계에 알리는 우리의 임무를 위해 노력하는 내 여생의 보람된 삶이다.

내 인생을 바꿔 놓은 선배의 말 한마디

1968년 여름, 미네소타 대학가는 자매결연한 서울대학교 졸업 대학원생들이 붐비는 때였다. 기숙사 생활을 하며 아침 일찍부터 건축사무실에서 도면을 그리고 오후에 학교에서 강의를 듣고 저녁이면 학교 과제를 하며 학교 설계실에서 밤을 새우는 삶이었다.

건축과에서 대학원 공부하는 나는 우연히 학교에서 개최하는 미국 도시계획 회의에 참석하게 되었다. 참석자 모두 미국에 저명한 인사들인데 유독 한 사람만이 나처럼 동양인 얼굴이 있었다. 질문과 토론 중에 자신의 의견을 정확하게 발표함을 보고 한국 사람인 듯 느껴졌다. 이렇게 박기서 씨를 처음 만났다. 그는 대학을 중퇴하고 나보다 9년 먼저 MIT에 유학 온 선배였다.

그해 가을에 형을 보려고 LA에 왔다가 박기서 선배가 준 명함을 보고 처음으로 빅터 그루엔 건축사무실을 찾아갔다. 나는 이 회사에서 설계한 쇼핑센터들을 건축 잡지에서 자주 보았다. 박기서 부사장은 자기 사무실로 안내하고 위스키 잔을 기울이며 어떻게 찾아왔느냐고 물었다.

"나는 유학 와서 교수님의 강의를 알아들으려고 애쓰고 영어에 불편을 실감하는 중입니다. 선배님은 짧은 시간에 어떻게 외국어를 극복하시고 젊은 나이에 이런 세계적으로 유명한 회사의 부사장님이 되셨습니까?"하고 물었다. 박 선배는 웃는 얼굴로 "우리말을 하든지 영어를 하든지 내가 무엇을 말하는지 정확히 이해하고 말하면 듣는 사람이 알아듣는데, 내가 잘 모르는 것을 아무리 영어를 잘해도 듣는 사람이 알아듣지 못하더라"고 말해 주었다.

나는 그 선배의 조언을 미국 생활 평생 기억하며 내가 말하기 전에 내 뜻을 되씹어 생각했다. 그리고 서투른 영어로 말했다. 상대가 브로큰 잉글리쉬를 알아듣는 대화의 기적을 보았다. 1982년에 오하이오주에서 건축설계 사무실을 시작하고 22년 후에 은퇴할 때까지 영어에 큰 불편 없이 건축가 전문직 생활을 할 수 있었다.

박 명예 이사장은 지난 16일 췌장암으로 별세했다. LA 타임스는 24일 한 페이지를 모두 할애해 부고 기사를 실었다. 신문은 "폭동 이후 LA 재건을 도운 건축가"라며 그의 업적과 그가 LA에 남긴 것들을 상세히 소개했다.

한국전쟁 중 그가 부산으로 피난해 통역으로 힘을 보태던 중 미군의 도움으로 "미국 유학의 꿈"을 담아 쓴 편지를 게재한 게 이 신문이었다고 중앙일보 염승은 기자는 보도했다. "미국에서 공부해 전후 한국의 재건에 보탬이 되고 싶다"는 그의 소망을 본 미국에 있는 저명인사들의 주선으로 고 박 이사장은 1953년 미국으로 유학을 와 미국 건축학계 '명예의 전당'에 오를 정도로 성공을 이뤄냈다고 한다.

LA폭동 이후 한인 사회를 대변해 활동하던 일을 열거하며 "내가 정말 열심히 최선을 다해 일하면 기회가 올 것이라는 믿음이 있으며 여전히 그렇게 믿는다"는 그의 1994년 인터뷰 내용도 소개해 눈길을 끌었다고 보도했다.

유학 온 후배들에게 언어의 장벽을 넘는 방법으로 나는 최근에 작별하신 박기서 선배의 말씀을 주저하지 않고 전해 준다. 내 인생을 바꿔 놓은 그분의 말 한마디를….

내가 다녔던 광주서중 제일고등학교

1945년 해방되던 해에 우리 가족은 만주에 살고 있었다. 8월 하순부터 10월 하순까지 봉쇄된 국경 압록강을 건너고 북한을 지나 위험한 38선을 넘어 고향 순천에 도착할 때까지 부모님과 사남매의 모험은 내가 7살 때 자라는 과정에 좋은 경험이었다. 2살 된 막내 누이동생은 도착하는 날에 세상을 떠났고 부모님은 아이들 교육을 위해 곧 광주로 이사하여 나는 서석초등학교 해방둥이 일학년으로 등교하였다.

서중학교, 제일고등학교, 서울공대 건축과를 졸업하고 1966년에 미네소타 건축대학원 석사 학위를 마치고 곧 건축가로서 40여 년 동안 건축설계에 종사하며 학교에서 가르치고 한인회 활동에도 열심히 일하였다.

2005년에 은퇴하고 이제 남가주에 거주하고 있다. 해방 후에 여순 반란, 6 · 25동란, 4 · 19혁명, 5 · 16군사혁명, 5 · 18민주화운동 등을 겪는 동안 호남은 가난하였고 다행히 김대중 대통령 때부터 다소 회복된 듯하다. 이제 통일을 향한 노력이 무럭무럭 자라는 우리나라 역사 속에 광주의 역할은 다시 새로워지는 듯하다.

제일고등학교 다니는 동안 나는 참으로 다양한 활동을 하였다. 학생 대표로 교무회의에 참석한 일도 있었고, 학생 대의원, 군사훈련 중대장, 학교 유도 대표선수, 합창 대원, 연극 반장, 등의 활동이 기억난다. 졸업식 때에 나는 육군사관학교에 응시하러 이미 서울에 와 있었고 부모님만 졸업장 받으려고 참석하셨다가 8가지 상을 받고 선생님들과 학생들이 보는데서 많이 우셨다는 기억이 아직도 새롭다.

1919년에 3 · 1운동이 있었던 10년 후에 1929년에 선배들이 항일독립운동을 일으켰음은 내가 다닌 학교 교정에 참으로 뜻이 깊고 우리가 졸업하는 1957년에 기념탑이 세워져서 내가 졸업하면서 졸업 팸플릿에 탑을 위한 시(노래)를 써냈음은 내 인생에 감개무량한 시간이었다.

매 삼남매

올해 2월 어느 날, 매 한 마리가 뒷마당에서 작은 나뭇가지를 입에 물고 어디론가 사라지는 걸 보았다.

작년 2005년 유월에 남가주 뉴포트 비치로 이사 왔을 때 뒤뜰에 토끼 가족이 우리를 맞이했고 그들은 매일 밤에 찾아와 집주인인 양 우리를 보고도 아랑곳없이 풀을 뜯어 먹고 밭에 우리가 먹을 채소도 훔쳐 먹었다. 그러다 계곡에 매 한 쌍이 날기 시작하는 때부터 토끼들은 다시 보이지 않았다.

3월 어느 날 매 한 마리가 발에 들쥐 먹이를 쥐고 우리집 굴뚝 위에 앉았는데 까마귀 여섯 마리가 요란하게 짖고 매를 괴롭히려고 떠들고 있었다. 그중에 용감한 놈은 매 머리 위로 가까이 날며 매에게 속히 떠나라는 듯 재촉하였지만 매는 꼼짝 않고 앉아 있다가 유유히 넓은 날개를 펴고 날아갔다.

나는 아우가 선물로 가져다준 망원경을 들고 뛰어 나와 탁자 위에 세우고 계곡 건너 소나무 주위를 살펴봤다. 그리고 어미 매가 새끼 세 마리에게 먹이를 나누어 먹이고 있음을 보고 나는 아이들처럼 기쁨을 감추지 못하고 소리 질러 아내를 불렀다. 어미 새는 갈색 깃에 검은 반점이 있고 무서운 모습인데 새끼는 하얀 솜털에 병아리들처럼 작고 입을 째지도록 다 벌려서 어미 새에게서 받아먹는 모습은 너무도 신기하고 귀여웠다. 그때부터 매일 뒤뜰에 나가 망원경 보는 재미가 내 일과에 더해졌고 집에 찾아오는 친구들에게도 보여 주며 이제는 내 집 식구들처럼 느껴졌다.

어미 새가 보이지 않는 저녁에는 어미 새에게 무슨 일이 있나 걱정이 되고 새끼들이 굶주릴까 염려도 했다. 비가 내리고 바람 부는 밤이면 네 가족이 서로 엉켜서 어미 새 발톱이 나뭇가지를 움켜쥐고 소나무에 밀착한 모습을 상상하며 잠이 들기도 했다. 남가주의 늦은 봄 4월에는 아침에 안개가 끼어 자욱하고 오후에야 해가 나서 계곡 건너편을 볼 수 있기에 초조하게 기다려지는 때도 있었다.

코발트색 남가주 하늘 높이 어미 새는 수놈 새와 동무하여 매들이 가진 독특한 소리로 대화하며 고공 무용하는 때면 나는 하염없는 대자연의 아름다움을 새들과 함께 즐기며 내 마음도 그들 따라 한없이 높이 나르다가 문득 집에 들어가 아내를 불러내어 같이 앉아 춤추는 한 쌍의 새들을 보기도 하고 둥지에서 기다리는 새끼 새들을 살펴보기도 했다.

수놈 새는 어미 새를 집에 데려다 주고 어디론가 사라지고 나면 어미 새는 새끼 새들을 보살핀 다음 줄곧 먹이를 잡으러 떠난다. 먹이를 물어와 새끼들에게 먹이는 시간이면 나는 그들과 즐거움을 함께 나누며 어미의 그 사랑만이 이 큰 우주의 지구에 생명체들이 존재하는 생성의 능력을 본다. 창조주는 어머니에게 그 능력을 주고 아버지의 도움을 받아 자식들을 낳고 기르기에 우리가 이 세상에 살아가고 있는 것이 아닌가.

4월 말쯤에 매 삼 남매는 벌써 많이 자랐다. 하얀 솜털 안에 검은 반점들이 많이 나타났고 날개에 깃이 자라 퍼덕이는 움직임을 연습하였다. 어미가 먹이를 나누어줄 때 차례를 기다리는 모습은 독수리 새끼들과 전혀 다르다. 독수리 새끼들은 생존경쟁을 어려서부터 시작하여 서로 싸워서 어미에게서 음식을 얻어먹기에 살벌한 가족인데 비하면 차례를 기다리는 매 삼 남매의 우정은 참으로 아름다웠다.

5월 들어 새끼들의 몸이 커져서 집이 비좁아 그중에 하나라도 밀려 떨어지면 어쩌나 걱정스러웠다. 그러나 어미 새가 새끼 세 마리를 위하여 집을 준비하였을 때 사람의 지혜를 초월하는 자연의 섭리였음이 분명하다. 그들이 분비물을 배출할 때 모습은 꼬리를 치켜 올리고 궁둥이를 집 밖으로 돌리고 여지없이 쏘는 물총 같은 줄기는 아래 소나무 가지들을 하얗게 칠해 놓았다. 나는 그 모습을 내 몸으로 시늉하며 아내와 같이 웃기도 하였다. 소나무 아래에 풀을 깎는 시끄러움이 있을 때는 어미는 소리 나는 곳을 주시하고 긴장하여 집을 지키는데 새끼들은 철없이 바쁘기만 하다.

5월 중순에 벌써 새끼들은 어미만큼 자랐고 하얀 솜털과 검은 반점들은 모두 갈색으로 변하여 무서운 매의 모습을 제대로 갖추면서 넓은 날개를 펴고 둥지 안에서 나르는 연습을 시작하였다. 발이 약간 공중으로 뜨는 때도 있었다. 역시 차례를 지켜 순서 있게 연습하기에 날개가 부딪치거나 몸이 밀려 둥지 밖으로 나가는 일이 없었다.

5월 하순 우리가 며칠 집을 비웠다가 돌아온 날 첫째와 어미는 이미 어디론가 기다리던 여정에 따라 떠났음이 분명했고 둘째와 셋째만 남아 있었다. 둥지에 먹이는 남아 있기에 둘이서 사이좋게 나누어 먹으면서 이번에는 둘째가 떠나는 날임을 나는 감지하였다. 둘째가 처음에는 둥지에서 조금 떨어진 곳에 소나무 가지 위로 날개를 치고 옮겼다. 하지만 멀리 땅에 떨어질까 내려다보고 또 보고 하다가 두려움을 감추지 못하고 날갯짓만 하다가 다시 둥지로 돌아왔다.

한참 만에 둘째는 다시 같은 나뭇가지에 조금 높게 날아올랐다. 이번에는 조금 높은 가지 끝을 향하여 걷는 듯 나르는 듯 조심스럽게 옮겨갔다. 셋째가 걱정스러운 모습으로 따라나와 옆 가지에 올라와 둘째만을 쳐다보고 떠나지 말라는 듯 애처로운 표정으로 지켜본다. 둘째는 가지 끝에 이르렀고 이제는 정녕 떠날 준비를 하는 듯 위를 보고 날개를 크게 펴고 마음을 정한 듯하였다. 드디어 둘째가 이 세상에 태어난 후 처음으로 해야만 하는 일을 해냈다. 높은 하늘로 훨훨 날아서 떠나간다.

아! 나는 육 남매의 둘째로 태어나 둘째가 떠나는 모습에 참으로 감개무량한 내 인생의 즐거움을 다시 보았다. 하지만 한편 혼자 남은 셋째가 걱정되었다. 둘째가 떠난 뒤 홀로 둥지에 돌아왔다. 다음날 새벽에 뜰에 나와 망원경 앞에 앉아 셋째를 찾는 내 눈에는 빈집만 남아 있었다.

소나무 주위를 아무리 둘러보아도 조용한 새벽의 적막이 내 마음을 비워 놓았고 한 해가 다 지난 듯한 공허한 느낌은 마치 3년 전에 우리 집 막내딸이 대학을 졸업하고 집을 떠나던 날과 같은 느낌이었다.

내 눈에 눈물이 고였다. 새출발의 기쁨인지 헤어짐의 슬픔인지 혹은 시작인지 끝인지 우리 인생에 하나의 변화를 겪는 순간이었다.

무등산 기슭

내가 자란 고향, 광주의 무등산은 부모님이 사시던 집처럼 항상 그립다. 떠나 온 지 이미 40여 년이 흘렀지만, 한국을 방문할 적마다 들려 보곤 한다.

막내딸이 대학 졸업하기를 기다려 딸과 함께 비행기로 13시간 태평양 구름 위를 날아 고향을 찾아갔다. 함께 무등산에 올랐다. 산 중턱에 원효사는 아버님의 장례를 치른 곳이다. 가족이 한국 전쟁에서 안전하도록 미국에 이민하기를 바라시던 아버지는 돌아가시면 이곳에서 풍장을 해주기를 원하셨다.

후에 육 남매와 함께 이민 오신 어머님은 미국에서 돌아가셨다. 어머니의 뜻에 따라 태평양에 풍장하였다. 바람결과 물결이 만나는 곳에 아버님과 어머님께서 재회하는 이야기를 딸에게 들려주었다. 어렸을 때 무등산에 소풍 가서 좋아하는 여학생과 시간을 잊고 노는 동안 선생님과 학생들이 모두 우리를 찾고 있었다는 이야기에 아버지와 딸은 함께 웃고 즐거웠다.

산을 스치는 바람은 옛처럼 시원하고 바위와 숲의 경치는 세월의 주름살을 보이지 않았다. 초등학교와 가까운 곳에 우리가 살던 옛집도 찾아보았다. 아이가 자라서 미국에 유학해서 건축가가 되는 때까지 이야기를 들려주는 동안 딸에게는 아버지의 아름다운 고향이었다. 하지만 머리 한곳에 잊을 수 없는 이야기가 깊숙이 잠겨있었다. 초등학교에 국군 부대가 주둔하고 무등산에는 후퇴하지 못한 공산군 빨치산이 숨어 살고 있었다. 총성이 요란하고 수류탄 폭음과 화염에 잠 깬 새벽, 치열한 살인의 절규, 목숨의 마지막 비명, 창밖에 보이는 지옥은 12살 된 나에게는 너무나 눈물겨웠다.

아침 길에 군인들의 시체를 치우고 포로 열 사람은 끈에 묶여 무등산 기슭에 이르렀다. 헌병은 포로에게 삽을 주어 땅 구덩이를 파게하고 불 뿜는 총 끝 연기에 한 사람씩 목숨이 사라졌다. 자리를 파고 그 자리에 쓰러진 시체들을 흙으로 덮고 헌병들은 떠났다. 잠시 후에 가족인 듯한 사람들이 찾아와 소리 내어 울며 흙 속에서 찾은 시체를 등에 메고 어디론가 사라졌다.

딸에게는 아버지와 함께 찾아온 바다 건너 평화스러운 마을, 아름다운 산, 뛰놀던 운동장, 아버지의 그리운 고향은 정겨워 보였다. 내 마음에 숨겨 있는 아픈 상처를 딸의 아름다운 기억에 남기고 싶지 않았다. 전쟁 동안 죄 없이 희생된 많은 고인의 영혼에 묵도하는 한순간도 딸이 모르게 나 혼자 눈을 감고 고개 숙였다.

장대한 무등산은 우리가 모르는 긴긴 역사를 혼자서 기억하고, 태극기 흔들며 온 민족이 기뻐하던 해방, 한민족이 서로 싸우며 죽어가던 뼈아픈 한국 전쟁을 묵묵히 가슴에 품고 있는 듯하다. 옛날이나 오늘이나 한결같은 부모님의 마음처럼 다정하게 우리를 끌어안아 주었다.

보스턴 바닷가재(lobster)

미국 식당에 해물요리 중에 가장 값비싼 음식이며 잊지 못하는 이야기가 있다. 아직 우리 애들이 어렸을 때, 나는 오하이오에 있는 대형 건축사무소에서 일하고 있었다. 그리고 메사추세스 주의 보스턴에 병원 설계하러 자주 출장을 다니는 때였다. 출장 갈 적마다 밥 먹으러 들리는 식당이 있었다. 그 도시에서 가장 오래된 지역에 1826년부터 같은 음식을 제공하는 오이스터 하우스(Oyster House) 식당이다.

한 번은 실내 장식 전문가 여직원과 함께 갔다. 그날따라 손님들이 많아서 우리는 삼층 꼭대기 지붕 아래 어두운 골방으로 자리를 얻었다. 음식을 시키고 기다리는데 제일 먼저 생태 찜 한 마리가 큰 접시 위에 나왔다. 나는 여직원에게 먼저 권하였지만 자기는 스테이크를 시켰기에 나더러 먼저 먹으라고 했다.

나는 어릴 적부터 동태나 생태 눈알 빼먹기를 좋아했다. 젓가락으로 눈알을 빼려고 하는 순간 그 여직원은 누가 자기 눈알을 찌르는 것처럼 아래층 식당이 모두 놀라도록 비명을 질렀다. 나도 놀라서 어쩔 줄 모르고 당황하는데 식당 직원이 달려왔다. 자초지종 이야기를 듣고 우리 세 사람 모두 웃고 식당 직원은 내려갔다. 그것은 순식간에 일어난 한국인과 미국인 사이에 문화의 충돌이었다.

나는 생선 요리 음식을 끝내고 그 여직원이 스테이크를 마칠 무렵에 식당 직원이 디저트를 들고 와서 내가 앉은 나무의자 뒤에 작은 동판을 보았느냐고 물었다. 무심코 돌아보니 '여기는 존 에프 케네디가 즐겨 앉던 자리'라고 반짝이는 금속 활자로 새겨져 있었다. 그가 미국의 대통령이 되기 전에 친구들과 조용한 골방을 자주 찾아온 취미를 상상할 수 있었다.

오이스터 하우스에서 먹은 음식 중에 제일 맛있는 음식은 보스턴 해역에서 잡히는 바닷가재 요리였다. 원래는 우리가 갯가재를 별로 좋아하는 음식으로 생각하지 않은 것처럼, 미국사람들도 발이 10개 달린 바다의 괴물, 바닷가재를 다리 8개 달린 거미를 싫어하듯 좋아하지 않았다. 하지만 이 식당이 시작될 무렵, 1800년 초기부터 미국과 유렵 식당에 알려지게 되어 지금은 살아 있는 바닷가재를 비행기로 세계의 여러 이름난 식당으로 운송한다.

오하이오 집에 가는 길에 해물 시장을 찾아가서 한 식구 먹을 만한 살아 있는 보스턴 바닷가재 한 마리를 들고 왔다. 선물을 들고 오는 아빠를 기다리던 아내와 아이들은 부엌 바닥을 뻘뻘 기어가는 가재를 보고 소리치며 좋아했다. 검푸른 바다 색깔에 긴 수염을 더듬다가 물속에서 뒤로 해엄치 듯 일곱 마디로 꺾인 큰 꼬리를 급히 파닥이면 아이들의 소리는 더욱 요란하였다.

새우 음식을 좋아하는 가족을 위해 나는 펄펄 끓는 물에 가재를 넣어 익혔다. 모처럼 저녁 밥상을 차려 네 식구가 둘러앉아 가운데 큰 접시에 빨갛게 익은 먹음직스러운 가재를 내어 놓았다. 하지만 놀랍게도 나 혼자 먹고 싶어 하지 아무도 먹으려 하지 않았다. 나는 딱딱한 껍질을 열어서 가슴살을 먹고, 꼬리 살은 토막 내어서 자기 몫을 먹도록 권하였지만, 아무도 쳐다보지도 않았다. 살아 있는 동안 부엌 바닥에서 친구가 되었기에 새빨갛게 뜨거운 물에 익혀서 죽은 그 모습이 잔인한 아빠의 피해자로 보인 것이다.

살아 있는 것이거나 사람이거나 정이 든다는 일은 얼마나 무서운 일인가. 잠깐 만난 사람과 사랑에 빠져 떠나는 날까지 한평생 함께 살기도 하고, 정든 사람을 위해 목숨도 바치지 않는가. 보스턴 바닷가재 이야기는 아이들이 자라서 집을 떠난 후에도 잊혀지지 않는다.

제2부

북한 동포들의 자유

북한 동포들의 자유

수년 전에 금강산을 방문했을 때 철조망 너머로 보고 싶었던 북한 동포들의 모습을 볼 수 있었다. 반세기가 지나서 보는 내 동포들의 모습은 더욱 가난하고 초라해 보였다.

관광버스로 오는 길에 버스 안에서 술 취해 유행가를 부르는 남한 동포와 버스길 옆에 철조망 건너편에 보초 선 군복이 커 보일만큼 여윈 인민군 모습은 너무도 대조되어 눈물겹도록 가슴이 아렸다.

지구상에 모든 생명체는 자유가 있기에 살아간다. 사람의 자유는 남에게 구속을 받거나 무엇에 얽매이지 않고 자기 마음대로 행동함이다. 말하는 자유, 모임의 자유, 믿음의 자유, 신체의 자유, 표현의 자유 등 우리는 꾸준히 자유를 찾아서 산다. 하지만 현재 200여 개의 세계 국가들 중에 국민들이 가장 자유 없이 구속 받고 사는 나라는 거의 북한이 유일하다.

일본의 식민지였을 때 일제에 항거하여 자유를 찾으려 목숨을 바친 선열들은 해방을 보지 못하고 일제의 감옥에서 이슬처럼 사라졌다. 공산 독재가 남한을 북한에 통합하려 1950년 6 · 25 남침을 시도했을 때 남한을 방위한 세계 열방에 UN군들의 4만여 목숨들이 한반도에서 희생되었고 남한의 자유를 지키기 위하여 남한 군인 13만7천여 명이 목숨을 바쳤다.

대한민국의 자유는 이렇게 소중하게 보호되었기에 오늘날 대한민국은 기적 같은 유례없는 발전을 보였고 당당히 세계 선진국 대열에 진입하였다. 하지만 북한 동포들의 자유는 날이 갈수록 굶주림과 탄압 속에 더욱 어두워지고만 있다. 이웃에게도 하고 싶은 말을 하지 못하고, 보고 싶은 가족을 만나지 못하고, 가고 싶은 고향을 찾아가 보지 못하고, 매일 하고 싶은 일 하지 못하고, 믿고 싶은 종교를 갖지 못하고, 듣고 싶은 세상 소식 듣지 못한다.

대한민국의 빙상 선수 김연아가 세계 신기록을 세우며 세계의 이목이 집중하는 올림픽 금메달을 목에 거는 우리 민족의 역사적인 장면을 보지 못하고 듣지 못하는 우리 북한 동포들을 방관하고 우리만이 자유를 누리며 살 수는 없다.

북한 동포들은 폐쇄된 사회 안에서 바로 인접한 남한의 자유 개방 사회의 동포들과 너무 다르고 거리가 멀다. 남한의 자유 사회는 북한의 간첩들마저 자유스럽게 활동하도록 방임하는 만큼 자유스러운 듯하다.

시간이 갈수록 남과 북은 더욱 멀어지고 있다. 그럴수록 우리 민족 모두가 원하는 통일은 더욱 요원하기만 한다. 남한에 동포들과 미국에 교민들은 북한 당국의 행동을 언론 보도를 통해 자주 듣지만 북한 동포들의 생활에 관한 소식은 잘 듣지 못한다. 한국 전쟁을 경험하지 못한 젊은 세대와 미주 한인 2세들도 북한의 현실을 볼 수 없고 북한 동포들의 고난도 모르기에 김정일

독재 지도자의 마지막 수단과 방법을 동원하는 정책에 동정심을 갖게 되는 듯하다.

북한의 주권은 북한 동포들에게 돌아가야 한다. 그러기 위해서 한국 정부와 언론 사회 그리고 국내외 사회단체들은 남한의 소식을 북한 동포들에게 전해 주고 북한 동포들의 소식은 남한 동포들에게 전해 주어 남북 간의 이질성을 제거하려는 노력을 해야 한다.

현실적으로 불가능하다고만 여기지 않고 이러한 정책과 행동을 통일에 앞서 미리 준비해야 하는 필연의 과정이라고 생각하자. 그리하여 우리 모두가 함께 생각하고 실천해 나가면 머지않아 자유 여신상이 평양 대동강변에 서게 될 것이다.

통일을 위한 작은 제안

"세계의 이목이 북한의 새 지도자와 핵무기 개발에 관심을 두는 동안, 북한 동포는 더욱 외면당하고 고립되어가고 있다."

최근 북한의 새로운 모습을 본다. 여러 신문과 방송 보도를 봐도 김정은 체제는 과거의 북한과는 조금 다르다. 젊은 지도자의 개방적인 태도는 좀 더 우리에게 가까워지는 느낌을 준다.

최근에 미주 교포 아홉 사람으로 구성된 방문객이 북한을 다녀와서 보고하는 모임이 있었다. 자유스럽게 취재할 수 있는 여유롭고 자신 있는 북한 감시단의 태도에 방문객도 놀라고 여행기사를 읽는 독자도 흥미롭게 했다.

한반도의 우리 민족은 모두 통일을 갈망한다. 북한은 과거에 김일성의 적화통일을 위한 남침으로 한반도에 세계적 전쟁 비극을 가져왔고 김정일의 핵무기 개발과 공포정책으로 북한은 더욱 고립되는 결과를 가져왔다. 최근 유엔 총회에서 북한 대표가 "한반도는 전쟁 발발 직전의 극도로 위험한 상황이다"라고 발표했다. 남한, 미국, 일본을 위협하는 핵무기 개발과 공포정책은 과거에 남한 대통령들의 친북 원조로 효력을 보았기에 더욱 계속될 듯하다.

남한의 북한 정부 포용을 위한 전직 대통령들의 노력은 종북 사상이 국회의 한 모퉁이에 자리 잡기까지 이르게 했다. 태극기에서 눈을 돌리고 애국가 부르기를 주저하는 국회의원이 있게 되었다. 현직 대통령은 협박받으며 공포 정치를 원조하는 태도를 중단했다. 야당은 현 정부를 실패 정부로 규정하며 한국 사회에 젊은 세대의 정치 이념에 혼돈을 초래하고 있다.

9·11 사건 이후에 후세인의 이라크 독재 정부가 미국의 침공으로 일주일 만에 사라짐을 본 북한은 핵무기 개발이 유일한 생존 방법이라고 생각했는지. 미사일을 남쪽으로 발사하겠다고 위협과 공포 정치를 계속한다. 연임에 성공한 오바마 대통령은 북한에 "미얀마의 길을 따르라"고 권고하고 핵무기를 내려놓고 평화와 진전의 길을 주문하지만, 최근에 중국을 방문한 장성택의 중국 경제에 의존하려는 정책에서 바뀌기는 쉽지 않아 보인다.

유엔이 북한을 경제 봉쇄하고 국력을 약화시켜 정부의 붕괴를 기대했던 정책은 북한 동포를 극도로 가난하게 만들고 중국의 원조에 의존하여 북한의 영토가 중국 산업의 개발 지역으로 변화하는 현상을 보게 한다. 태어나면서 지도자에게 종교적으로 의존하는 북한 동포는 벽에 걸린 두 얼굴을 보고 "가난해도 이대로가 좋다." 하는 구호를 외우며 가난을 인내하고 기아 상태까지도 복종한다. 하지만 최근에 북한의 사회 분위기는 달라지고 있다. 북한전문 매체 자유 아시아 방송은 북한 특권층 주부들 사이에 한국산 전기 압력밥솥이 폭발적인 인기를 끈다고 했다. 한국의 'K-Pop' 공연을 보는 특권층은 TV와 컴퓨터를 집안에 설치하고 평양 길가에 여인들의 머리 모양과 옷 모습이 달라진다고 한다. 젊은이들의 이집트 산 휴대전화기를 사용하는 인구가 늘고 재미 교포와 주저하지 않고 어우러지며 열심히 영어를 공부하는 북한은 변화하고 있다. 탈북 꽃미남 박성진이 한국 노래 '칠갑산'을 부르고 사형선고를 받던 때와는 다르게 보인다.

폐쇄되었던 중국이 덩샤오핑의 개방 정책에서 시작하여 오늘의 경제 강국에 이르기까지 30년의 변화를 보였다. 이제 북한은 미국 대통령 오바마의 새로운 방향, 중국 시진핑 체제의 새로운 출범, 최근 일본의 우경화, 한국의 새 지도자 선출에 따른 동아시아 국제적 변화에 호응하는 개방적 변화를 보이도록 함께 협력해야 한다. 동아시아와 남한 사회에 감당하기 어려운 큰 충격일 수 있는 급격한 통일을 피하고 점진적인 통일을 기대한다.

이러한 상황에서 남한 동포와 재외 교민의 통일을 위한 노력이 어떻게 이루어질 수 있을까. 북한 동포와의 교류를 활성화하고 그들이 국외에 진출하여 세계적 시야를 넓히도록 기회를 마련하는 일이라고 본다. 재미 교포의 북한 동포를 위한 종교사업, 의료사업, 고아 구조사업, 언론인의 교류, 등의 북한 동포 접촉은 앞으로 더욱 확대되어 그들이 의심스러운 눈치를 버리도록 해야 한다.

세계의 이목이 북한의 새 지도자와 핵무기 개발에 관심을 두는 동안, 북한 동포는 더욱 외면당하고 고립되어 가고 있다. 남한 동포와 재외 교민이 북한 지도자에서 눈을 돌려 북한 동포를 끌어안는 적극적인 노력이 시작되기를 제안한다. 이러한 노력은 참으로 핏줄 속으로 뻗는 통일의 큰길이 되지 않을까 희망을 걸어본다.

국방위원장님, 내 말 들어보시오

남조선 동포

김일성 부친의 뜻을 따라 북조선을 인민공화국으로 세워가려는 당신의 효심과 애국심은 참으로 대견스럽소. 하지만 부친에게 공산당 국가를 맡기고 북조선을 도와주었던 소련공산당이 붕괴되었던 날부터 지금까지 겪는 북조선의 어려움을 우리 모두가 보고 있소. 통일해 보려고 1950년에 시작한 부친의 남침이 우리 민족에게 그렇게 비참한 경험을 남겨 주었고 실패하여 끝날 무렵 북조선을 구해 주었던 중국공산당은 이제 미국의 소비경제 도움으로 자본주의 사회로 개방해 가고 중국 인민들은 세계 산업에 종사하게 되었소. 부친을 위해서 젊은 당신은 남조선에 테러를 감행했었고 유엔의 경제 재제를 받아 오다가 오늘에 와서 중국과 미국 사이를 오가며 교섭하여 살아갈 길을 찾는 당신의 처지를 우리 모두가 보게 되었소. 미국은 독재 국가를 싫어해서 돌아서기에 핵무기와 미사일을 만들어 흥정해서 살아보려고 하는 당신의 형편을 세상이 잘 알고 있소.

부친께서 시작한 통치 방법으로 북조선 인민들 눈을 가려 세상을 보지 못하게 하고 귀를 막아 세상 소식 듣지 못하게 하여 오직 부친과 당신에게만 충성하게 하고 입을 막아 지도자를 비방하지 못하게 해야만 하는 당신의 입장도 얼마나 어렵겠소. 그렇게 길 드린 인민들이 가난하고 굶주리는 형편을 보면서 당신인들 얼마나 가슴 아프겠소. 선군 정치로 인민을 모두 군대 훈련 시켜서 당신의 명령을 듣도록 전쟁 준비하였어도 싸우면 닷새 만에 나라가 없어지는 중동에 아프가니스탄이나 이라크를 보셨기에 아프리카에 카다피처럼 정책을 바꾸어 자유세계에 동참하시는 경우도 생각하시겠지요.

남조선이 세계 경제대국으로 성장하는 동안 중국은 티베트를 정복하고 영토를 확장한 다음 홍콩과 대만을 얻어 내는 과정에 있고 그 다음은 북조선을 바라고 호시탐탐 기회를 노리고 있소. 신라가 삼국을 통일할 때 신라 동맹국을 미끼로 고구려 땅 만주대륙을 훔쳐간 기억이 있지요. 당신을 도와준 미끼로 당신이 쓰러지는 날에 중국이 북조선을 점령하고 미국도 싸우지 못하면 북조선은 영원히 중국의 영토가 되고 북조선 동포들은 오늘날 만주 땅에 살고 있는 우리 민족처럼 중국말을 하고 중국 사람이 되는 역사의 비극이 우리 앞에 있을 수 있소.

일본이 전쟁을 일으켜서 실패하고 미국과 소련이 일본 땅을 남 일본 북 일본으로 나누지 못하고 조선반도를 북조선 남조선으로 나누는 잘못을 저질렀소. 가족이 헤어져 다시 보지 못하고 죽어 가는 슬픔에 당신도 우리처럼 얼마나 가슴이 아프시겠소. 독일이 통일하여 세계에 경제 강국이 되었던 것처럼 북조선 동포들이 남조선 동포들을 만나 평생 소원을 풀고 가족들과 함께 살 수 있으면 얼마나 좋겠소. 어서 빨리 남조선과 문을 열어 북조선 동포들이 세상에 나와 본인들의 능력으로 세계 산업에 종사하도록 해주시오.

세계의 자유 국가들은 북조선 인민들의 산업능력을 보고 싶어 하고 북조선 인민들에 의해서 살아감을 보고 싶어 하오. 당신이 북조선 인민을 살리는 길은 오직 남한 동포들과 함께 사는 길이오, 남조선 아이들을 북조선 아이들처럼 길러 보려는 교조의 노력도 어리석은 일이 아니겠소. 당신이 더 노령에 들어 쇠약해지기 이전에 당신을 존경하는 북조선 인민들과 그 아이들의 장래를 위해서 어서 빨리 인민들의 눈을 뜨고 귀를 열고 말할 수 있도록 입을 열어 주시오. 당신이 이 세상을 떠난 후에도 한반도에 모든 동포들이 당신에게 고마워할 일을 지금 하셔야 하오. 그 길만이 부친이 떠나면서 남긴 평화통일 염원을 이루는 일이오. 남들이 만들어 놓은 분단의 슬픔을 우리 힘으로 없애야 하지 않겠소. 당신이 통일을 보지 못하고 갑자기 쓰러지시면 빗을 진 중국의 품에 안기시겠소, 아니면 통일 동포들의 품에 누우시겠소. 소련도 일본도 중국도 우리가 통일하면 세계 강국이 되기에 우리의 통일을 원하지 않소.

통일은 우리 동포들만의 소원이오. 나는 매일처럼 당신과 북조선에 형제자매들이 평안하게 살 수 있기를 바라고 우리의 뜻으로 평화통일이 어서 이루어지기를 매일 기도하고 있소.

2008년 해가 지는 12월에 당신과 북조선 동포들을 향하여 남조선에 한 동포가 간곡히 부탁드립네다.

서안에서 북경까지

필자가 인천공항에서 지난 10월 19일에 아시아나 항공기 편으로 오후 12시 30분에 떠나 중국 서안에 도착하였을 때는 그곳 시간 오후 3시 45분경이었다. 여행사에서 준비해 준 이름표를 목에 걸고 입국 수속을 마친 후 대합실에 들어가는 입구에서 중국인 젊은 남녀가 나를 안내하며 최근에 지은 현대식 공항 건물 밖에서 기다리는 차에 몸을 실었다. 운전기사는 영어를 못하지만 젊은 여인은 영어에 불편 없이 이야기를 나누며 약 1시간 반 동안에 서안 국립박물관으로 갔다.

2008년에 있을 세계 올림픽을 위하여 하이웨이 공사가 한창이었으며 수년 전에 방문했을 때보다 길에 가는 자전거 수는 줄고 자동차 수는 많이 늘었다. 하지만 보행자, 자전거, 모터사이클, 버스, 트럭이 뒤섞인 교통질서 없음은 예나 다름없었다.

다운타운에 들어서는 블로버드 가운데 커다란 낙타들의 조각과 동행하는 캬라반 인조물들은 옛 당나라 수도였던 장안의 무역 사업은 천오백 년이 지난 오늘에도 살아 있음을 생각하게 하였다. 서안의 성곽 옛 모습은 잘 보존 되었고 성곽 밖의 물길에 아직도 물이 가득하고 규모가 서울 성곽보다 훨씬 작으나 동서남북 성문이 온전하고 격자식 도시 평면은 우리나라 옛 경주시나 일본 교토시의 평면과 유사하여 1500년 전 도시 계획이 우리에게 본이 된다.

산서역사박물관에 도착했을 때 민경탁 동문의 인솔에 17명의 서울의대 동문들과 가족들을 만났고 곧 박물관 안으로 들어갔다. 산서성 유물들을 모아 1993년에 완공된 현대식 박물관 중국 고전 건물의 양식으로 설계되었다. 주, 한, 진, 당 시대로 나누어 진열된 유품은 청동기, 금은 옥기, 벽화, 도자기 조각상, 화폐, 건축물 와당 및 동경 등의 찬란한 세계 문화 발상지의 유물들이 끝없는 역사와 학문의 연구를 기다리고 있는 듯했다.

당나라 장희 태자 묘 벽화에 우방 국가를 영접하는 모습이 그려졌고 동에서 한국인, 북에서 흉노인, 서에서 아랍인의 모습 중에 한국인의 의상, 새 깃을 단 머리관은 특히 눈에 띄었다.

일행은 곧 서안 오페라 하우스로 갔다. 디너 씨에터로 층진 좌석을 배열하고 약 500명이 관람하는 현대식 건물에 50여 명이 등장하는 무대의 크기는 모든 장비를 갖추고 음악, 무용, 곡예 등으로 펼쳐지는 프로그램은 라스베가스 무대에 버금가는 호화찬란한 무대 세트와 조명, 그리고 중국 벽화에서 보는 비천상의 의상들과 역사적 전통을 자랑하는 악기와 선율들은 가관이었다. 관현악 연주의 구성은 며칠 전에 관악산 서울대학교 안의 규장각에서 보았던 그림과 방불하여 가야금, 거문고, 피리, 징, 꽹과리, 크고 작은 북, 서울 성균관에 보관된 악기종 모습, 그리고 여러 종류의 관현악기들이 현대 음악에서는 볼 수 없는 특이한 동양 음악을 들려주었다.

다음날 10월 20일에 우리 일행은 기차 편으로 서안 동쪽의 옛 수나라 수도인 안양에 도착하였다. 이곳은 우리가 어려서 읽었던 삼국지의 배경. 관운장과 조조의 이야기가 먼 기억 속에 새롭게 상기된다.

낙양 목단화는 중국에 유명하여 목단화 그림은 어느 곳에서나 볼 수 있는 상품이었고 우리가 머무른 호텔 이름도 목단대주점이라 했다.

기차로 오는 동안 황하 계곡의 지형은 황토층의 두터운 지질이 오랜 세월에 범람이 계속되어 주름진 깊은 계곡 속에 가난한 농부들의 움막집과 밭을 가는 모습은 우리나라 해방 후의 농가의 모습을 연상케 하였다.

10월 21일 아침 일찍 일행은 용문석굴에 도착했다. 황하의 남부 호남성의 수도인 정주시 서쪽 이강 기슭에 자리잡은 용문석굴은 황하의 북부 산서성에 있는 운강석굴에서 연장된 불교 유적지로 간서성의 돈황석굴과 함께 중국의 삼대 석굴이다. 선비족이 세운 위나라는 지금의 산서성 대동시에 운강석굴을 마치고 기원 후 494년에 수도를 낙양으로 옮겨 황하 남부 중원에 한족을 다스리려 했다.

용문석굴은 493년 위나라 때 시작되어 수나라, 당나라를 거쳐 523년까지 계속되었다. 대부분의 동굴은 이강 서쪽의 용문산 언덕에 있으며 강 동쪽 언덕에는 석굴과 향산사 그리고 시인 백거이의 묘소가 있다. 약 2,300개 석굴 중에 당나라 석굴이 약 1,400개에 달한다. 그중에 가장 큰 봉선사 석굴은 노사나 마애

불 좌상이며 17미터 높이에 좌우에 네 보살들과 함께 35미터 넓이, 30미터 깊이에 조각되었다. 양면에 호신상은 경주 석굴암과 같은 모습이며 얼굴 모습은 당나라 측천무후의 인상이라고 전한다.

동굴들 중에 한반도의 신라국에서 승려들이 찾아와 조성된 기록이 있어 눈길을 끌었다. 경주 석굴암처럼 정교하고 잘 보존된 것은 없으나 전실과 후실을 통한 건축 양식은 공통성이 너무 많았기에 당나라와 통일신라의 불교 연관성을 볼 수 있다.

같은 날 오후에 낙양 고대 박물관 안에 관우 신전에 들렀을 때 81가지 음식을 차려놓은 제사상을 구경하였고 왕성 공원과 백마사를 들려 보는 동안 주나라와 한나라의 건축 양식을 후대의 보수로 변경이 많았지만 원래의 모습을 상상하기에 충분한 자료들이었다.

이튿날 10월 22일에 황하를 막아 2003년에 완성한 소양시 수력발전소를 보았고 곧 숭산 소림사로 향했다. 숭산은 중국의 오악산 가운데 성산으로 음양오행의 중앙에 위치하여 역대 제왕들이 찾아와 제사를 드리던 도교, 유교, 불교의 성지이다. 소림사는 인도의 달마스님이 바닷길과 황하 물길을 따라 찾아왔다고 전한다.

소림사 탑공원은 230개의 불탑과 부도들이 모여 있으며 그 중에 몇 개는 티베트식 불탑이어서 눈길을 끌었다. 숭산 소림사는 옛 스님들이 도를 닦는 과정으로 무도를 연마하던 전통이 유래되어 지금은 중국의 무도와 세계적 무도 수련 도시를 이루었다. 초등학교에서 대학교까지 무도 학교를 세워 5,000여 명의 재학생이 있고 5만여 명의 수련생이 이 도시에 살면서 무도를 연마하기에 한국에서도 무도인들과 연예인들이 이곳에 다녀간 기록을 볼 수 있었다.

일행은 호남성의 수도 정주비행장으로 옮겼고 그날 밤 늦게 산서성의 수도 태원시에 도착하였다. 산서성은 동에 산동성, 남에 황하, 서에 황하, 그리고 북에는 만리장성으로 원래는 흉노의 땅이었다고 한다. 황하 남쪽 중원에 자리잡은 한족과 피가 섞이면서 양귀비를 비롯한 많은 미인들이 태어나고 육로와 물길로 중국 교역 중심지가 되었으며 북중국과 남중국을 지배하는 정치적 중심지였기에 여, 순, 우 등의 왕릉이 이곳에 있으며 위, 진, 당나라가 이곳에서 건국되었다고 전한다.

이튿날 10월 23일 태원시의 재벌 가족들인 공씨, 상씨, 양씨, 조씨, 왕씨, 교씨 등의 중국 경제를 일으키던 부가와 자손들이 살던 주택지들이 지금은 박물관으로 보존되어 있어 방문했다. 우리 일행은 교가대원에 들러 중국 영화 홍등가에 나오는 현지를 답사하고 생활 풍습과 유물들을 관람하였고 오후에 중국 도교의 대표적인 사찰인 진사에 도착하였다. 중국 고대 모계사회의 상징으로 성모전에 여신상을 숭배하는 사찰이다. 입구 바른쪽에 종각, 왼쪽에 북각이 서 있고 물을 건너 향당에 이르면 네 모퉁이에 송대에 만들어진 네 동상이 서 있고 그 뒤에 헌당이 있다. 헌당은 지정된 문화재 목조 건축물로 당송대의 양식을 갖추었다.

헌당을 지나면 석교가 있고 그 역시 지정된 문화재이고 석교 건너 본당인 성모전에 도교 산신령으로 여성상을 모셨으며 그 목조 구조 역시 우리나라 경북 영주 부석사 무량수전 건축 양식과 통하는 바 있으며 지정된 문화재이므로 진사는 참으로 중요한 중국의 문화재 사찰이다. 진사 서쪽에 당나라 측천무후의 명복을 위한 무측전 불교 사찰이 있고 칠층 전탑 앞에 포대화상을 모신 미륵원이 있다. 그 앞 양쪽 화랑에 팔만대장경을 비석들에 새겼다.

일행은 다음날 10월 24일에 중국 불교 본산지인 오대산으로 이동하였다. 그 안에 108개의 불교 사찰이 세워졌고 석가가 인도에서 설법할 때 문수보살은 이미 중국 오대산에서 설법하였다는 기록이 있다고 한다. 희랍의 왕들이 인도와 중국에 와서 머리 깎고 불교 승려로 수련을 받은 후 지중해로 돌아갔다는 기록은 중국에도 있고 인도에도 있다. 오대산은 세계 불교의 본부 역할을 했다고 전한다.

수상사에는 사자를 타고 앉아 설법하는 문수보살을 모셨고 백탑사 중앙에 티베트식 불탑이 75미터 높이로 가장 큰 규모의 구조물이다. 네 모퉁이에 밀며 돌면서 염불하는 티베트식 경각이 있고 큰 나팔을 불며 예식함은 중국과 한국의 불교가 티베트 불교와 밀접한 관계가 있음을 보여준다. 현통사의 벽돌 돔과 아치 구도도 특이하며 그 뒤에 작은 금당 건물은 일본의 국보인 금당보다 더욱 아름답고 부유한 모습이다. 한국의 오대산 월정사 역시 중국의 본을 받은 것이다.

오대산 관광을 마치고 항산산맥을 넘어 대동시로 버스가 이동하는 동안에 많은 중국인들이 아직도 요동(꿈의 동굴이라는 주거지)에 이름도 생년월일도 없이 살고 있음을 보았고 매년 4월에 이곳에서 일으키는 황사는 산동반도와 황해를 건너 한반도까지 이른다고 한다. 11월에 비가 내리면 농사가 시작되고 수말과 암당나귀 사이에 태어난 노새는 힘이 세고 온순하여 이곳 생활에 큰 도움이 되는데 그들은 번식하지 못한다고 한다.

항산 고개 넘어 넓게 펴지는 평야에 위치한 요나라의 수도 웅현에 도착했다. 1400년 전 북위 시대에 세워진 현공사는 이곳 양귀비의 고향이라 한다. 웅현시 북쪽에 대동시가 있고 만리장성과 봉화대가 여러 곳에 눈에 든다. 석탄 매장량이 중국에서 가장 많은 지역으로 도심에 흐르는 옥녀강은 주위의 탄광에 많은 양의 물을 잃고 작은 개울처럼 보인다. 우리는 절벽에 매달린 삼현사에 들렸고 곧 호텔에 짐을 풀었다.

10월 26일 아침 대동시 교외의 운강석굴을 찾았다. 인도의 불교가 티베트 산맥 넘어 혹은 바닷길로 오대산에 들어올 무렵, 인도의 석굴 조각 기술이 북위 시대의 중국 석굴로 나타남이 운강석굴이다. 불상 조각과 건축 양식이 백제 문화와 연결되었음을 볼 수 있으며 조각에 나타난 목조건축 양식은 백제에서 일본나라 지방에 건너간 법륭사와 약사사와 통하는 점이 많다. 제 9 석굴의 코끼리 모습은 동인도 불교가 서역을 거치지 않고 바닷길로 연결된 생생한 모습을 볼 수 있으며 제 8석굴 입구에 새겨진 힌두교 신들의 모습은 일찍이 불교가 갠지스강 유역에서 시작되었을 때 중국의 도교와 인도의 힌두교와 융합되었던 특색을 보여 준다. 서기 493년에 백제 동성왕의 침략에 이곳에서 밀려난 북위는 수도를 황하 남쪽 낙양으로 옮기고 계속해서 용문석굴 공사를 시작하였다가 수나라에 넘겨주었다고 한다.

마지막 날 10월 27일 새벽에 일행은 버스로 대동시에서 북경으로 직행하는 고속도로를 타고 북경 비행장에 시간 맞춰 도착하였다. 장쩌민 중국 정부 때부터 현재의 중국은 불교 국가로 정책을 세워 유럽과 미국의 기독교 문화에서 자립하고 아랍 국가들의 회교도 정책을 방지하려는 의도를 필자는 이번 여행 중에 느꼈다.

4살 때부터 8살 때까지 만주 무순에서 자랐고 1997년 9월에 서안, 북경, 계림, 상해를 방문하였고 2005년 10월에 다시 방문하는 동안 중국의 변화와 사회상의 진전을 보았고 동아시아 문화 발달과 한국과 일본과의 관계를 공부하는 동안 지금까지 우리가 연구하고 찾았어야 할 지식에 너무나도 미흡함을 느꼈고 앞으로의 젊은 세대가 할 일에 많은 격려를 보내고 싶은 충동을 느꼈다.

여행을 준비한 민경탁 동우에게 다시 한 번 감사하면서 즐거운 여행록을 여기서 마감한다.

인도 여행 · 1

세상에 손꼽는 부자들과 저녁이면 대소변 볼 곳을 찾는 가난한 사람들이 섞여 사는 나라, 인도에 발 들여놓은 곳은 지난 해 아카데미 오스카상을 휩쓸어간 영화 〈슬럼독 밀리오네어〉의 본고장 뭄바이였다.

타지마할 팔레이스 호텔이 테러리스트 공격을 받고 정치적 경제적 상처가 아직 아물지 못한 광장에 인도의 문이라고 불리는 거대한 아취는 서울의 독립문보다 몇 배나 더 커보였다. 1877년에 영국군들이 인도에 침략해 와서 인도를 지배하고 1947년에 마지막 영국군이 떠나기 전에 광장을 기념하여 건립된 관문을 영국군 문이라 부르지 않고 인도의 문이라고 부르는 수치스러움을 보았다.

일행은 곧 배를 빌려 타고 바다 앞에 보이는 코끼리 섬을 찾아갔다. 뉴왁 공항에서 17시간 비행기를 타고 도착한 다음 날에 피로를 느끼지 않고 관광하는 흥분에 마음이 들떠서 바다 바람이 더욱 상쾌했다. 코끼리 섬에 오래 동안 고물이 된 장난감 기차를 타고 돌계단 아래 도착하여 층계를 오르면 굽타 왕조 우리나라 통일신라 시대에 거대한 암석을 두더지가 흙을 파듯 뚫고 들어가 찬란한 조각예술을 이룬 힌두교 석굴사원이 우리를 기다리고 있었다.

인도는 갠지스강에서 기원전 600년에 불교가 시작되어 아시아에 포교되고 후에 기독교와 회교로 이어지는 종교 문화의 원천이지만 인도 자체 내에는 힌두교가 지배적이다. 이 동굴사원에 힌두교는 동아시아의 도교와 함께 자연을 숭상하는 가장 오래된 종교 양식이다. 모든 자연물을 신으로 보는 다신교의 모습으로 그중에 힌두교의 가장 중요한 창조의 신 브라마, 평화와 유지의 신 비쉬누, 파괴와 부활의 신 시바 신들이 있다. 코끼리섬의 석굴사원 벽에 조각된 이들 세 신들 중에 시바신의 세 얼굴, 두 얼굴, 그리고 춤추는 모습이 살아 움직이는 듯 실감이 있다.

다음날 인도 역사에 비단 산업이 동쪽으로 당나라와 연결되고 서쪽으로 이집트, 그리스, 로마로 연결되는 실크로드 요새였던 아우랑가바드를 찾아갔다. 이곳에 아잔타 석굴은 인도 불교미술 국보들이 보전되었으며 힌두교와 자이나교의 조각미술과 회화들을 합하여 위대한 세계적인 문화의 유산이다. 중국의 둔황, 운강, 용문, 불교석굴 사원들과 함께 기원전 1세기에서 시작되어 1000년 동안 인도와 중국에 수백 개의 불교 석굴조각 동굴 건축들이 유행하였다.

7세기 통일신라 때에 김대성 건축가가 건립한 경주 석굴암도 그중에 하나이며 아잔타 석굴과 용문석굴의 건축양식과 공통성을 보여줌은 전방 후원의 평면과 본실에 석가상의 주위를 윤회할 수 있는 통로를 만들었다. 석굴암 전실은 방형이고 본실은 둥근 천정과 원형의 평면으로 그 정교함과 아름다움이 타 종교인들의 피해를 받지 않고 완전히 보존되어 높게 평가받는 유네스코 지정된 세계적 유산이다.

일행은 인도의 밤열차 커튼으로 가린 이층 침대에 각각 누워 다음날 아그라에 도착했다. 중국이나 인도에 힘든 노동하는 일꾼들을 꾸리라고 부르는데 미국에 대륙횡단 철도공사를 맡았던 중국 노동자들과 같은 이름이다. 영국인들이 아시아 노동자들을 지칭하는 이름인 듯싶다. 그들은 흑인 노예들과 다르게 계약하고 삯을 주는 관계였다.

우리 여행 짐들이 꾸리들의 머리 위에 몇 개씩 얹고 양쪽 어깨에 걸고 층계를 오르내리며 나르는 모습을 보며 1945년 해방 후에 우리나라의 기차역을 보는 듯했다.

아그라는 이집트의 피라미드를 비롯한 세계에 일곱 개의 사람이 만든 기적 건축물들 중에 가장 아름다운 타지마할이 있는 곳이다. 인도의 무굴 왕국은 동아시아 몽골제국이 인도 북부를 침략한 후에 세워졌다. 12세기에 아시아의 칭기즈칸이 로마 제국보다 몇 배나 더 큰 영토를 아시아에서 유럽에 이르는 제국으로 세계를 통합하였다. 그의 자손 티무르에 이르기까지 약 200년 동안 동양의 문화와 문명 그리고 과학과 기술을 서방에 전하여 세계의 모든 국가들을 중세의 긴 잠에서 깨어나게 했고 15세기부터 세계의 모든 나라들이 교역을 하기 시작하여 인도에 문명을 그리고 유럽에 현대 세계화의 역사를 일으켰다.

이 무렵에 인도 북부에 무굴 왕국이 설립되었고 네 번째 왕자 항거는 궁궐과 기념물 건축을 즐겼다. 그의 아들 다섯 번째 왕 샤자한은 아버지의 본을 받아 아그라 성 건축을 완성하고 사랑하는 왕비를 기념하여 정방형과 원형을 조합한 인도의 고유한 건축양식으로 타지마할을 건립하였다. 전체의 건축을 하얀 대리석으로 짓고 장미, 재스민, 릴리, 등의 꽃과 잎과 줄기를 붉은색, 초록색, 파란색, 노란색으로 대리석 안에 상감하여 그 규모와 아름다움이 비할 곳이 없다. 삼백 명의 왕비들을 거느리는 중에 동쪽과 서쪽에 다른 두 왕비들 기념 건물도 붉은 벽돌 건물로 첨가하는 자상함을 보여주었다.

하지만 말년에 아들 왕에 의해 성 안에 감옥에서 7년 동안 감금되어 살다가 세상을 떠났고 사랑하는 아내 옆에 타지마할 땅속 깊이 묻혔다. 아들 왕은 힌두교에서 회교도로 전향하고 무굴 제국은 국력이 기울기 시작했다.

아그라 성 궁궐과 타지마할 무덤은 인도의 얼굴이 되어 찾아오는 모든 이들에게 웃음을 던진다.

인도 여행 · 2

다음날 우리 일행이 찾아간 카주라호 사원들은 타지마할보다 600년 앞서서 세워진 찬델라 왕국의 석조 탑들이었다. 우리나라 고려 때에 해당하는 시기에 인도의 석조 조각예술은 극치에 이르렀다. 석탑의 건조 양식도 인도 고유의 모습을 이루었고 그 특성을 관찰하면 높은 석단을 쌓고 피라미드 몸체는 단 위에 세워졌다. 층계를 따라 올라 단위에 오르면 다시 층계를 밟고 탑 입구에 이른다. 내부 평면은 열린 공간이 있고 다음에 전실이 있다. 방문객의 참배는 전실에 머물지만 본실은 상징물이 중앙에 위치하여 제사를 드리는 제인은 상징물의 주위를 돌 수 있도록 통로가 설치되었다. 이들 4공간은 각각 독립된 구조물이며 지붕은 코벨 아치 돔으로 건설되었다. 외부의 탑 구조 역시 웅장하고 섬세한 인도의 고유한 건축양식이다.

탑의 외부 중단에 조각된 600여 남녀 신들의 성교 모습은 84가지 몸의 모양을 보이며 짐승과 성교하는 풍습도 포함되었다. 개, 돼지, 말, 낙타, 코끼리를 동원하여 전쟁에 이르는 모습은 캄보디아에 앙코르와트 조각물들과 유사한 힌두 경전에 내용을 볼 수 있다. 이 석탑들의 역사와 예술은 인도의 가장 중앙에 위치한 카주라호 도시의 세계적인 명물로 당시 국력 경쟁에 신의 도움을 받고 인구를 증가하여 노동력과 국력을 키우려는 왕국의 의도를 볼 수 있다.

우리 일행은 다음날 바라나시에 도착하여 줄곧 석가모니의 첫 설법을 한 장소 녹야원을 찾아가 기원전 600년의 세계적인 종교, 불교의 원천지를 답습하였다. 기원전 300년에 아소카 왕조에 황금기를 이루어 동쪽으로 동아시아, 중국, 한국, 일본에 전해지고 북쪽으로 티베트와 몽골에 전해졌으며 서쪽으로 기독교와 회교도에 영향을 준 불교의 본향은 힌두교 사회의 그늘에서 외롭게 보존되어 있었다.

갠지스강 힌두교 저녁 축제를 보러 일행 모두 꽃목걸이를 하고 릭샤를 타고 강가에 밤 축제 마당에 이르러 배를 타고 힌두교 노래와 춤으로 강변에 불을 밝힌 화려한 축제를 참관하였다. 불교보다 먼저 시작된 힌두교의 원천지를 찾는 순례자들은 매년 백만을 넘는 방문객을 이루고 이들이 참배하고 지켜보는 무대 위에 밝은 조명과 확성기 그리고 밤을 새워 진행되는 훈련된 축제 과정은 무질서한 환경 속에 흔들리지 않는 역사와 전통을 느낄 수 있었다.

다음날 아침 새벽에는 준비된 한번 쓰고 버릴 신발들을 신고 짐승 똥들이 아직 치워지지 않은 질퍽한 새벽길을 더듬어 갠지스강을 다시 찾아갔다. 다시 배를 빌려 타고 강 건너 동쪽에 해 뜨는 아침을 맞아 강가에 힌두교 신자들이 시신을 화장하는 풍습을 관람하였다. 머리 깎은 장남이나 장손이 장례 제주가 되어 가족들이 지켜보는 가운데 뜨는 해와 바람에 날려가는 검은 연기 속에 사리지는 고인의 영혼은 함께 멀리서 지켜보는 우리의 마음을 갠지스강 물결에 고요히 흐르게 했다.

상류로 배를 옮기면서 지난밤 축제 현장을 다시 찾았다. 축제가 사라진 조용한 아침은 강물에 습관처럼 침례하는 사람들과 순례자들로 사람들이 강가를 가득히 붐볐다. 갠지스강물은 성수이기에 몸을 담그고 기도하는 사람들을 많이 보았다. 더욱 상류에 오르면 강물에 빨래하는 사람들도 많았다. 강가에 건물들은 대부분 오랜 역사를 간직한 사원 건축물들이며 순례자나 방문객들이 머무는 곳들이 많았다. 성지를 찾는 동안 걸인들에게 너그러워서 걸인들의 천국처럼 수십 명의 걸인들이 줄을 지어 길가에 앉아 동냥을 기다리기도 하고 무질서하게 떼를 지어 몰려다니는 어린아이 거지부터 병든 여인들에 이르기까지 세계 여행 중에 가장 큰 걸인들의 운집을 볼 수 있었다.

바라나시는 힌두교의 신비가 가득히 숨겨진 도시, 인도 역사와 전통이 살아 꿈틀거리는 도시, 현대인의 지식이나 상식과는 아주 멀리 떨어진 옛날의 모습을 굳게 지키는 도시이다.

인도 여행의 마지막 도시, 인도의 수도 뉴델리 공항에 도착하였다. 호텔로 가는 동안 세계의 어느 도시에도 버금가는 깨끗한 도시였으나 여장을 풀고 찾아간 올드델리는 인도의 어느 곳에서나 볼 수 있는 아이들과 짐승들이 버려진 거리의 풍경이었다. 달리는 시내버스에 문과 창이 열려 있고 문과 창이 없는 삼륜차 택시는 세 사람이 앉을 공간에 다섯이나 여섯 사람 끼어 앉아 흙먼지 가득 날리며 달려간다.

인도 여행의 마지막 날에 우리 일행은 국립박물관을 찾아갔다. 인도의 역사는 인더스 강 유역에서 발굴된 세계에서 가장 오래된 도시들, 모헨조다로와 하라파 유적에서부터 소개되었다. 기원전 4000년경에 성곽 안에 물을 저장하는 인공 호수가 있고 동서와 남북으로 축을 이룬 바퀴 달린 차 달리는 큰길이 있고 공공시설과 주택 지역을 나눈 도시 계획을 보며 우리나라 신라의 수도 경주의 격자 도시 계획을 연상하게 한다. 발굴된 토기 유물들도 신라 토기와 연관성이 있어 보인다. 이들 도시들은 인도 남부에 원래의 인도 원주민 드라비디인들의 도시였다고 하며 발굴된 유물 얼굴과 눈 모습이 동아시아인들과 연관되어 광대뼈와 눈꼬리가 올려 보인다.

박물관 입구에 전시된 이동식 목조 사원은 인도 남부에 드라비디인들에 의해 최근에 만들어진 건축물이지만 오랜 역사를 지닌 목조 조각과 목조건축 특성을 보여준다. 석조 조각과 석조 건축물이 발달하기 이전에 목조 문화가 있었고 석조 피라미드가 건설되기 전에 동아시아에 흙으로 지은 피라미드 무덤이 있었음을 생각하면 우리가 가진 지식과 상식의 인류 문화에 발달과 흐름을 우리는 다시 연구하고 진실을 규명하도록 생각하게 한다.

인도 여행은 참으로 흥미롭고 도전이 넘치는 여행이기에 여행 준비를 잘해 준 아시아여행사 정수자 씨와 가이드 그리고 동행한 26명의 회원들 모두에게 감사하며 인도여행기를 마무리한다.

네팔 여행

인도 여행을 연장하여 27명 우리 일행은 세계의 지붕 위에 앉은 나라, 네팔의 수도 카트만두에 도착하였다. 높은 산등성이와 계곡에 마을을 짓고 모터사이클 타고 도심을 오가며 사는 부지런함을 볼 수 있고 집들이 깨끗하여 인도의 삶과 다르게 보였다. 사람들 모습도 우리 민족의 혈연 티베트 사람과 인도 사람 사이에 혼혈의 모습으로 우리 모습과 가까워 보였다.

나가르코트 숙소는 카트만두에서 히말라야 산맥 가까이 낭탕 고원지대에 위치하여 밤이면 모든 별들이 쏟아질듯이 하늘이 가까워 보였다. 마른 나무들을 모아 불길을 지피고 둘러앉아 와인 잔을 돌리며 노래를 부르고 춤들을 추니 번잡한 아래 세상에서 떠나와 하늘에 반짝이는 별들도 어깨춤을 추며 우리들과 섞여 천국을 보는 듯 기뻐했다. 세계의 지붕 위에 앉아 해 뜨는 새벽에 병풍처럼 두른 세계의 산 정상에 각각 햇빛이 이를 적마다 신비스런 색깔과 장엄한 모습을 드러내어 우리들의 감탄은 새벽하늘을 흔들었다.

다음날 365계단을 오르는 라마식 불교 사찰에 이르러 오색(하늘, 땅, 물, 불, 바람, 들의 상징)의 깃발로 하늘을 가린 5세기부터 전해오는 석가의 반구형 부도 사원건축 양식을 본다. 사방에 두 눈을 크게 그린 양식은 이집트 문화에 눈의 모양을 강조하는 양식과 상통하는 듯하다. 옴마니밤메훔 자신을 보호하는 경문이 새겨진 종을 손으로 돌리며 탑의 주위를 돌게 한다. 서식하는 원숭이가 많아 원숭이 사원으로 알려져 자연과 조화되는 듯하다. 넘치는 문화유산과 역사의 흔적은 가엽게도 가난에 쪼들려 버림받은 느낌을 감출 길이 없다.

다음날 히말라야 고원 안나푸르나에 가까운 도시, 포카라에 도착하여 예티 에어라인 소형비행기를 대절하여 세계의 정상 에베레스트를 향해 떠올랐다. 한 시간 동안 눈앞에 펴지는 8,000미터 높이 이상의 봉우리들, 비행기 날개 옆으로 바람이 구름을 밀고 지나면 눈을 뜨고 우리를 보고 다가오는 준엄한 산 얼굴들, 얼마나 많은 등산가들이 가까이하려다 눈 폭풍이 몰아치는 빙벽에 실패하여 울며 돌아갔을까, 목숨을 잃었을까, 검푸른 피부가 하늘을 찌른다.

구름과 눈사태 계곡을 내려다보는 에베레스트 정상 위로 우리들의 날개가 스치는 무렵 하얀 눈송이에 마음이 부풀어 넝마 구름처럼 너덜너덜한 아래 세상을 까맣게 잊는 듯 멍하는 순간이었다. 눈앞에 커다란 검은 다이아몬드가 신비스런 빛을 내며 웃음을 지어 보인다. 우주와 지구의 모든 역사를 기억하고 한순간 스쳐가는 우리들의 모습을 보고 웃을 수밖에….

포카라에서 북쪽으로 약 1시간 운전한 다음 비탈길을 등반하면 높은 사랑 코트 관망대에 이르고 안나푸르나 고원 분지 너머로 마차푸체르의 삼각 봉우리가 안나푸르나 봉우리들 사이에서 앞으로 다가선다. 산악인들의 트레킹 코스로 널리 알려진 안나푸르나 계곡은 네팔의 여인들이 베틀로 짠 융단처럼 색색이 아름답기만 하고 하이커들은 히말라야의 치맛자락을 밟고 걷는 아이들처럼 즐겁기만 하다.

일행은 다시 카트만두에 돌아와 옛 하누만 왕궁 건축지였던 두바 광장을 찾았다. 벽돌 건물에 나무 지붕을 얹고 처마 밑에 받침대에 나무 조각은 훌륭한 힌두교의 양식이다. 삼층탑의 모양은 우리나라 목조 삼층탑과 유사하며 불국사 석가탑처럼 불교 사찰에 석조 삼층탑 이전에 목조 건축 삼층탑의 모습을 연상케 한다.

시바신의 부인 여신상 몸에 목 잘린 해골들로 장식하고 손에 여러 개의 해골을 든 모습은 중미 유카탄 반도에 마야 문화와 유사함을 느끼게 하고 힌두교와 마야 문화가 동시에 숫자에 "0"을 사용하는 공통성은 우연의 일치일까 혹은 어떤 연결이 있었을까 생각하게 한다.

유럽과 북미 대륙이 아직 빙하기에 얼음 밑에 깔려 있는 수만 년 동안 우리 민족 한반도의 혈연은 북미와 중미 해안에 이르고 한편으로 만주와 몽골을 지나 티베트에 이르는 인류의 대동맥을 이어온 사실이 최근에 혈연 유전학에서 발견되었다. 티베트와 네팔의 문화는 우리나라 불교 문화와 가까운 친척으로 이곳에서 우리 역사를 다시 보게 한다. 인도에서 사라진 불교를 우리나라에서 보게 하고 에베레스트 산 정상 위로 지나는 내 작은 몸과 목숨을 보던 이번 여행은 참으로 오래 기억될 경험이었다.

백제 금동대향로

유네스코 세계유산위원회는2015년 7월 4일에 백제역사유적지구를 세계 문화유산으로 선정했다. 공주시, 부여군, 익산시 3개 지역에 분포된 8개 고고학 유적지로 선정하였다.

백제(10,000 BC~660 AD)의 세계적 첨단 금속기술은 부여 능산리 절터에서 1993년 12월 12일에 발견된 국보 287호, 백제 금동대향로가 한반도 문화를 대표하는 예술작품이다. 백제는 동남아시아까지 모든 해안과 섬나라들을 다스리는 해양제국이었다.

전체 높이가 64cm이고 무게는 11.85kg이다. 자란 아이의 체중 정도로 무겁다. 외모는 크게 4개 부분으로 구성되어 용모양 향로 받침, 연꽃 향로의 몸체, 산악이 솟아오른 향로 뚜껑, 뚜껑 위에 봉황 장식이다. 상체와 하체로 분리되어 뚜껑을 열면 재를 담고 향을 피우도록 되었다.

바닷물 위에 다섯 발톱을 뻗어 올리는 용트림은 받침대의 힘을 보여준다. 받침대 위에 꽃잎에는 2명의 무예를 하는 인물과 27마리의 새와 물고기가 새겨져 있다. 구름 위로 치솟은 74개의 산봉우리들에 6개의 나무와 12개의 바위, 산길, 시냇물, 폭포, 호수 등이 변화무쌍하게 표현되어 있다. 말을 타고 달리는 사람, 싸우는 사람, 사냥하는 사람, 등의 12명의 선인들과 함께 어우러진 세상의 42마리의 모든 짐승과 물고기들이다. 동남아시아에 저 먼 나라의 코끼리와 악어도 새겨져 있다.

산봉우리들 정상에 5악사들이 소(배소), 피리(통소), 완함(비파), 북, 현금(거문고)을 연주하며 둘러앉았다. 향로의 맨 위에 여의주를 밟고 날아가는 봉황새는 날개를 활짝 펴고 꽁지깃을 길게 날리며 하늘을 날아간다. 향로에 불을 피우는 12개의 숨구멍은 들숨으로 바람이 들고 날숨으로 향불 연기가 피어오르며 속세에 인간과 하늘의 천황까지 한마음이다. 봉황과 깃은 한반도 민족을 상징하는 장식으로 미 대륙 원주민을 비롯하여 세계 여러 문화와 장소에서 머리장식을 찾아 볼 수 있다.

백제의 선조는 일찍부터 아시아의 동쪽 끝에 한반도 남단에서 처음으로 겨울철에 살아남기 위한 농사짓기를 시작하면서 인류 문명을 시작하였다.

고인돌 문화를 시작하여 전 세계에 분포하였다. 겨울을 이겨 내어 만주 지역에 이르렀을 때 석탄불에서 금속을 녹여 내어 처음으로 금속 문화를 시작한 한반도 민족이다. 농사지어 인구가 증가하며 만주 초원에 이르러 개와 말을 기르기 시작하며 기마민족이 되었다.

말을 타고 쇠바퀴를 굴려 격자형 도시 계획이 나타났다. 거마(車馬, chariot)은 지금의 전차(tank)와 같았다. 농사지으며 동남아시아 해변 지역에 거주하며 중화족이 나타나기 이전부터 한반도 문화를 동아시아와 세계에 전파하는 능력을 갖추었다.

백제의 선조는 고구려와 흉노 그리고 몽골로 이어지며 기마부대와 강철 무기는 세계를 지배하였다.

한반도 종교인 음양오행이 백제 제국의 해양 통로를 통하여 인도의 갠지스강에 전해져서 석가가 태어났다. 불교가 한반도 남단 영광 법성포에 먼저 전해지고 백제의 영해를 통하여 중국 남북조 시대 양무제에게 전해졌다. 백제의 금동향로에서 음양오행과 불교의 연관을 보여줌은 우리의 논리를 현실로 증명해주는 듯하다. 음양오행은 전 세계에 전파되어 오늘의 달력에 일주일이 음양오행의 일곱 날로 해, 달, 불, 물, 나무, 쇠붙이, 흙 (일월화수목금토)으로 이루어졌다.

백제의 선조는 중화족이 동아시아에 나타나기 이전부터 이미 만주 요하지역의 홍산문화로 시작하여 그곳에 고조선을 세우고 남으로 하나라와 상나라를 건국하였다. 북으로 고구려와 흉노를 건국하였다. 중국이 태어나기 이전에 백제의 선조는 황하문명, 인더스 문명, 메소포타미아 수메르 문명, 중미에 아스텍과 마야 문명을 시작하였다.

한반도의 문화와 문명은 중국 이전에 세계 각 대륙에 전해졌다. 중화족은 한반도 민족인 진시황에 의하여 한반도 민족에 흡수되어 주나라 때부터 한반도 민족과 중화족이 혼합된 한나라의 중국인이 처음으로 나타난다. 중국은 중화족과 혼합된 우리 민족의 땅이다.

백제의 절터에서 비단보자기에 감겨 진흙 속에서 1,400년 동안 묻혀 있다가 오늘의 새로운 세대에 나타난 백제 금동대향로는 동양 사상의 근본 원리와 동아시아 역사를 완벽한 조형 예술로 발화했다. 강력한 종교의 힘이 있었기에 위대한 예술의 창작이 이루어졌다. 작품의 정교함과 조형미에 있어서 동아시아의 찬란한 금속 공예의 최고품이라는 평가를 받고 있는 세계적 걸작이다.

한반도에서 인류 문화의 시작

한반도 사람들은 찬란한 문화를 가진 민족이다. 우리 민족은 현대 인류 중에 아시아 대륙의 동쪽 끝에서 제일 먼저 농사짓기 시작하여 인구가 증가하며 만주 요하지역에 이르러 석탄불에서 금속 도구를 만들어 인류 문명을 시작한 민족이다. 한반도와 만주, 몽골, 일본, 대부분의 중국, 월남, 필리핀, 북남미 대륙의 원주민을 포함한 방대하게 분포된 한반도 민족이라고 일컫는다. 농사지으며 선조의 무덤 위에 고인돌을 짓고 전 세계에 90,000여 곳의 유적을 남기며 현대 인류의 핏줄에 스며들었다.

만주 훈족은 유럽을 다스리며 헝가리에서 북유럽 핀란드에 이르는 바이킹 후손을 남기었고 몽골은 유라시아 대륙을 통치하여 전 세계에 후손을 남기었다. 만주 돌궐족은 서남아시아 터키에 분포되었다. 그들이 미생아를 출산하면 몽골리즘이라는 한반도 민족의 모습으로 태어난다. 그들의 신생아는 흔히 몽골반점을 갖고 태어난다.

혈연학자들은 인류의 혈액에서 유전인자의 시간과 연관을 찾아내어 2008년에 현대 인류의 세계 분포도를 발표하였다. 인류의 고향 아프리카를 떠나서 6만 년 전부터 동남아시아에 머물며 인류의 언어가 발달하였다. 고고학 발굴 유적도 동남아시아 일대에서 6만 년 전 인류 유적이 발굴된다. 5만 년 전경에 한반도에 이르러 사계절 기후 중에 죽음의 계절, 겨울을 맞았다. 한반도에서 봄에 씨를 뿌리고 여름에 길러서 가을에 수확하는 농사짓는 생활 방법을 찾아냈다. 소, 돼지, 닭, 거위를 기르기 시작하였다. 자연의 어려움을 극복하는 인류의 능력이 자라났다. 호남에서 시작한 한반도 민족이 만주에 이르러 개, 말, 양, 염소를 기르며 목축 생활을 시작하였다.

한반도에서 시작한 조상의 신전 고인돌 문화와 함께 이미 열린 바닷길 따라 유라시아 대륙으로 옮겨갔다. 한반도에서 초가집 짓고 갈대와 짚을 엮어 배를 만들었다. 물 위에서 생활하는 짚배 마을은 최근까지 호수나 바다에서 볼 수 있었다. 짚배를 타고 강 하구마다 찾아가서 농지를 개척하여 마을을 세웠다. 한반도 민족의 문화는 강 하구마다 나타났다. 한반도 북방과 만주 지역으로 이주하며 흔한 석탄을 모아 석탄불을 쓰기 시작하였다. 오랫동안 나무 불에 의존하다가 처음으로 석탄불의 고열을 찾았다. 석탄불로 질그릇을 구워 빗살무늬 도기를 만들기 시작하였다. 오랜 세월을 통해 빗살무늬 토기 마을은 몽골, 티베트를 지나 동유럽에 전해졌다.

한반도에서 시작한 농사짓는 문화는 1,200년 전 유물로 한반도 남단에서 불에 탄 곡식과 질그릇으로 발굴된다. 농사짓는 고인돌 마을이 지난 2,000년에 유네스코 세계 문화유산으로 등재되었다. 고창, 화순, 강화에서 보여 주는 고인돌의 호남지역 발생과 성장 과정은 한반도에서만 볼 수 있다. 막걸리 술과 소금에 절인 김치와 된장, 여러 가지 젓갈을 비롯한 호남 음식은 겨울 동안 음식을 저장하는 가장 오래된 음식 문화이다. 한반도 안에 3만여 개 고인돌 유적이 있고 한반도 주위에 1만여 개 그리고 동남아시아, 서남아시아, 아프리카, 서유럽에 이르기까지 전 세계에 9만여 개의 고인돌 유적이 남겨져 있다. 영국 런던 외곽에 스톤헨지는 약 2,500년 전에 세워진 가장 최근의 고인돌 유적이다.

농사지으며 금속 도구를 만들며 금속 시대가 요하지역의 고인돌 마을에서 시작하였다. 금속 도구로 호미와 쟁기를 만들어 농업이 발달하고 인구의 증가는 더욱 빨라졌다. 인류는 석기 시대를 벗어나서 금속 시대의 문명이 이곳에서 시작하였다. 소가 끄는 쟁기와 소가 끄는 달구지는 쇠바퀴를 갖게 되었다. 금속 도구로 석굴을 파서 조각하고 옥돌을 다듬기 시작하였다. 만주와 몽골 초원에 수없이 많은 바위에 음각화를 그렸다.

그림은 그리는 사람과 보는 사람 사이에 뜻이 전해지고 문자로 발달하여 인류의 문명이 여기서 시작하였다. 말이 이끄는 쇠바퀴 거마도 여기서 시작하였다.

요하 문명은 홍산문화로 알려지며 남쪽에서는 하나라 상나라들로 이어지고 북쪽으로 흉노와 몽골로 이어졌다, 고조선의 뒤를 따라 고구려가 요하의 영토를 지켰다. 고조선과 고구려는 홍산문화의 뒤를 이어 세계적 최강국으로 성장하였다. 요하는 압록강으로 불리고 요하의 동쪽에 고구려의 도읍 평양이 있어 동아시아 역사에 많은 기록을 남기었다. 한반도 남단에서 요하를 찾아간 한반도 민족은 중국의 동해안과 일본, 대만, 월남, 필리핀을 영토로 해양 민족이었다.

백제는 동아시아 해변을 지배하는 해양 제국이었다. 중화족은 동남아시아에서 10,000년 전에 나타난 내륙 민족으로 황하 중류까지 이르러 산서성 지역에 이르렀을 때 40,000이 넘어 정착한 한반도 민족에 흡수되기 시작하였다. 홍산문화가 하나라와 상나라로 이어지고 진시황제가 첫 통일제국을 세울 때까지 중국은 아직 존재하지 않았다.

요하 문명에서 시작한 고조선과 고구려

홍산문화 민족은 동남아시아 인더스 강 유역에 이주해 가서 모헨조다로와 하라파 문명을 일으키고 서남아시아에 이주해 가서 수메르(Sumer) 문명을 시작하였다. 고구려 문명은 이집트로 전해져서 쿠푸왕의 피라미드를 세우고 투탄카멘의 황금기를 이뤘다. 요하 문화는 옥돌 조각 문명을 남기고 남쪽으로 확장하는 과정에서 하나라와 상나라 문명이 나타난다. 상나라의 청동 문화는 세계 여러 나라 박물관에서 전시되는 훌륭한 청동 문화를 남겼다. 요하 문명은 중미에 전해져서 마야와 아스텍 그리고 페루 문화로 이어졌다. 북남미 대륙의 원주민은 한반도 민족의 언어와 생활 풍습이 유사한 한반도 민족이다.

유럽 문화는 BC 600년 전쯤에 지중해 복판 발칸반도 북쪽에서 내려온 도리안에 의해 처음으로 유럽 백인의 나라 그리스가 태어났다. 헬레네스 사람들이라고 일컫는다. 동아시아 한(桓, 漢, 韓) 나라 사람들과 친척인 듯하다. 그리스 이름에 우리말의 해, 하늘처럼 'ㅎ' 발음을 적용하는 이름들이 많다. 신화와 함께 나타나는 그리스 도시는 높은 곳에 신전이 있고 그 아래 귀족의 주거지, 더 낮은 곳에 광장(장터)이 있어 주위에는 서민의 주거지가 둘렀다. 한반도의 산지 도시의 형태이다. 한반도 문화에서 전해진 마추픽추, 하라파, 모헨조다로의 도시 형태와 거의 비슷하다.

그리스의 도읍 아테네 도시 복판에 유네스코 세계 유산 제1호로 지정된 파르테논 석조 건축 신전이 있다. 파르테논은 도리안 민족이 가져온 도릭 형식으로 동아시아 목조 건축의 양식이다. 주춧돌 위에 기둥을 세우고 큰 접시 모양 주두(건설 기둥의 맨 윗부분)를 얹힌 다음 보를 연결한다. 완자창살 모양의 석조 조각과 허리 두툼한 기둥 모양이 석조 건축 이전에 한반도의 목조 건축 양식이다.

마케도니아 도릭 민족의 알렉산드로스 대왕(2356 ~ 2323년 전)은 그리스의 전성기를 이끌었다. 이미 말이 이끄는 전차(chariot, 흉노에서 시작된 말이 끄는 수레)를 구비하였고 서아시아 지역 페르시아를 정복하여 국경이 인도에 이르렀다. 이때 그리스 왕들이 중국과 인도 불교 사찰에 찾아와서 삭발하고 수련했다는 기록이 인도와 중국의 불교 기록에 있다. 불교의 교리를 따른 초기 기독교(천주교)의 모습이 600년 후에 서남아시아에서 나타난다. 그리스의 철학자 플라톤이 찾던 아틀란티스(모든 문명의 어머니)는 동아시아였다.

한반도에서 태어나고 인류의 문명 발상지가 된 요하 문명은 9천 년 전부터 시작되어 5천 년 전부터 홍산문화로 전 세계에 전해졌다. 요하 문명은 고조선 고구려로 자리를 지켰다. 적석총(Pyramid)을 세우고 종교, 과학, 수학의 시원이 된 음양오행(陰陽五行)은 우리 문화의 근간이다. 우주의 운행, 자연 사물의 인과 응보, 사람 운명의 흐름이 음양오행으로 운영되는 원칙으로 이해되었다. 한반도에서 조선시대까지 적용된 종교적 이념이었기에 경복궁, 창덕궁, 덕수궁의 왕궁 어좌 뒤에 그려진 오악도는 달(음)과 해(양) 그리고 다섯 산봉우리(오행)를 그려 놓은 음양오행의 상징이다. 근정전 상월대 돌기둥 머리 위에 사신상이 자리하고 하월대에 십이지신상이 배치됐다. 왕은 천명을 이어받아 국사를 다스림에 음양오행(우주)의 천리를 따르라는 뜻이다. 음양오행은 신이 자연을 관리하는 질서이며 왕이 국사를 다스리는 차례로 여겨졌다.

고구려 고분 벽화에 사신도(四神圖)는 동쪽의 청룡(靑龍), 서쪽의 백호(白虎), 남쪽의 주작(朱雀), 북쪽의 현무(玄武)를 일컫는다. 오행 사상에 따라 중앙은 토(土)로서 황색, 동방은 수(水)로 청색, 서방은 목(木)으로 백색, 남방은 화(火)로 적색, 북방은 금(金)으로 흑색, 등 흑백과 삼원색으로 색깔을 맞추었다.

농사짓는 삶의 주위에 흙, 물, 불, 나무, 돌(금속 시대에 금속)들이 세상을 이루었음을 지적하였다. 중앙에 사람이 있고 동쪽에 물고기(후에 용으로 바뀜), 서쪽에 네 발 짐승, 남쪽에 새(후에 봉황으로 바뀜), 북쪽에 뱀(후에 거북으로 바뀜), 등으로 살아 있는 다섯 가지 동물을 분류하였다. 사람이 사는 집을 중앙에 두고 동에서 오는 봄, 남에서 오는 여름, 서에서 오는 가을, 북에시 오는 겨울, 사계절을 설명하였다.

세계 어느 곳에서도 찾아볼 수 없는 고색창연한 한반도 문화의 특색이다.

종교의 시작과 만주 훈족과 몽골

고조선의 도교는 중국의 유교의 기반이 되고 인도 갠지스강의 불교의 근간이 되어 세계적 종교의 시작이었다. 그리스의 도시 국가 왕들이 중국과 인도에 와서 불교 승려가 되어 동남아시아의 종교, 학문, 예술, 등을 배워 가서 600년 후에 동방 박사들이 별들을 따라 예루살렘에 도착했을 때 드디어 예수가 탄생한다. 유대교의 구약과 합하여 이루어진 천주교는 동유럽에 분포되고 구약을 바탕으로 회교도가 서남아시아에서 시작되었다. 동유럽에 천주교는 침체되고 몽골의 칭기즈칸이 유럽을 점령하여 중세 암흑기 속의 유럽인들을 잠에서 깨웠다.

한반도 민족과 얼굴 모습이나 언어가 다른 중화민족은 1만 년 전에 중국 남부에 나타난 인도 아리안 족이다. 내륙으로 북상하며 장강 중류와 황하 중류에 이주해 들며 중국의 산시성에서 한반도 민족과 혼합하기 시작하였다. 3천 년 전부터 황하 유역에서 힌빈도 민족과 혼합하며 한(漢)족이 나타났다. 한반도 민족은 춘추 시대까지 동아시아의 요하, 황하, 장강, 메콩강, 하류 지역을 비롯하여 중국 동해안 전체를 차지하고 살았다. 예절을 지키고 상투를 하는 습관이나 봉(鳳, 봉황새)을 상서로운 동물로 생각하는 풍속까지 전해지고 있었다. 무릎을 꿇고 절을 하는 예의 바른 민족이다.

중화(中華)라는 민족은 한반도 민족 세력에 둘러싸여 산시성 한가운데 있던 부락이었다. '중국(中國)'이란 말은 서주(西周) 초에 출현했으며 당시의 도읍을 가리킨 지역 이름이며 아직 국가의 형태를 갖추지 못했다. 대만의 중국 민족사에서 주나라의 무임금/성임금 및 주공 때(B.C. 12C)는 중화 영역이 가장 작았다고 한다. 제한된 지방만으로 중원(中原)의 5분의 1밖에 되지 못하였다고 한다. 고조선, 요, 순, 하, 상, 등의 상고사 동안 중국은 아직 존재하지 않았다.

중화족은 인도 사람처럼 피부가 검고 눈과 코가 큰 얼굴이었다. 3천 년 전부터 황하 유역 산시성 지역에서 대다수 한반도 민족 안으로 흡수되었다. 한반도 민족 5만 년 역사 안에서 중화족의 정치 활동이 나타남은 고작 3,000년 전 주나라 때부터이다. 한반도 민족과 혼합된 한(漢)족이 나타남은 2,200년 전부터다. 중국 역사를 통틀어 나라를 다스린 때와 지역은 한(漢)나라 이후부터 진(晉), 남조, 남송, 명나라에 국한된다.

한반도 민족 진시황제가 기원전 216년에 제국을 세우고 세계역사에 처음 제국의 황제로 등극한다. 한반도 민족 흉노는 기원전 3세기부터 서기 4세기까지 성능 좋은 활(복합궁)과 뛰어난 기마술을 바탕으로 우랄산맥을 넘어 카자흐스탄의 초원에 정착했다. 이들 훈족이 유럽에 공포의 돌풍을 몰고 왔다. 훈족의 유럽 침입은 게르만족을 비롯한 유럽 민족들의 연쇄적 대이동을 초래하여 유럽 역사상 가장 큰 충격을 주었다. 서로마를 정복하고 유럽 고대사의 종말을 가져왔다. 독일의 가장 오래된 영웅서사시 힐데브란트 노래(The Song of Hildebrand)는 5세기경에 이탈리아에서 일어난 아버지와 아들의 전쟁 이야기로 서로마를 멸망시킨 훈족에 충성하는 아버지의 슬픈 노래를 전하는 구전 문학이다. 이 노래 속에 훈족에 의해서 서로마가 멸망하고 동로마 제국이 탄생하는 역사의 한 장면을 볼 수 있다. 훈족이 기마군단을 이끌고 로마를 점령하여 철기 무기와 기마군단을 유럽에 전해 주어 동로마 제국의 기반을 세우는 역사의 진실을 보여 준다.

한반도 민족인 몽골의 칭기즈칸의 기마병을 달리던 유라시아 대륙횡단 길은 선조들 훈족이 이미 로마를 멸망시킬 때 열어 놓은 큰길이었기에 짧은 5년 동안에 서남아시아와 동유럽을 장악하는 세계적 거사를 쉽게 이룰 수 있었다. 쿠빌라이가 양양을 함락하면서 남송은 멸망했다. 동남아시아 섬나라들과 인도의 남부와 스리랑카를 점령하고 서남아시아와 유럽에 영토를 더욱 확장하고 모든 피침략국으로부터 조공을 바치게 하여 국호를 원나라로 개칭하였다. 마르코 폴로 부자는 쿠빌라이 칸의 신하로 일하고 모국을 왕래하면서 동아시아의 문화와 문명을 서유럽에 소개하기 시작하였다. 유럽은 아직 동전을 사용하는데 동아시아는 종이돈을 사용하는 등의 선진국 환경이 그들에게는 놀라웠다. 동아시아에는 옷감을 솜, 누에 실, 양털로 짜서 입고 종이와 목판인쇄가 발달하여 지식과 정보를 교환하는데 이러한 문화와 문명이 그들에게는 새롭고 신비스러운 현상이었다.

오늘의 동아시아

그때 전혀 얘기하기 못한 반전이 일어났다. 모택동의 중공군이 압록강을 건너와서 남한군과 유엔군의 반격에 허리를 찔렀다. 함경북도와 함경남도는 중공군의 인해 전술로 후퇴할 길이 막혔다. 장진호 전투를 비롯하여 수만 명의 목숨을 잃었다. 맥아더 장군은 압록강에 원자탄 공격을 제안했지만, 트루먼 대통령은 거절하였다. 맥아더 장군은 미군의 희생에 책임을 지고 은퇴하였다. 6·25 한국전쟁은 소련 스탈린의 공산화 노력으로 김일성을 움직여 시작했지만, 미국과 중국의 대결로 휴전했다. 중국은 2·25 한국전쟁에 참여하며 처음으로 미국과 대면하였다. 미국과 중국의 경쟁은 한반도에서 시작하였다.

중국 마오쩌둥 공산당의 지배하에 중국은 가난한 나라였다. 우호적 외교관계도 없이 자급자족에 의존하는 상황이었다. 1976년, 마오쩌둥의 사망 이후 덩샤오핑을 선두로 한 개방개혁 정책은 중국 경제를 회복하기 시작하였다. 1979년 미중 간의 외교 관계가 회복되었다. 중국의 값싼 노동력이 강한 장점으로 90년대부터 중국은 빠르게 성장하기 시작했다. 2001년 세계무역기구의 가입을 계기로 성장세에 가속도를 더했다. 미국의 가정 소모품이 모두 중국산으로 보급되며 중국의 경제는 일본을 제치고 세계 2위 경제대국으로 등극했다.

트럼프 대통령은 위대한 미국을 다시 찾는다는 각오로 자국 이득주의 정책을 세웠다. 불법적이고 막대한 이익을 취하는 중국 기업들을 침몰시키고 중국 기업들이 불법 행보를 막기 위해 미국의 상무부와 인텔, 구글, 퀄컴과 글로벌 미국 우방 연합군이 보이지 않는 기술 전쟁을 치르고 있다. 중국의 기업 '화웨이' 등을 억제하며 중국 공산 당원을 미국에서 축출하는 과정이다. 2018년의 미국-중국 무역 전쟁과 2019년 홍콩 민주화 운동, 코로나바이러스 감염증(COVID-19) 사태 등을 기점으로 양국 간 대립이 점점 노골화되어 가는 상황이다.

일본이 2차 대전 중에 식민지 한국을 속이고 한국을 세계의 눈에서 가렸다. 하지만 한국의 1980~1990년대 경제적 성장은 세계 경제 역사에 유례없는 기적적인 성장이었다. 그때부터 현대 자동차와 조선 사업 그리고 삼성전자의 생산을 발판으로 꾸준한 성장세를 이어 이제 10대 강국에 진입하였다. 최근에 일본은 한국의 경제 성장에 제동을 시도하였지만, 한국은 역경을 발판으로 일본보다 더 빠른 경쟁력을 기르고 있다. 소련의 천연자원과 한국의 기술이 연결되면 동아시아의 경쟁력은 더욱 커질 전망이다. 북한의 독재는 핵무기로 남한을 위협하지만 북한 인민의 지식 성장으로 자유를 찾으려는 노력이 시작되며 독재가 사라지려는 추세이다.

이제는 정보 시대를 맞아 새로운 눈으로 사실에 근거하는 진실을 볼 수 있게 되었다. 세상이 이야기하는 중국 역사는 한반도 민족이 꾸려온 역사이다. 현재 중국의 수도 베이징(북경)도 금나라 때부터 청나라 때까지 한반도 민족의 근거지였으며 지금도 한반도 민족의 후예들이 중화민국을 다스리고 있다. 고조선의 삼황오제 신화로 시작한 동아시아 대부분의 역사는 한반도 민족의 역사이다. 중국, 일본, 몽골, 대만, 월남을 포함한 동아시아 국가들의 뿌리가 한반도 민족이며 동아시아어는 인류 문명 · 문화의 어머니이다.

동아시아에서 시작한 인류의 문화와 문명은 서쪽으로 전해져서 지구를 한 바퀴 돌아 이제 동아시아로 돌아오고 있다. 현대 유럽의 역사는 독일과 프랑스가 주도하는 세계에서 해가 지지 않는 대영제국으로 넘어오고 대영제국에서 미국으로 넘어왔다. 과거를 바로 보고 미래를 현실적으로 예측함이 한반도 민족의 능력이다. 한국의 역사 교육을 바로 세워서 우리 역사와 문화를 밝히고 일본의 야욕에서 독도를 보호하도록 하고 중국의 동북공정에 대처하는 국가적 정책이 시급하다.

유럽의 자존심과 일본의 식민사관으로 구겨진 우리의 지식을 바로 펴는 역사 교육이 필요한 때다. 이제는 세계의 고고학자들과 역사학자들이 인류 문명과 문화가 동아시아 요하에서 시작된 사실을 인정한다. 중국은 지금까지 만리장성 밖에 야만인들의 문화라고 외면해 오다가 만주는 자국의 영토이기에 새로운 동북공정 정책을 발표하고 교과서부터 고쳐서 중국의 문명이며 역사라고 교육하기 시작하였다. 세계 역사와 동아시아 역사는 다시 새롭게 작성되기를 기다리고 있다.

인류 역사를 다시 이끌어갈 한민족

인류의 미래는 동아시아에 있다. 현대 인류의 사춘기의 생식 기능은 다음 세대 아기를 출산하는 능력을 갖추었다. 동아시아에서 시험관 아기의 생명력이 로봇의 체구에 결합되고 인공지능이 아기의 뇌에 주입되며 생명의 시한이 없는 다음 세대의 인류가 동아시아에서 태어난다. 아이를 기르기 위한 유럽과 아시아의 내조와 외조를 형성하는 가정을 이룬다. 현존 인류는 본능적으로 정성을 다해 다음 세대를 기르는 가정생활에 몰입하는 평화 시대가 우리 앞에 다가온다. 한반도 민족은 인류 문명을 시작했던 능력으로 동아시아를 대표한다. 전쟁으로 가장 가난했던 바닥에서 선진국으로 솟아오르는 저력이 있는 민족이다. 영성, 감성, 지성의 조화를 이루며 세계를 이끌어갈 차례가 온다. 역사의 진실 안에 우리의 정체를 찾았고 다시 인류를 이끌어감이 우리 몫이다.

한반도 민족은 한반도에 오랜 역사의 피가 흐른다. 한반도의 좁은 협곡 사이로 기가 부딪혀 세계에서 가장 기가 센 개성을 지닌 민족이다. 기와 장기가 막강한 민족이다. 평균 IQ 105를 넘는 유일한 나라, 세계 각국 우수 대학의 우등생 자리를 휩쓸고 있는 나라, 가장 단기간에 IMF를 극복해 세계를 경악시킨

나라, 노래와 춤으로 한류가 세계를 휩쓰는 나라, 종합예술 영화 '기생충'으로 할리우드를 뒤집은 나라, 인터넷, TV, 초고속 통신망이 최고인 나라, 한글 24개 문자로 11,000의 소리를 표현한 문맹률 1% 미만인 유일한 나라, 여자 프로 골프 상위 100명 중 30명이나 들어간 나라, 피아노와 바이올린을 제일 잘 키는 나라, 한국인이야말로 어느 나라도 따라잡지 못하는 국민이 되어 가고 있다.

스탈린의 한반도 공산화 노력으로 김일성을 앞세워 남한을 침략한 6 · 25 한국전쟁은 한반도에 세계에서 가장 가난하고 비참한 초토를 남겼다. 박정희, 정주영, 이병철 등의 훌륭한 지도자들의 노력으로 한국은 다시 세계의 민주 자본주의와 함께 호흡하며 1980년대와 1990년대의 한국 경제 성장은 세계 역사에 기적을 이루었다. 한반도에서 시작한 미국과 중국의 대립은 한반도에서 절충과 협조로 조화를 이룰 것이다. 세계의 주도력은 이제 미국에서 동아시아로 넘겨지는 과정이다. 한반도 민족은 바닥에서 정상으로 비약하는 능력이 있다. 한반도 민족은 다시 세계의 문명 · 문화를 이끌어 갈 새로운 시대를 이루어 낼 것이다.

필자는 서울대 건축학과를 나온 무렵에 서울 남대문 중수공사에 참여했던 경험이 있다. 1961년부터 시작하여 2년 반 동안 지속된 숭례문 중수공사에서 도면 책임자로 활동했다. 48장에 달하는 숭례문 설계도를 만드는 한편, 건축에 사용된 모든 부재들의 규격을 측정해 그림과 함께 기록했다. 중수공사는 숭례문을 해체하며 도면과 실측 기록을 작성하고 조원재 도편수와 함께 다시 도면을 보며 정확히 복원하는 절차를 통해 진행됐다. 당시 공사 현장에서 가장 나이가 어렸지만 정말 열심히 했다. 그때 숭례문을 바라보며 약속한 게 있다. 바로 한국 문화의 뿌리를 찾겠다는 것이었다.

한반도 민족의 역사와 문화의 뿌리를 알리는 데 기여하고파 50년 동안 연구하고 정리해서 마침내 '동아시아어는 인류 문명 문화의 어머니' 역사 에세이를 지난 5월에 출간했다. 대한민국 국보 제1호 남대문과 약속한 그 마음 하나로 50년 간 책을 집필했다. 한반도 민족은 인류의 문화와 문명이 한반도에서 시작된 자부심을 가질 자격이 있다. 2008년 숭례문 화재 사건을 집에서 TV로 보며 가슴이 무너지는 줄 알았다.

부채 실측 기록과 중수공사 보고서 등을 모두 챙겨 한국으로 갔다. 기초까지 헐어 내고 다시 지을 때 만든 자료들을 모두 간직하고 있었다. 조원재 도편수의 제자, 신응수 도편수와 함께 일할 수 있어서 정말 다행이었다. 책을 쓰는 동안 세상이 백인 우월주의 착각 속에서 역사를 얘기하는 것 같았다.

한국 사람들이 우리가 어떤 사람인지, 우리 과거가 어떤 역사를 가졌는지 전혀 모르고 살고 있다. 우리는 자부심을 갖고 가까운 미래에 다시 세계를 이끌어 갈 마음을 챙기고 다짐해야 하는 때이다. 한국인이야말로 동아시아의 뿌리이며 세계 문명을 이끌어 온 어느 나라도 따라잡지 못하는 국민이다.

한민족이 다스린 세계의 바닷길

혈연학자들은 인류의 유전자 속에 과거 기록을 추적하여 현대 인류가 아프리카 대륙을 떠나서 6만 년 전쯤에 동남아시아에 이르고 5만 년 전쯤에 한반도에 이르렀음을 2008년에 발표하였다. 5만 년 전부터 한반도와 아프리카 사이의 바닷길이 열렸다. 인류가 아프리카를 떠나서 바닷길을 따라 인도양을 지나고 태평양에 이르러 북상하기 시작했다. 북쪽으로 가면서 기온이 낮아지고 한반도에 이르러 처음으로 겨울을 맞았다. 앞으로 나가던 길이 멈춘 곳이 한반도의 서해이며 막다른 길 끝이 발해만의 요하지역이다.

4만 년 전쯤부터 한반도에서 바닷길 따라 북남미 대륙으로 왕래하기 시작하였음을 고고학 발굴을 통해서 보여 준다. 내륙 통로는 짐승을 사냥하며 생존하였지만 기후 변화에 따른 생활의 어려움에 생존하지 못하는 경우가 잦았다. 농사짓기 시작하며 마른 벼로 초가집을 짓고 벼와 갈대를 엮어서 바다 위에 떠서 사는 짚배를 만들었다. 바닷길 따라 강 하구마다 정착하기 시작하여 농토를 개발하며 인류 문명이 강 하구에서 시작하였다. 해류는 여름부터 가을까지 동쪽으로 흐르고 겨울동안 봄까지 서쪽으로 흐르기에 사람들은 해류의 흐름을 따라 바닷길을 여행했다.

기후 변화에 따른 농사를 지으며 기후를 관찰하기 시작하고 밤하늘의 별의 위치를 이해하며 바다 항해의 지식이 성장하였다. 한반도의 고인돌 마을은 바닷길을 따라 동남아시아로 전해지고 서남아시아를 지나서 서유럽까지 전해져서 전 세계에 9만여 고인돌 유적을 남기었다. 런던 외곽에 스톤헨지도 2,500년 전에 세워진 고인돌 유적이다.

고인돌 마을은 한반도 남단에서 시작하여 차츰 북쪽으로 옮겨지며 압록강을 지나고 만주 요하지역에 이르며 석탄불에서 흙을 구워 처음으로 사기그릇을 만들기 시작하였다. 석탄불의 고열은 흙 속에 금속을 녹여 내어 금속 연장과 금속 무기가 만들어지고 여기서 인류의 생활 혁명이 일어나고 사회 조직에 중앙집권 국가적 형태가 탄생한다. 일류의 문화와 문명이 이곳 요하강의 홍산문화에서 시작하였다.

남쪽에서 계속 이주해 오는 인구는 이미 정착한 한반도 민족의 인구에 추가되며 농업이 성장하고 목축업이 성장하기 시작하였다. 개와 말을 기르기 시작하며 말을 탄 기마민족이 나타났다. 석탄불에서 재작된 강철 무기를 갖춘 기마민족인 훈족이 세계를 정복하는 능력이 성장하였다. 홍산문화는 고조선 국가를 세우고 남쪽으로 하나라를 세유 후에 황하 유역에 상나라를 세웠다. 동아시아 문명의 시작 홍산문화는 바닷길 따라 황하 유역에서 동남아시아 인더스 문명으로 전해지고 서남아시아의 메소포타미아 수메르 문명으로 전해진다. 서남아시아에서 지중해 문명이 시작하고 유럽과 북미에 빙하기가 풀리면서 미대륙 중미 지역에 마야, 아스텍, 페루 문화로 전해진다.

한반도 민족 이연(唐 高祖 李淵, 566~635)은 당나라의 초대 황제로 이씨 왕조를 건국하고 백제와 가까운 외교 관계를 지켰다. 바닷길 따라 당나라와 아랍과 페르시아인 사이에 왕래가 빈번하게 성장하였다. 아랍국은 751년 탈라스 전투 이후 도입된 중국의 제지술에 크게 영향을 받아 학문이 번성할 수 있었다. 이슬람 세계는 9세기에서 12세기경에 학문과 문화의 번성기를 맞이하여 아랍의 르네상스를 일궜다. 백제의 해양문화를 이어받은 신라는 한반도와 지중해를 오가는 해상교통을 더욱 발달시켰다. 신라의 장보고(張保皐 ?~846)는 백제의 후손으로 청해진(현 전라남도 완도군)에서 출생하였다. 완도에 청해진을 세우고 서남해 해상권을 장악하여 당과 일본뿐 아니라 남방, 서역 여러 나라와의 무역으로 많은 이익을 신라에 가져왔다.

8세기에서 9세기경 세계적 대도시인 비잔틴 제국의 수도 콘스탄티노플–이슬람 제국의 수도 바그다드–당나라의 수도 장안(長安)–신라의 수도 경주로 이어지는 해양문화 번성기를 이루었다. 이슬람 이드리시 지도에 신라의 위치가 그려지고 경주 석가탑 사리에서 아랍의 유향이 나오고 신라의 왕릉에 서역 장군의 모습이 나타남이 이때부터다.

당나라와 전쟁에서 패배한 신라의 부족이 북해 항로를 통하여 가까운 거리에 스칸디나비아에 이주해 들어갔다. 핀란드 국가를 세우고 이웃 스웨덴을 정복하고 덴마크를 기점으로 바이킹 제국시대를 열었다. 음양오행의 용과 봉황을 숭배하고 백제의 기마술과 강철 무기를 구비한 바이킹족은 신라의 조선기술을 유럽에 전했다. 8세기와 11세기 사이에 유럽 전역에 해안지방을 공략하며 동아시아 문화를 전하였다. 군사적 상업적 성장과 인구 팽창은 중세 스칸디나비아뿐만 아니라 브리튼 제도, 아일랜드 섬, 프랑스, 키예프 루스, 시칠리아 등 광범한 지역에 중요한 문화적 영향을 미쳤다. 멀리 떨어진 지중해 연안, 북아프리카, 중동, 중앙아시아까지 바이킹의 활동이 미친 적도 있었다.

신라의 해양문화를 이어받은 고려는 아랍 이슬람과 아랍 상인들을 받아드려 페르시아~인도~인도네시아~중국~고려로 이어지는 해상 항로를 개척했다. 고려는 원나라를 통해 이슬람과의 본격적인 접촉을 했다. 고려(Korea)의 이름이 지도에 오르고 지금까지 세계지도에 고려(Korea)로 불려온다. 멕시코 원주민은 그들의 선조가 맥족(한반도의 예맥)이었으며 고리(고려)에서 왔다고 전해졌기에 나라 이름을 멕시코로 정했다. 고려의 해양 교통은 오랜 역사를 통하여 상나라 때부터 중미 지역과 왕래했음을 보여준다.

조선왕조시대(1310~1910) 초기인 1402년에 조선에서 만들어진 모사본, 세계지도가 현재 일본 교토의 류코쿠(龍谷) 대학 서장고에 보존돼 있다. 혼일강리역대지도(Map of Integrated Regions and Terrains and of Historical Countries and Capitals). 일반적으로 강리도(Kangnido)라 불리고 있다. 이 지도는 미 대륙이 유럽인들에게 알려지기 이전에 가장 주목할 만한 세계지도로 한국에서 출현했다고 세계를 놀라게 했다. 아프로-유라시아(Afro-Eurasia아프리카 및 유라시아 대륙)를 그려 보이는데, 이 지도는 당시 세계 전체였다.

미 대륙이 유럽인들에게 알려지기 이전에 강리도(Kangnido)라 불리는 유라시아 대륙의 지도는 한반도 민족이 세계 해양을 지배해 온 역사의 결실이다.

완도를 근거지로 한 이순신 장군도 인류 문명을 시작하고 바닷길을 열어온 백제의 후손이다. 세계에서 가장 큰 현대 조선사업을 비롯한 한민족의 해양 역사는 앞으로 새로운 시대를 맞아 더욱 빛날 것이다.

내 인생에 가을이 오면

– 윤동주

내 인생에 가을이 오면 나는 나에게
물어볼 이야기들이 있습니다.

내 인생에 가을이 오면 나는 나에게
사람들을 사랑했느냐고 물을 것입니다.

그때 가벼운 마음으로 말할 수 있도록
나는 지금 많은 사람들을 사랑하겠습니다.

내 인생에 가을이 오면 나는 나에게
열심히 살았느냐고 물을 것입니다.

그때 자신 있게 말할 수 있도록
나는 지금 맞이하고 있는 하루하루를
최선을 다하며 살겠습니다.

내 인생에 가을이 오면 나는 나에게
사람들에게 상처를 준 일이
없었냐고 물을 것입니다.

그때 자신 있게 말할 수 있도록
사람들을 상처 주는 말과
행동을 하지 말아야 하겠습니다.

내 인생에 가을이 오면 나는 나에게
삶이 아름다웠느냐고 물을 것입니다.

그때 기쁘게 대답할 수 있도록
내 삶의 날들을 기쁨으로 아름답게
가꾸어 가야겠습니다.

내 인생에 가을이 오면 나는 나에게
어떤 열매를 얼마만큼 맺었느냐고
물을 것입니다.

내 마음 밭에 좋은 생각의 씨를
뿌려 좋은 말과 좋은 행동의 열매를
부지런히 키워야 하겠습니다.

자연의 이치는 겨울이 가면 봄이 오고 봄이 가면 여름이 오고 여름이 가면 결실의 계절인 가을이 오고 가을이 지나면 겨울을 맞이하는 것입니다. 그런데 우리의 인생에서 맞이하는 계절은 자연의 순서와는 다른 방향으로 흘러갈 수 있다는 사실을 발견하게 됩니다.

주위 환경은 추운 겨울과 같이 견디기 어렵지만 따스한 마음의 온기로 그 시련을 이겨내는 사람들이 있는가 하면, 겉으로 보기에는 따스한 여름과 같은 환경에 살고 있지만 마음속에는 추운 겨울처럼 시련과 고난의 끝이 보이지 않는 힘겨운 삶을 사는 사람들도 있기 때문입니다. 이것은 남의 이야기가 아니라 바로 저와 여러분의 모습일 수도 있습니다.

참으로 마음에 와닿는 시란 생각이 듭니다. 윤동주(尹東柱, 1917년 12월 30일 ~ 1945년 2월 16일) 시인의 아명은 윤해환(尹海煥), 본관은 파평(坡平)입니다. 저는 윤동주 시인의 아명 '해환(海煥 : 바다 해, 밝힐 환)', 즉, '바다를 밝히다'는 의미에 시선이 멈추었습니다. '나라를 빼앗긴 암울한 상황에서 언제 되찾을지 모르는 한 치 앞도 내다볼 수 없는 어두운 바다를 밝히라'는 의미를 지닌 '해환'은 제가 해군이라서 그런지 더 마음에 와 박혔습니다.

윤동주는 중화민국 지린성에서 출생하여 연희전문학교를 졸업하였으며, 숭실중학교 때 처음 시작을 발표하였고, 1939년 연희전문 2학년 재학 중『소년(少年)』지에 시를 발표하며 정식으로 문단에 데뷔하였습니다. 일본 유학 후 도시샤 대학 재학 중, 1943년에 항일운동을 했다는 혐의로 일본 경찰에 체포되어 후쿠오카 형무소에 투옥되어 100여 편의 시를 남기고 69년 전 오늘, 그토록 바라던 해방을 6개월 남겨두고 요절하였습니다.

이때 윤동주의 나이는 꽃다운 27세였습니다. 그는 비록 짧은 생을 마감하였지만 이름값을 충분히 한 아름다운 향기를 지닌 시인이었다고 생각해 봅니다.

현대 역사 소용돌이 속에 한민족

마르코 폴로의 동방견문록(Divisament dou monde)에 그는 1274년 원(元)나라 세조 쿠빌라이 칸의 여름 궁전이 있는 상도(上都, 네이멍구 자치구 남부)에 도착했다. 17년 동안 원나라에 머물면서 쿠빌라이 칸의 신하로 일했다. 수도인 대도(大都, 베이징)를 비롯하여 산시(陝西), 쓰촨(四川), 윈난(雲南), 허베이(河北), 산둥(山東), 장쑤(江蘇), 저장(浙江), 푸젠(福建) 지역들을 방문했다. 1295년 고향 베네치아로 돌아왔다. 동방의 막대한 부유와 풍요의 이야기는 유럽인들의 호기심과 탐험욕을 자극하기 충분했다.

동방견문록은 유럽에서 성경 다음으로 가장 많이 읽혔다. 중세기 암흑시대에서 유럽인들은 처음으로 지구 반대편에 동아시아를 알게 되었다. 한반도 민족인 훈족과 몽골이 달려간 비단길은 동아시아 문화와 문명이 유럽으로 흘러 들어가는 길이었다. 태평양 해변 따라 미 대륙에 이르는 동아시아의 항해 정보는 유럽에 전파되고 콜럼버스나 마젤란은 모두 명나라의 조선술과 지노 제삭기술, 천문관측 능력, 항해술을 얻을 수 있었기에 항해에 나설 수 있었다. 15세기까지 유럽의 문명은 동아시아의 문화에 의존해 왔음을 보여준다. 이때부터 동아시아는 세계 패권을 유럽에 넘겨주기 시작하였다.

16세기에 들며 유럽은 몽골의 화약과 총 대포를 발전시킨 무기와 동아시아의 항해술 영향으로 활 쏘고 창을 던지는 미개지 대륙을 침략하기 시작하였다. 북남미 대륙, 호주, 시베리아를 점령하고 유럽의 식민지를 만들었다. 오늘의 세계지도를 만들었다. 미국은 영국의 식민지에서 독립하고 세계 1차 대전과 2차 대전을 승리로 이끌며 세계 최강국을 이루었다. 증기 기관차와 철길, 자동차, 비행기, 컴퓨터를 발명하며 경제 강국이 되었다.

한반도의 가야국은 일본 건국의 주역이었다. 가야 기마민족설에 가야의 월지국(月支國)에 진(辰) 왕이 지배권을 잃게 되자 무리를 이끌고 일본으로 건너갔다고 한다. 진왕은 지금의 북규슈 지역인 쓰쿠시(筑紫)에 도착하고 지금의 나라 지역인 기나이까지 진출하여 일본의 첫 야마토 조정을 세웠다. 후기 고분에 속하는 당시의 전방 후원 고분 형태와 고분 부장품 면에서도 기마민족설을 증명하게 된다. 이는 규슈 후쿠오카현의 옛 쓰쿠시 일대의 석개 고분에서도 옛 가야의 석개묘(石蓋墓)에서 출토된 동일한 부장품이 대량으로 나온다.

일본서기(日本書紀)에 의하면 한반도 남단에 가야국의 덩이쇠는 일본에 철기의 원료 철재로 대량 수출되어 일본의 철기 문화의 바탕이 되었다. 일본은 백제의 영토이며 일본 아스카(飛鳥, 明日香) 문화는 백제 문화이다. 수천 년 동안 발달해 온 백제 강철 문화의 칠지도는 75㎝ 길이의 철검으로 뛰어난 철의 단조기술과 61자의 금상감을 새겨 넣은 명문이 있다. 음양오행 7가지를 뻗어낸 사슴뿔을 형상화한 듯한 특이한 모양으로 4세기 초의 백제 금속기술의 우수함을 잘 보여준다. 칠지도는 그 당시 국가들의 대표작이며 백제가 일본을 다스린 상징이 되었다. 지금의 일본 천황도 자신이 한민족의 후손이라고 고백하였다.

한반도 민족 일본은 한국과 중국이 쇄국 정치하는 동안에 60년을 앞서서 현대화하였고 한국과 중국 만주를 점령하여 식민지화에 성공하였다. 유럽이 아시아의 영토를 빼앗고 식민지를 통제하며 백인 우월주의 사상으로 오늘의 세계지도를 만드는 동안 일본도 한국과 만주에 같은 침략자의 행위를 따라했다.

동남아시아에 확장하려는 의도로 일본은 독일의 2차 대전에 가담하였다. 강력한 해군력으로 태평양을 가로질러 하와이 진주만을 공격하고 미국에 도전하였다. 일본 천황이 주었다는 담배 연기 한 모금 삼키고 나면 가미가제(신풍)라는 이름으로 돌아오지 못하는 비행대는 미국 구축함을 향하여 자폭하고 연기 속에 사라졌다. 세계 2차 대전의 시작은 앞으로 다가올 미국과 동아시아 경쟁시대의 전주곡이었다.

유럽과 아시아에서 승리한 미국과 소련은 패전국 독일을 동독과 서독으로 나누었다. 미국과 소련은 일본을 남북으로 나누지 않고 한국을 남북으로 나누어 미국은 일본을 간직하고 보호했다. 한반도의 고통은 아직도 진행 중이다. 일본의 식민지였던 한국은 36년 동안 모든 것을 일본에 빼앗기고 해방 후에 하나도 돌려받지 못했다.

1950년 6월 25일 소련탱크와 무기로 무장한 김일성의 북한군은 일요일 새벽에 남한을 공격했다. 남한군과 정부는 속수무

책이었다. 낙동강을 경계로 마지막 생존을 방어하고 있는 무렵이었다.

2차 세계 대전에서 일본의 항복을 받아낸 맥아더 장군은 인천 상륙으로 북한군 침략의 허리를 끊었다. 남한군과 유엔군은 북한군을 몰아 붙여 함경북도만 남겨 놓았다.

한국인의 뿌리

세계 역사 안에 고대 동아시아 문화와 건국 역사를 공부하면서 우리 자신을 찾아본다. 현대 인류의 혈연이 아프리카의 한 가정에서 시작되었음을 보게 되듯이 현대 인류의 문화는 동아시아의 부락 사회에서 시작되었음을 보게 된다.

인류가 아프리카에서 자라나서 아시아 대륙으로 옮겨 나올 때 해안선을 따라 남아시아를 지나서 동아시아까지 이르렀다. 강 하구에 집단생활 지역을 형성하고 농경과 수렵을 하면서 가족 사회와 부락 사회를 이루어 갔다. 유라시아 대륙의 해안선을 따라서 동으로 북으로 드디어 한반도에까지 이르렀다.

서쪽으로 떠난 그룹은 스페인을 지나 영국 해안에까지 이르렀으나 후에 급작스러운 빙하 기후에 적응하기 어려워 오래 생존하지 못하였다. 동아시아인들은 신석기 시대에 방죽을 파고 봉토를 세웠는데 방죽을 파면 물이 고여서 농경에 필요했고 흙을 모아 봉토를 세우면 조상의 시신을 묻고 제사를 지냈으니 조상 종교와 자연 종교 그리고 천체 종교가 정신문화를 다스리는 때였다.

나무와 흙을 사용하여 집을 짓고 돌로 칼과 도끼 그리고 창을 만들어 수렵을 하고 여러 가지 도구를 만들어 사용하는 동안에 좋은 돌과 큰 돌을 멀리서 수집하여 상용하였으며 큰 돌을 쌓아 신전을 세웠으니 우리는 고인돌(dolmen)이라고 부르고 신석기 시대 고인돌의 유적은 동아시아의 한반도에 가장 많고 서유럽 해안 지역에 흩어져서 볼 수 있다. 한반도 남부 전라도, 경상도, 경기도에 분포된 봉토(mound) 고분군들의 유적은 해안선을 따라 베링 해협을 넘어 북미 대륙에 미시시피 강변에 수천 개의 봉토들로 연결되기에 한반도의 신석기 시대 유물들은 세계 역사에 중요한 기점을 차지하고 있다. 언어의 분포와 연결로 보아 한반도에 해양 민족이 북으로 만주 평원에서 바이칼호, 몽고, 그리고 멀리 북유럽에 핀란드까지 공통된 언어 형태를 가진 민족들로 연결되고 미 대륙에 원주민의 언어로도 연결된다.

가장 최근에 발표된 유전학을 통한 세계인류 분포 역사(Evolution's Genetic Footprints)는 Cavalli-Sforza의 DNA 연구팀에 의해서 발표되었고 1998년에 그 내용을 시카고 트리뷴에 연재한 Paul Slopek은 퓰리처상을 받았다. 그 내용을 보면 동아프리카에 현대인의 원조가 십만 년 전 경에 살면서 남쪽과 서쪽으로 분산되어 아프리카 전역에 살다가 육만 년 전에서 사만 년 전 사이에 그들은 아프리카를 떠나 아시아 대륙의 남단 해안선을 따라 동쪽으로 이동하고 동남아시아에서 해안선을 따라 북쪽으로 이동하여 한반도 부근까지 동남아시아 해안 일대에 분포되었다고 한다. 그때부터 강 하구에 교통이 편리하고 땅이 기름진 곳에 정착하여 가족과 부락 단위 생활이 시작되었다.

동남아시아의 기후와 자연조건은 자라나는 유년기 인류에게 필요한 모든 조건을 갖춘 지구상에 보금자리였고 인구 증가 속도가 가장 빠른 지역이었으리라 상상한다.

그때부터 일만 년에서 이만 년이 지난 후에 아프리카에서 서남아시아를 통하여 내륙으로 떠난 인류는 호수와 강을 따라서 사만 년 전에서 삼만오천 년 전 사이에 중앙아시아에 이르렀다고 한다. 그때 이미 동아시아에서 이민해 와 있는 정착민들과 합류되어 중앙아시아 인들이 형성된 듯하다

가장 최근에 발간된 NATIONAL GEOGRAPHY 웹사이트(national geography.com) 안에 Geography에 정리된 설명을 보면 오만 년 전에서 사만오천 년 전 사이에 DNA 그룹 M174와 M130은 서남아시아와 인도에 작은 발자국을 남긴 채 동남아시아 해안 일대에 크게 분포되었으며 특히 M130 그룹은 한반도 만주 그리고 몽고에까지 침투하였음을 보여 준다.

그로부터 수천 년 후에 M174 그룹은 한반도에서 중앙아시아를 거쳐 티베트에 이르렀고 그런 후 다시 수천 년 후에 사만 년에서 삼만오천 년 전에 육로로 중앙아시아에 도착한 LLY22Z, B, Z,등의 그룹들과 중앙아시아 여러 곳에서 융합된 듯하다. ㄱ 후에 동아시아 M130 그룹은 삼만오천 년 전에서 일만오천 년 사이에 아메리카 대륙에 이르렀다. 그리고 한반도의 M174 그룹이 일본으로 이민한 시기는 언어의 유사성으로 보아 최근에 분리되었고 현재 일본인 40%의 인구가

DNA M174의 혈액인자를 보유했다고 한다.

서남아시아인들과 중앙아시아인들은 유럽의 빙하지역밖에 호수와 강을 따라 수직으로 북상하였는데 이때는 동아시아에 현대인이 정착한지 일만오천 년 후에서 이만 년 후에이다. 일직부터 유럽 빙하 지역에 분포되어 서식하던 네안데르탈인들은 이만오천 년 전후 경에 지구상에서 자취가 사라졌다.

세계 인류를 크게 쉽게 나누면 십만 년 전에 나타난 아프리카인, 육만 년 전에 나타난 동남아시아인, 사만 년 전에 나타난 서남 중앙아시아인, 그리고 일만 년 전에 나타난 유럽인으로 구분된다. 여기에서 아프리카인의 모습이 아시아인으로 변화되고 아시아인이 유럽인으로 변화되어, 피부색, 얼굴 모습, 치아, 골격 등이 변화됨을 볼 수 있다.

특히 유럽인들이 된 아시아인들이 아직 빙하가 녹기 전에 유럽 해안에 침투하여 긴 겨울동안 어두운 동굴이나 땅 밑 주거지에서 생활하는 동안에 피부는 더욱 하야케 되고 햇볕에 약하고 갈색 머리털은 노랗게 되고 갈색 눈은 녹색이나 푸른색으로 변하였으며 몸에 털이 많아서 서남 중앙아시아인에 가깝고 동아시아인에서 멀어 보이는 모습이다.

한국인은 세계에서 제일 먼저 지구상에 사계절이 있는 온대지방에 도착한 해양 민족이었다. 계절 변화에 따라 생활 방식이 변화되는 단련과 시간의 변화에 적응하는 기동성 있는 생활과 습관은 열대 지방의 생활 방식보다 더 진취적이고 발전성이 있었기에 우리 민족은 일찍부터 산업을 발달시키고 사회

조직을 형성하였다. 한반도는 해양 민족이 동북아시아 평원으로 침투하는 관문의 위치였기에 한반도에 남아 있는 고인돌, 방죽, 봉토 및 지금까지 발굴된 신석기 시대 유적지들은 참으로 중요한 세계 역사 자료들이다.

한반도에 문화 민족이 갖춘 신석기, 청동기, 철기 문화는 한때 동남아시아에서 성행하였다가 지금은 드물게 보는 목조 문화, 토기 문화, 그리고 석기 문화를 이어 더욱 발달된 모습이며 멀리서 큰 돌을 채취하여 옮겨다가 고인돌을 세우는 한반도의 종교적 습관은 더욱 발달하여 이제는 한반도와 만주 사이에 커다란 돌무덤이 성행하였다.

음양오행 천체 종교와 연합되면서 원시형의 피라미드가 세워지기에 이른다. 흙으로 세우던 봉토 문화는 돌로 세우는 피라미드 문화로 발달한 것이다. 만주 지린성 지역에 흩어져 있는 천여 개의 피라미드 유적들은 장군총이나 진시왕릉이 있기 이전에 오래된 세월의 진화과정이 이곳에 있었을 가능성을 보인다. 이집트의 파라오들 중에 아시아인의 모습을 갖춘 인물들이 있고 그 왕족들의 모습이 이방 민족 사이에 피가 섞일 때 나타나는 미모의 모습을 보이고 있으며 을지문덕, 연개소문, 같은 네 소리 이름이 많다.

이집트의 문화 유물들이 아프리카 흑인들의 사회에 전무후무한 전혀 개별적인 문화 현상으로 보아 그 뿌리가 동아시아에 있지 않을까 생각하게 됨은 동아시아에 사만 년 전부터 일만 년 전 사이에 삼만 년 동안 있었던 선사시대의 역사적 가능성을 보아 앞으로 연구할 과제가 깊고 멀다.

한반도의 위치와 중국 건국 역사의 관계를 관찰해 보면 동이족 혹은 선비족의 이름이 건국 역사 기록에 자주 나타난다. 사마천의 사기에서 삼황오제의 건국 신화가 있고 순임금은 황제 헌원의 자손이며 황제 헌원은 곰 가족의 후예라고 설명하였으며 이들은 동이족이라고 기록되었다고 한다. 중국 역사를 통하여 동쪽 민족은 한반도와 만주를 포함한 지역에 국가들이고 일본은 한반도의 섬으로 간주하고 통합하여 동이족이라고 불렀다.

요동반도와 산동반도 사이에 황하의 하구가 있고 강북은 하북성 강남은 하남성 그리고 황하 중류에 산서성이 있으니 이들 지역은 한반도의 신석기 문화와 함께 동아시아 문화의 요새이다. 이들 지역은 중앙아시아에서 중국 한족이 이주하기 이전에 동이족의 생활권이었을까 의문해 본다. 이 지역의 현재 인구 중에 한국 민족의 인상이 많고 한국 민족 언어가 흔하기 때문이다. 최근에 연구발표 된 보고서에 한나라도 요나라 사람들이 건국하였다고 한다. 삼국유사는 중국의 사기보다 훨씬 후에 불교승려 일원이 고려시대에 기록하였으나 우리나라 건국 역사에서 환웅이 태어나기 전에 호랑이와 곰이 세 일곱 날을 사람 되기 경쟁하여 곰이 이겼고 건국 제왕 단군 선조도 곰의 가족이라고 설명하였다.

동아시아의 곰과 시베리아의 호랑이는 중국의 북쪽에 흉노의 영역까지 흩어져서 야생하였다. 곰 가족과 관련된 신화는 동이족이 가진 공통성이다. 이 지역 지하자원 중에 석탄은 제철에 필요한 고열을 공급하여 세계 어느 곳보다도 일찍부터 철기 생산으로 산업과 군사무기에 혁명을 일으켰다. 목축업에서 성장한 기마민족은 하, 상, 주, 진, 나라 때 중국을 통일하였고 유럽에 로마를 정복하였고 원나라 때, 청나라 때는 중국을 지배한 민족이 동이족이다. 한반도의 해양 민족이 만주, 몽고, 티베트까지 뻗어나간 혈연이다. 세계를 정복하고 현대 역사를 시작한 칭기즈칸도 우리의 혈맥이다.

동아시아에서 시작되는 세계 종교 역사를 관찰해 보자. 원시시대 자연 종교에서 해양 민족의 천체 종교 그리고 가정 단위 부락 생활의 조상 종교는 도교와 유교로 시작되었다. 부락이 도시로 성장하고 도시 국가는 제국 체제로 성장하면서 동인도에 갠지스강 유역에서 동아시아 사회 경향에 조화되는 제왕 종교 불교가 탄생한다. 그 후에 육백 년 동안에 그리스의 왕들이 중국과 인도에 와서 불교를 배워서 지중해에 돌아가 불교와 동아시아 철학을 전하고 드디어 서남아시아에서 별들을 따라 찾아온 동방박사들이 도착하면서 예수가 탄생한다.

그 후에 다시 육백 년 동안에 천주교는 동유럽에 포교되고 기독교 구약을 바탕으로 하는 회교도가 시작된다. 회교도가 시작된 지 다시 육백 년 후에 천주교로 침체된 유럽을 동아시아에서 몽고의 칭기즈칸이 침략해 서유럽인들이 동아시아를 알게 되고 세계적인 지식을 얻으면서 16세기에 인본주의 세계적인 지식을 얻으면서 16세기에 인본주의가 제국주의에 반항

하면서 문예 혁명과 함께 제국종교에서 사회종교로 진보되는 마틴 루터의 종교 개혁과 함께 개신교가 시작된다.

서유럽의 항해사들은 명나라의 항해 지도를 배우고 대양을 탐험하고 서유럽의 세계적 침략이 시작된다. 해가 지지 않는 대영제국이라고 부르는 영국에서 웨슬리의 감리교와 존 칼빈의 장로교 등 개신교가 미국으로 전해지고 일만오천 년이 넘도록 거주해 온 동아시아인 원주민들을 밀어내고 서유럽인들이 캐나다, 미국, 멕시코를 세웠다. 세계 1차 대전에서 두각을 나타내고 2차 대전에서 승리를 거둔 미국은 막강한 경제력과 정치력으로 서유럽의 기독교를 계승하며 민주주의와 자본주의를 세계에 포진하는 동안에 회교도를 국가 정책으로 포교하는 회교도제국들과 충돌하였음이 오늘의 현실이다.

동아시아에서 도교와 함께 시작된 물과 생명의 상징인 용은 개신교 이전까지 세계 모든 종교에 그 위력과 무서운 얼굴로 나타났기에 아프리카와 중미 대륙에 고대 종교 건축물에서까지도 볼 수 있음은 육만 년 역사의 동아시아 문화가 세계 각 대륙으로 분포되었음을 증명해 준다.

고구려의 사신도에서 보여 주는 동쪽의 상징인 용의 모습과 그 얼굴은 고대 문화 어느 곳에서나 볼 수 있으며 서남아시아 문화 민족 중에 가장 오래된 사마리아인들이 남긴 가장 오래된 기록도 용에 관한 기록이다.

강 하구에 정착한 동아시아인들의 항해 기술은 일만 년 동안 선진하였기에 서기 1,400년까지 세계를 지배하였다. 철제품 나침판을 발명하여 태평양을 횡단하였다. 계절 따라 변하는 바람의 방향, 바닷물의 흐름을 이용하였고 고대인들은 겨울에 금식하며 동면하는 능력이 있었기에 우리의 상상을 초월하는 원양 항해를 할 수 있었다. 복건성 충주박물관에 사천 년 전 하나라 때 합판으로 만들어진 목선이 보관돼 있다. 이집트의 투탕카멘이 3300년 전에 타던 통나무배는 양자강 하구에 저장성 항주 부근 여러 곳에서 7000년 전에 사용되었음이 발굴되었다.

해양 국가 상나라가 3050년 전에 유목 국가인 주나라의 정복을 당했을 때, 25만 명의 귀족들과 해양 민족들이 태평양 여러 나라로 망명하였다. 그중에 생존자들이 태평양 건너 남미에 도착하였고 올멕 문화가 시작하였기에 에즈텍과 마야 문화는 상나라 문화와 공통성이 많다. 2210년 전에 진시황제가 삼천 명의 약사와 항해사들을 바다에 보내 불로초를 구해오게 하였다. 상나라인과 지시황제 약사들은 우리나라에도 정착하였을 것이다. 2024년 전에 중국의 비단을 실은 배가 인도의 뱃길 따라 지중해 그리스에 왕래하였다.

한반도에 해양 국가도 백제와 왜나라가 한반도에 있기 이전에 이러한 활동들이 있었음은 우리나라 갑골문자 숫자표기와 미 대륙에 마야 문화의 것과 거의 동일하기 때문이다. 한반도의 동이족은 중국 동해안(황해) 일대를 점령하고 지배하면서 중국의 많은 국가들을 건국하였고 그 유래는 백제 때까지 지속되었다. 백제 동성왕 때에 같은 동이족이 세운 북위를 지금의 대동지역에서 밀어내고 황하 건너 낙양으로 옮기게 했다. 대동에 운강석굴은 백제 문화와 공통성이 많고 낙양에 용문석굴은 북위에서 수나라와 당나라를 거쳐 완성되었기에 우리나라 통일신라 문화와 공통성이 많다. 신라 때 장보고의 활동도 이조 전라감사 이순신의 활약도 백제 해양 문화의 전통이라 볼 수 있다.

동인도의 갠지스강 유역에 불교 문화가 한반도와 황하 유역에 해안선 뱃길 따라 연결되고 갠지스강 유역 아요디아에서 자라난 허황옥은 뱃길로 한반도에 이르러 가락국의 김수로왕을 맞고 왕비가 되었다. 한반도에 세워진 백제, 왜, 신라, 고구려 국가들 이전에 우리가 모르는 해양국가가 있었고 수만 년의 역사가 있었음을 상상할 뿐이다.

앞으로 많은 학자들의 연구와 세계 학계와 연결된 활동에 크게 기대하는 바다. 동아시아 국가들의 경제적 지위가 위상됨에 따라 세계 역사도 동양사에 무게를 두어 공정한 세계관을 세워감이 마땅하다. 고구려 문화가 우리 민족의 역사임을 확인하고 세계 학문의 근원이 그리스 철학자들에서 시작된 듯한 잘못을 교정해 가면서 인도 아리안을 내세우는 서양사관을 배제하고 동아시아에서 세계 역사가 시작되었음을 증명하자.

세계 인류 분포에 가장 선진 지역인 동아시아는 사계절 기후 변화에 맞춰 육만 년 동안 규칙적인 생활을 반복하는 동안에 생활에 질서가 서고 해양 활동과 내륙 활동의 융합된 장소, 농경민과 유목민이 경합하는 지점에서 한반도 신석기인들이 만주와 황하 양자강을 포함한 지리적 토대로 인류 문화와 문명의 주역이요, 종주 국민이었음은 지구 역사의 섭리요, 진리로서 밝혀지기를 기다리고 있는 현실이다. 이것이 오늘 한국인의 능력이요, 임무이다.

아직도 우리의 핏속에 흐르는 가난했던 근성 때문에 이웃을 헐뜯고 칭찬과 격려를 못하는 버릇을 씻어버리고 하루빨리 협력하며 앞을 달리는 국민으로서 자랑스러운 우리의 장기를 세계의 모든 민족에게 보여 주고 우리가 가졌던 원래의 자리를 찾자.

지금 육자 회담을 비롯한 정치적 관심, 그리고 동남아시아를 휩쓰는 문화적 관심을 불러 모으는 오늘의 현실에서 이제 세계의 모든 국민들이 경애하는 대한민국 국민으로 성공하는 장래의 기틀을 만들자. 훌륭한 한국인의 장기를 키워나가자.

한시름 놓은 아침, 대한민국 새 시대를 맞는다.

제3부 대통령의 딸

대통령의 딸, 박근혜

전문 의사를 찾으려면 45세에서 55세 나이에서 택하라는 친구의 말이 고마웠다. 의사뿐이 아니고 전문가를 구할 때 나는 항상 그 말을 기억했고 그 결과에서 많은 혜택을 얻었기 때문이다. 이번 한국 대선을 주도한 유권자의 40%에 달하는 5060대의 공헌은 한국을 위기에서 구출한 듯하다. 한국의 투표 시작 아침 6시는 이곳 미국 서부의 오후 1시였고 당선 결과를 보는 새벽 6시까지 잠을 설치고 온 밤을 지새웠다.

북한의 김정일이 생시에 자신을 찾아온 대한민국의 대통령 김대중과 노무현을 북한 동포에게 칭찬하면서 그들은 남조선에서 활동하는 북조선의 간첩이라고 말하였다고 한다. 문재인 대통령 후보는 지원 유권자가 부족한 민주당만으로는 힘이 부족하기에 2030대의 중심이 된 안철수 교수와 손을 잡고 혼선된 종북 사상을 합세하여 집권당 교체를 시도하였다.

생존하는 7080대는 해방과 6 · 25전쟁을 기억하고 역사의 진실을 눈으로 보았지만, 2030대는 역사를 왜곡한 학교 교조의 북한식 세뇌 교육을 받은 인구가 많기에 아직 세상 물정에 익숙하지 않은 세대라고 할까. 마치 유튜브의 세계적 가수 싸이가 반미 노래를 부르며 춤을 추던 과거를 회개하고 사과한 다음 떳

떳하게 워싱턴 무대에 오를 수 있었던 예를 들 수 있다.

2030대는 사회에 발을 들여 성장하며 새것을 찾는 나이이기에 진보 경향이 있음은 당연해 보인다. 40대는 이상과 현실 사이에서 고민하며 중년의 위기를 거쳐 사회 안에 자기 자리를 찾아가는 때이기에 보수의 경향을 이해하기 시작한다. 5060대는 과거, 현재와 미래를 바로 보고 자기 것을 알아차리는 나이이기에 보수 경향을 보임이 당연하지 않을까. 이 과정은 마치 우리가 한평생 살아가는 동안에 푸른 열매가 여름 동안 자라서 가을에 빨갛게 익어 씨를 안고 땅에 떨어지는 산목숨의 진리라고 할까.

튼튼한 안보 아래 탕평 대통합과 상생 경제 민주화로 살기 좋은 나라를 만들겠다는 첫 여성 대통령 약속의 갈 길은 멀다. 형제 나라 북한은 핵무기 개발에 열을 올리고 로켓을 쏘아 올리는 국제적 위협 정치, 동포를 공개 처형하는 공포 정치를 계속하고 있다. 최근 유엔 총회에서 북한 대표는 한반도는 위기 촉발의 순간이라고 발표하였다.

이명박 대통령은 끊임없이 공포로 위협하는 북한 정치에 제동을 걸었지만, 북한은 연평도 포격과 천안함 폭파로 대응했다. 민주당은 한나라당의 실패한 대통령으로 얼굴을 씌웠다.

박근혜 후보의 대통합 노력에 첫 걸림돌은 소외된 호남지역이다. 경부선이 부흥하는 동안 호남은 대한민국 안에 다른 나라처럼 고개를 돌리고 있다.

다음은 이념의 혼선이다. 북한 동포와 하루속히 가까워지려는 의욕은 민족의 소원이지만, 3대 세습으로 이어가는 김 씨 독재에 충성하는 간첩과 섞여 있다. 셋째는 새로운 사조에 빠르게 적응하는 신세대와 지난날에 매어 사는 구세대의 격차, 그리고 빈부의 격차라고 할까. 국민 복지를 위한 경제 민주화는 10% 고용주 부유층과 90% 고용인 혹은 실업자의 벌어진 틈을 어떻게 좁혀서 아물어지게 할 수 있을까.

부정부패 없는 선거를 보여줌은 역시 저력이 있는 선진국 대한민국이다. 선거를 통하여 많은 사실을 알리고 숨겨진 사실을 끌어내고 토론하여 국민에게 선택을 주는 건강한 나라이다. 그렇게 건강한 사회 안에 초등학생을 북한처럼 거짓으로 교육하고 세뇌하려던 노무현 정부의 교조, 동포를 향한 민족 사랑과 간첩을 분별하지 못한 무능한 정부, 태극기를 외면하고 애국가를 부르지 않는 무리와 합세한 문재인 후보가 당선되면 모국의 앞날이 어쩌나 하는 두려움으로 이곳 동포들은 밤을 지새웠다. 하나님이 보우하사 5060 형들이 2030 아우들을 설득하는 아름다운 우리나라 만세였다.

양부모를 총탄에 잃고 34년 만에 청와대로 다시 돌아오는 대통령 딸, 박근혜 당선인은 남자 우월주의 사회에서 첫 여성 대통령이 된 한국 민주주의의 본보기가 된다. 그것은 미국의 백인 사회에 흑인 대통령이 당선되는 민주주의 세계 역사와 호흡을 함께한다.

이제 중국 시진핑과 일본 아베 신조의 새로운 정부들과 어깨를 나란히 동아시아를 이끌어 갈 지도자가 된다. 무열왕을 이은 문무왕처럼, 다윗을 이은 솔로몬 왕처럼 아버지의 뒤를 따라 황금 역사를 이루어 세계 평화의 길을 열어가기 바란다.

2013년 새해를 맞아 용띠 꼬리 물고 60해 잠을 깬 백사(白蛇), 거북이 몸을 감은 고구려 현무가 어둠을 뚫고 새 하늘에 솟구친다. 남해를 누비던 장보고와 충무공 후손이 한강 줄기 꿈틀거려 세계로 뻗는다.

태백 줄기 품에 안은 한반도의 정기는 한라, 지리, 금강, 백두산까지 새 아기 울음소리 메아리 울려라. 벅찬 가슴 두근거리는 젊음의 기상 육대주 평화 가는 길에 횃불을 밝혀 찬란한 조국 찬가 목청 올려 불러라.

후회하지 않으세요?

며칠 전 미국에 처음 다녀가는 한국 관광객을 만나 잠시 이야기를 나누었다. 중년 부부는 우리 부부가 미국에 온 지 40년이 넘은 사실을 듣고 "후회하지 않으세요?"라고 물었다.

그리고 며칠 후에 이제 막 21살 된 한국 여자 대학생, 박연미가 여러 나라 젊은이들이 모인 국제회의에서 2,300만 명의 북한 동포를 구출해 달라고 눈물로 호소하는 동영상을 보았다.

9살 때 이웃집 아주머니가 외국에 전화했다고 총살당하는 모습을 보았다. 미국 영화를 보며 김정일에 불평했다는 죄로 부모, 자식, 손자, 손녀, 가족 삼대를 몰살하는 사건을 보았다.

13살 되는 해에 공포의 사회에서 벗어나고 아버지 췌장암 치료를 받고자 네 식구는 중국으로 탈출하였다. 중국에 도착하는 날에 아버지는 돌아가셨기에 중국 외지에 땅을 파서 아버지를 묻고, 어머니와 누이동생 세 사람은 중국 브로커를 만났다. 돈을 요구하고 세 여자를 강간하려 했다. 두 아이들 눈앞에서 어머니는 강간을 당했다. 어머니는 목숨을 걸고 두 아이를 보호하였기에 아이들의 강간을 피할 수 있었다.

북한으로 귀환되는 죽음이 무서워 가진 것 모두 빼앗기고 세 사람은 고비 사막에 버려졌다. 굶주림과 목마름을 견디며 고비 사막을 넘어가는 중에 몽골 경찰에 구조되었다. 세 여인은 몽골에서 일하여 비행기 푯값을 벌어 드디어 탈북민으로 한국에 도착하였다.

지금은 단국대학 학생으로 북한 동포 구출운동에 앞장서고 있다. 아버지를 중국 땅에 묻을 때와 엄마가 강간당할 때 무서움에 떨며 울지 못했던 박연미는 이야기를 들려주며 눈물을 멈출 수 없어 듣는 이들과 함께 울었다.

나의 어린 시절을 돌이켜 보면, 내 나이 8살 되는 해, 1945년 8월 15일 직후에 내 부모는 네 아이들을 데리고 소련군의 따발총과 장총이 삼엄하게 경계하는 압록강을 건너 북한으로 넘어왔다. 가족 생명을 위협하는 두 달 동안의 여정으로 인민군이 봉쇄한 삼팔선을 넘어 고향 남한으로 돌아왔다. 두 살 된 누이동생은 고향에 도착하는 날, 숨을 거두었다. 아버지의 유언을 따라 형제들은 40년 전에 미국유학 왔고 20년 전에 어머니도 나머지 동생들 데리고 이민 오셨다. 그 후 미국은 국제사회에서 정치적 경제적 위치가 조금 약해지고 한국은 80년대 90년대에 경제발전의 기적을 이루며 세계적 경제 강국으로 성장하였다.

하지만 "미국에 오셨음을 후회하지 않으세요?"는 뜻밖의 질문이었다. 한국은 1994년 성수대교 붕괴에서 시작하여 95년 지하철 가스 폭발과 삼풍백화점 붕괴를 비롯해 많은 목숨이 희생됨을 보았다. 지난 4월 세월호 침몰로 어린 학생들 수백 명이 수장되었고 얼마 후에 판교 테크노벨리 축제에서 27명이 환풍구 아래로 추락해 16명이 숨지는 참사가 발생했다. 계속해서 일어나는 병원 화재를 비롯한 화재 사건으로 많은 목숨을 잃고 있어 한국 사회에 보이지 않는 위험이 항상 도사리고 있다.

북한은 계속해서 핵무기를 개발하여 서울을 불바다로 만들고 미국을 공격하겠다고 위협한다. 미국 대통령은 북한군 수백만 목숨을 한순간에 재거할 선제공격을 계획하는 데도 위험 불감증에서 현실을 착각하는 "미국에 오셨음을 후회하지 않으세요?" 하고 묻는 친구에게 우리는 대답하지 못했다.

한국에서 30년 동안 자랐고 미국에서 40여 년 동안 자식 낳아 기르며 살았어도 가슴은 한국에서 태어난 영원한 한국 사람이다. 일본의 침략에서 자주독립을 찾아 살았던 조상들이 김 씨 일가 3대 세습 독재 아래 자유 없이 공포에 시달리는 2,300만 동포를 구출하지 못하고 남한에서 안전 불감증에 안이한 삶을 영유하는 후손들을 하늘에서 내려다보며 대한민국의 안타까움을 어찌하면 좋을까.

은퇴 후에 겪는 이변(異變)

매일 한결같이 꾸려가는 삶 속에 급작스런 이변을 맞게 되면 실패의 위기가 되기도 하고 성공의 기회가 되기도 한다. 한평생 가족의 생계를 위해 직장생활에만 몰두해 오던 남편이 정년퇴직하면 자라나는 아이들만을 위해 살아온 아내와 함께 겪는 변화는 마치 다시 태어난 새 인생의 시작이다. 상황에 따라가는 길이 천태만상인 듯하지만, 나무를 떠난 씨앗이 땅에 떨어져 뿌리 내릴 때, 물을 얻지 못해 시들어 실패하거나 혹은 싹이 자라 아름다운 꽃잎이 파란 하늘을 향해 활짝 피워 보이는 성공의 두 가지 길이 있다.

이제 막 은퇴한 부부가 가정상담소를 찾아와 하소연한다. 싸울 줄 모르는 두 사람이 권투장갑을 끼고 관객 없는 사각 정글에 갇혀 서로 치고받는 말씨름밖에 없다고 심판을 구하러 온 것이다. 매일같이 온 종일 쳐다보는 아내와 남편은 사소한 일에도 민감하게 반응하고 마음에 들지 않는 점들이 거슬리기 시작한다. 치열한 생존경쟁 속에서 가정을 끌어기던 남편의 권위는 땅에 떨어지고 조강지처의 애정은 흔들리기 마련이다. 말다툼은 감정 폭발로 이어지고 드디어 가정 폭력까지 일어나 황혼 이혼으로 몰락하는 비극까지 연출하는 경우에도 이른다.

상담소를 찾아와 두 사람이 은퇴 이전의 불만부터 오늘까지 참고 숨겨 쌓여 온 하소연을 털어 내고 나면 조금은 분노가 풀리는 듯하여 다음을 약속하고 다시 찾아온다. 케이오나 판정승은 없지만, 상대편의 처지를 이해하는 계기가 되어 차츰 소통이 이루어지기 시작한다. 부정적 생각에서 긍정적 태도로 진전을 보이면서 다시 안정된 길을 찾아서 옆에서 마음조리며 제일 많이 걱정하던 자식들은 안도의 한숨을 돌리게 된다. 변화를 예견하고 미리 은퇴를 준비해 온 부부도 관계 회복 실행에 들어가면 어려움을 겪기가 통상이다. 그중에 잘 준비해 온 부부는 그만큼 가는 길의 굴곡이 훨씬 완만해 보이기도 한다.

남자의 은퇴는 바깥사람이 안사람, 할아버지로 탈바꿈이며 여자의 은퇴는 어머니의 위치에서 남편의 건강과 아직 생존하신 부모님들 보살피고 손자 손녀들을 생각하는 할머니로 탈바꿈이 아닐까.

전문가들은 개개인의 행복을 결정하는 3요소로 자기 힘으로 움직일 수 있어야 하고, 난관이 닥쳤을 때 주위에 의지할 수 있어야 하고, '오늘 하루도 잘 살았다'고 뿌듯하게 잠들 수 있어야 노년이 편안하다고 한다.

직장이나 외부 생활에 중심을 두고 전념하던 삶에서 은퇴한 남편도 나를 위해 사는 사람이 아니고 이제는 서로를 위해 살아 남은 목숨이라고 생각하자. 집안일을 나누어 하면 노년에 가정 안에서만이 아니고 같은 마음으로 사회봉사도 하며 아름다운 사회를 꾸며가는 역할로 남은 삶을 즐길 수 있을 것이다.

또 하나의 이변은 나이 들면서 닥쳐오는 건강 문제이다. 은퇴한 3년 후에 간암이 발견되었다. 다행히도 1985년부터 개발된 치료약이 악화하는 속도를 낮춰 주었지만 완치되어 건강을 회복하는 결과는 기적이라고 한다.

미국에 저명한 앰디앤더슨 연구소에서 세계적으로 알려진 암 치료 전문의 김의신 박사는 환자가 완치되는 경우가 있을 수 없지만, 기적처럼 회복하는 경험이 있었다고 한다. 이들 환자의 공통점은 죽음을 두려워하지 않는 개성이었다고 한다.

걱정 끝에 자신을 잃은 환자는 치료도 도움되지 못하고 두 달을 넘지 못하여 세상을 떠났지만, 죽음을 초월하고 희망을 지켜가며 이웃을 사랑하는 마음은 역경을 이겨 내어 기적을 일궈 내는 공통성이었다고 설명한다. 긍정적이고 열정이 있고 사랑하는 개성은 개선가를 부를 줄 아는 사람의 삶이리라.

해가 갈수록 사람의 수명은 길어지고 있다. 미국에 사회보장제도의 통계를 보면 65세에 건강하게 은퇴한 사람은 평균 17.5세를 더 산다고 한다. 은퇴하면서 권위와 명예를 모두 잃은 듯 상실감에 빠진 사람은 평균 3~4년밖에 더 살지 못한다고 한다.

본인이 가진 재산과 정부보조금을 지혜롭게 관리하면서 건강한 음식을 가려먹고 적절한 몸과 두뇌의 운동을 끊임없이 지속하며 주어진 능력에 감사하는 마음으로 열심히 활동하는 사람은 100세 시대 도전에 승리하는 인생이리라.

7~8십대에 위대한 발자국 남긴 세계적 위인들이 얼마나 많은가. 하지만 지구 위에 인류의 인구 폭발과 산업개발지역의 급

격한 팽창으로 지구의 오염은 극심하고 자손에게 남겨줄 깨끗한 환경은 자꾸만 줄어들고 있다. 자연환경을 보호하고 즐기며 주위에 부담되지 않도록 건강하게 살다가 새로 태어나는 세대와 자라나는 젊은이들에게 적절한 때 자리를 내어 주고 떠나는 노년의 관리를 어떻게 잘할 수 있을까.

시들기 전의 꽃이 더욱 아름답고, 지기 전의 황혼이 더욱 빛나는 인생이고 싶다.

강도와 신사

1980년에 미국에 온지 15년이 지났다. 내 설계사무실을 시작한 지 벌써 5년이 지난 때였다. 그해는 각각 다른 길에서 도둑과 강도를 만난 해가 되었다. 30여 명의 직원과 함께 기계 돌아가듯 일하는 때, 아이들 기르느라 바쁜 아내의 계획을 따라 형님 부부와 함께 이탈리아로 휴가를 떠났다. 플로렌스에 로마시대 사찰 건축과 레오나르도 조각물들은 유럽문화의 극치를 보여주는 듯 감명 깊었다. 로마 도시에 로마 제국의 콜로세움을 구경하면서 그 웅장함 뒤에 숨겨있는 네로 황제의 기독교인을 학대하는 으르렁거리며 달려드는 사자들의 발톱을 상상하기도 했다.

아내가 쇼핑한 선물들을 양손에 들고 호텔에 들르지 못하고 로마 오페라 극장으로 걸음을 재촉하고 있었다. 아내가 표를 미리 샀기에 시간 안에 도착하려고 강행군하는 중에 낯선 다섯 명의 집시 젊은이가 우리 길을 막았다. 손짓으로 무슨 말을 하려는 듯한 순간에 누군가 뒤에서 내 왼쪽 팔꿈치를 강하게 쥐어잡기에 나는 물건을 내려놓으며 뿌리쳐 돌아섰다. 돌아서는 동안 바른쪽 호주머니에 손이 스침을 느꼈다. 그 순간에 바른쪽 호주머니 속에 내 돈지갑을 빼어간 것이다. 뿔뿔이 흩어져 도망가는 중에 나는 내 뒤에 섰던 괴한을 쫓아 번화가에 빠르게 달리는 자동차들 사이로 바짝 다가서 달려가며 길을 건넜다.

홀연히 건장한 청년들이 나를 둘러섰고 길을 지나던 모든 사람이 걸음을 멈추고 나와 그들을 지켜보고 있었다. 달아나던 괴한이 한 젊은 여인 뒤에 멈춰 서고 여인은 웃는 얼굴로 자기 가슴의 브래지어 속에서 내 지갑을 꺼내주었다. 순간적인 마술을 보는 듯했다. 지갑 속에 현찰은 사라졌지만, 요행이라고 할까, 내게 꼭 필요한 내용물은 고스란히 남아 있었다.

나는 내 지갑을 높이 들어 구경하는 모든 사람에게 흔들어 보여줬다. 큰길, 네 모퉁이에서 지켜보던 모든 사람이 손뼉을 치고 소리치는 동안에 집시 괴한들은 연기처럼 사라졌다. 이탈리아 관광에 빼어놓을 수 없는 흥분된 경험이었다.

미국 오하이오 주 사무실에 돌아와 직원들이 이제 막 설계를 마친 건물 주인을 만났다. 계약에 따라 설계비를 시간 안에 지급해줄 것을 부탁하며 악수를 하고 그는 떠났다. 해어진 다음 계약서를 다시 보니 건물 주인이 너무 많이 지급하게 됨을 느끼면서 나는 서둘러서 테네시 주에 네시빌로 떠났다.

그곳은 미국 컨트리 음악의 본산지다. 유명한 가수의 노래가 이곳에서 음반으로 제작되는 때였으며 엘비스 프레슬리나 달리 파튼 같은 거장들이 사는 문화 도시였다. 초청한 친구와 점심 먹으러 주차장에 세워놓은 자동차 문을 열려는 순간, 내 뒤에서 누군가 "너도 손들어!"하고 조용히 외치는 소리가 들렸다. 돌아보니 반짝반짝하게 빛나는 권총이 나를 노려보고 있지 않은가. 내 친구는 벌써 지갑을 차위에 내놓고 두 손을 번쩍 들고 멀찌감치서 있었다.

나는 마음을 가다듬고 내 지갑 속에 든 돈을 기억했다.

"내 지갑에 38불 있는데 20불은 네게 주고 나머지 18불은 내 친구와 점심 먹게 해줄래?"라고 물었다.

강도는 뜻밖에 당황하는 눈치였다. 하지만 그는 취하지 않았고 눈을 반듯하게 내 눈에 맞추는 정신이 말똥말똥한 친구였기에 나는 용기를 얻었던 것이다.

강도는 총을 흔들어 내 이마에 가까이 가져오며 급한 모습을 보였다. "오케이 오케이!"하며 나는 두 손가락으로 천천히 안주머니에서 지갑을 꺼내어 손에 쥐고 돈을 내밀었다. 그는 물러서며 그 돈을 자동차 후드 위에 놓으라고 손짓을 했다. 그리고 내가 태권도 발차기라도 할까 무서웠는지 나더러 뒤로 물러서라고 손짓했다. 갑자기 얼굴에 웃음을 띠며 고맙다는 듯 돈을 움켜쥐고 고개를 한번 끄덕이며 달음질쳐 사라졌다.

6·25 전란을 겪은 가난했던 우리나라 길가에 거지들이 많았고 소매치기는 어디에서든지 볼 수 있었다. 나는 논산에서 군사훈련을 거쳐 학보병으로 전선에 군 복무하는 동안 세상 삶에 여물어졌는지 이런 일을 당해도 당황하지 않았든 듯싶다. 어쩌다 그해에 그런 끔찍한 사건들이 한꺼번에 있었는지 지금도 궁금하고 아찔하다.

지금 돌이켜 보면, 사람들은 하고 싶지 않은 일을 부득이한 형편에 어쩔 수 없이 하면서 산다. 어떤 경우는 자신이 모르고 저지르는 일도 많다. 내가 건물 주인에게 남은 돈을 돌려주어야 한다고 생각하면서도 그달에 직원들에게 줄 월급이 모자라 그냥 지나갔다. 친구들과 어울려 카드 게임을 하면서도 지고 싶지 않아서 친구의 돈을 훨씬 많이 뺏게 되는 때도 있었다. 친구는 나를 보고 "너는 강도야."라고 했다. 부득이 하였을 때 나는 도둑도 되고 남들이 말하는 강도질도 했음이 분명하다.

도둑과 강도는 죄를 지어 경찰에 붙잡히고 교도소에 가는 사람만의 소행이 아니고, 내 삶 속에 끈질기게 따라다니며 알게 모르게 죄짓는 일들이 아닐까. 그렇게 짓는 크고 작은 죄를 갚으려고 좋은 일을 많이 해야겠다고 생각해 본다. 옳게 살아야 한다고 다짐하면서도 옳은 삶은 참으로 얼마나 어려운 일인가.

남대문에서 시작한 한반도 문화사 연구

1961년 9월에 서울대학교 건축과 졸업 논문에 한국 전통건축의 특성에 관한 보고를 하였다. 김정수 교수의 추천으로 대한민국 국보 제1호, 서울의 남대문(숭례문)의 보수 공사장에서 조원재 도편수와 함께 일하게 되었다.

김상기, 김원룡, 황수영 교수들의 지도를 받고 김재원 국립박물관장의 지시를 받았다. 2년9개월 동안에 실측도와 복원도를 작성하며 현장에서 매일 일을 했다. 1963년 5월 14일 준공식에서 윤태일 서울특별시장의 표창장을 받았다.

젊은 나이에 문교부 문화재 건축 전문위원으로 서울대학교와 연세대학교에서 동아시아 건축을 특강하는 때부터 나는 내가 가진 역사에 관한 취미가 무르익기 시작하였다. 그런 후에 45년이 지나서 2008년 2월 10일에 숭례문은 불에 탔다. 미국에 이민 올 때 어머님께서 잘 보관해 주신 숭례문 개인 소장 기록물을 동원하여 서울에서 신응수 도편수와 함께 숭례문 복구사업을 진행했기에 내 건축 인생의 처음이고 마지막 프로젝트가 숭례문 공사였다.

서울 남대문 중수공사에 참여하는 동안 역사와 고고학에 관심을 갖게 되어 50여 년 동안 우리 역사와 세계 문화사 연구에 몰두하며 발표하기 시작하였다. 인류 문명이 한반도에서 시작한 근거를 찾게 되었다.

나이 80세가 지나서 역사 이야기책을 쓰게 되었다. 아프리카를 떠난 현대 인류가 가장 일찍 정착 생활을 시작한 동남아시아에서 꾸준히 인구 증가를 지속해 올 수 있음은 음식이 풍부하고 기후가 따듯한 인류의 온상을 제공해 준 동남아시아의 자연환경이다. 세계의 지붕 에베레스트 고지에서 인도양과 태평양으로 흘러내리는 강물은 현대 인류 보금자리를 마련해 주었기에 14억1천6백 인구의 중국과 14억6천3백의 인구의 인도 사이에 펼쳐진 자연의 신비는 인류의 문화와 문명의 뿌리를 품고 있음을 상상하기 어렵지 않다.

한반도에서 5만 년 전에 구석기인이 거주하기 시작하고 4계절 맞아 농사지어 겨울을 극복하는 생활이 시작되었음을 알게 되었다. 한반도 서남지역 영산강 유역에 농사짓는 유적과 고인돌 유적이 시작되어 한반도 전역에 3만 유적, 한반도 주위에 1만 유적을 남겼다. 농사짓는 마을은 오랜 세월동안 유라시아 대륙 해안선 따라 5만여 고인돌 유적을 남기었다.

영국 런던 외곽에 스톤헨지 유적도 2천5백 년 전쯤에 세워진 고인돌 유적이다. 농사짓는 문명이 인류 문명의 시작이었으며 우리나라 음양오행 사상은 과학의 시작이었다. 왕의 어좌 뒤에 일월오악도를 그려 나라를 다스리는 지침이었으며 현대인의 달력에 일 월 화 수 목 금 토 7날이 우리 선조의 음양오행을 따랐음을 보며 수만 년 전부터 인류 문명이 한반도에서 시작하였고 온 세상에 전파되었음을 보게 되었다.

한반도 민족이 겨울을 극복하고 북방으로 이주하여 만주 벌판에서 말을 기르고 석탄불에서 금속 도구와 금속 바퀴를 만들어 거마(chariot)를 발명하였다. 만주 지역의 훈족(Huns)은 거마 문명을 온 세상에 전하였다. 거마가 동서와 남북으로 달리는 평지의 도시에 격자형 도시 계획이 처음 나타났다. 발해의 상경부(上京府), 진시왕의 수도 서안, 한반도 고구려의 장안(長安, 평양), 신라의 왕경(王京, 경주), 백제의 사비성(호남에 부여), 일본의 평성경(平城京, 나라)과 평안경(平安京, 교토), 등이 동아시아의 격자형 도시들이다. 거마와 격자형 도시 계획은 우리 선조의 지혜였다.

농경 생활에서 작은 못을 키워 큰 저수지를 만들고 파낸 흙으로 흙산(mound)을 지은 유적이 한반도에 많았다.

흙산을 짓는 문화는 북미 대륙 오대호와 미시시피 강변에 수천 개의 유적을 볼 수 있다. 한반도의 묘지는 동그란 흙무덤이다. 동그란 흙무덤은 동인도 갠지스강 문화에 이어져서 불교의 창시자 석가의 무덤이 동그랗다. 불교사원의 동그란 천정(dorm roof)으로 진화하여 서남아시아에 전해진 듯하다.

기원전 600년에 불교가 시작하고 그리스의 왕들이 중국과 인도를 찾아와서 머리를 깎고 승려가 되어 아시아의 종교와 문화를 배워가서 지중해 종교와 문화가 시작하게 되었음은 중국과 인도의 불교 역사기록에 있다. 하지만 유럽의 학자들은 백인들의 자존심을 우려하여 그들이 저작한 책에서 거론하지 않는다고 한다.

이집트 파라오가 거마를 타고 흑인과 아랍인을 정복하는 그림을 보고 투탕카멘의 묘지를 발굴한 하워드 카터는 파라오가 아프리카에 없는 닭을 먹는 민족이라고 발표하였다. 그리스의 파르테논 석조 건축의 양식도 동아시아의 목조 건축의 양식과 동일함을 보았다. 그리고 마야 문명에 용머리 장식과 용의 꿈틀거리는 조각을 보며 동아시아 문화임을 알 수 있다. 지중해의 이집트와 그리스 문명과 중미에 마야 문명이 한반도 문명에서 전해진 사실을 보게 되었다.

반세기 지난 이제는 새로운 정보에 근거하는 새로운 상식(common sense)을 찾아야 하는 필요를 절실하게 느꼈기에 이 사실을 발표하는 책, 〈동아시아어는 인류 문명 · 문화의 어머니〉가 2020년에 출판되었으며 전자책 〈한반도에서 시작한 인류문명〉과 〈한국인〉이 2021년에 출판되었다. 우리가 학교에서 배워 온 세계사는 동아시아가 세상에서 가장 가난했을 때 서양 학자들이 동아시아에 관한 지식의 결핍과 편견으로 기록된 교과서였다. 이제는 한반도 문화사를 새로운 눈으로 보고 새로운 교과서를 갖춰야 할 때에 이르렀다.

1. 한반도에서 시작한 고인돌

2. 거마 (車馬: Chariot)와 격자형 도시계획

3. 마야의 용 피라이드

로봇의 인공지능

보이지 않는 문학의 가장자리에서 20세기의 온전한 현실이 생겨났다. 상상이 현실이 되는 순간에서는 이렇게 누군가의 상상에서 시작된 과학적인 상상이 어떻게 현실이 되고 우리의 삶에 반영되고 있는지에 대한 이야기를 나누어 보자.

'로봇이란 무엇인가?' 아니 '인공지능이란 무엇인가'에 대한 고민을 던져주는 '생각하다'이다. 생각과 지능 그 자체의 특징을 통해 지적 존재로서 로봇과 인공지능에 대한 화두를 던지기 때문이다. 말 형상에 날개를 달아 인간의 한계를 뛰어넘고자 했던 고대인들이나 우리가 인공지능을 말할 때 '사람처럼, 사람대신'이라는 표현을 하는데, 이는 인공이 사람이나 사람의 역할을 보완하고 있음을 의미한다. 인공과 인간의 만남이 어떻게 만나야 하는지에 대해 질문을 갖는다.

보통 우리가 로봇의 생명은 무한하다는 편견을 갖고 있는데, 과연 이것이 맞는지에 대한 물음이다. 너무 많이 사용해서 닳아버린 부품, 이 부품이 생산되지 않으면 로봇은 자신의 생명을 연장시킬 수 없다. 그저 고철 덩어리에 불과하다. 유한한 인간과도 닮았다. 로봇과 인간 윤리에 대한 질문인 셈이다.

'로봇에게 감각이란 무엇인가?'에 질문을 던지고 있다. '당신없이 우리도 없다'와 '당신의 미래가 궁금하십니까?' 미래 예측에 대한 가능성에 대한 도전과 인간과 꼭 닮은 로봇의 미래 실현성에 도전이 닮은 듯하다.

올림픽 정신을 기리기 위해 로봇 모양을 한 뼈대 위, 각각 텔레비전 모니터에서 뭔가 열심히 운동하는 선수들이 모습을 보여 주고 있다. 인간과 기술의 조화를 추구하는 작가의 작업 세계를 보여 주는 작품으로 반도체에도 그림을 그려 놓고 현미경을 통해 반도체 위에 그려진 그림을 볼 수 있다. 인간과 신을 잇는 영적 메신저이자 막강한 힘을 가진 존재이다.

마치 '미래 로봇이 이런 모습을 하지 않을까?' 하는 상상을 하게 만든다. 표현한다는 것은 자신을 드러내는 행위이다. 그렇다면 로봇은 어떻게 자신을 표현할까. 인간의 형상을 한 구름의 모습을 닮았다. 구름을 보는 순간 이미지를 만든 것은 상상의 시작이다. 시시각각 변하는 구름이 웃는 아이, 강아지, 화난 사람 등을 연출할 수 있다.

"작가들이 오늘 상상하는 것들을 당신과 나의 내일을 실현할 것이다"라고 말할 수 있다. 예지력이 뛰어난 누군가의 상상이 머지않은 미래에 현실로 구현되기도 한다. 그들의 상상이 모두 이뤄진 것은 아니지만, 상상하지 않았다면 인류가 오늘과 같은 과학기술을 누리지 못했을지도 모른다. 우리는 과학적 상상을 통해 미래를 창조하기 위한 영감을 얻을 수 있다.

"미래는 예측하는 것이 아니라 상상하는 것이다." 수십 년 전의 공상과학 소설이나 영화를 다시 보면 당시에는 터무니없다고 생각했던 것들이 이미 현실이 되어 있는 경우가 많다. 영화 'ET'에서 외계인을 싣고 하늘을 날았던 상상의 자전거가 지난 6월 체코에서 시험 비행에 성공했고, 더 나아가 영화 '제5원소'에 등장했던 하늘을 나는 자동차도 보게 되었다. 결국 상상에서 출발한 것들이 기술로 만들어지고, 시장이 생겨나며, 미래 비즈니스와 일자리로 연결된다는 것을 알 수 있다. 그러므로 이제 미래에 대한 준비를 하기 위해서 다양하고 풍부한 상상을 활발히 공유하는 것에서 출발해야 할 것이다.

다양한 상상들이 구체적 아이디어가 되고 체계적으로 관리되어 관련 첨단기술과 서로 융합될 때 우리가 전혀 예측하지 못했던 다양한 산업과 미래의 가치를 만들어 낼 것이다. 결국 지나고 보니 '생각하는 대로', '상상하는 대로' 모든 것이 이루어지는 세상에 살고 있음을 깨닫게 해준다.

이제 우리는 더 확장된 상상만 하면 된다. 다양한 상상과 아이디어가 상상에서 현실이 되고 수집되어 체계적으로 관리되면서 관련 분야들과 융합될 때 우리가 살게 될 미래 세상을 밝힐 훌륭한 창조물이 태어나게 될 것이기 때문이다.

미국의 총과 한국의 술

미국의 총과 한국의 술은 문화적 차이를 인정하기에 두 나라를 방문하는 여행객에게는 필수의 정보라 하겠다. 미국에 총은 미국인의 자존신이며 애국심과 자유주의 상징이다. 콜럼버스가 신대륙을 발견(1492.10.12)한 이후부터 유럽인들이 미 대륙에 총과 함께 이주해 왔다. 수만 년 동안 살아 온 미 대륙의 원주민을 총으로 제압하고 그들의 영토를 빼앗았다. 미국을 침략한 이주민은 유럽의 지배에서 독립하려 총으로 싸우고 총으로 미국을 세웠다. 미국의 총생산은 세계적 생산의 24%를 차지한다. 미국 인구 100명당 120.5정의 총기를 갖고 있는 것으로 추정된다. 침략한 북미대륙에 넓은 땅을 지키기 위해서 가정마다 총기를 구비함은 필수였고 미국인의 대다수가 총기협회(national rifle association) 회원이다.

미국에서 한 남성이 집에 총기 200정 이상을 불법으로 보관해 오다 체포됐다. 미국 캘리포니아주 법무부는 15일(현지 시각) 보도 자료를 내고 불법무기 소지 혐의로 리치먼드에 거주하는 남성 A씨를 체포했다고 밝혔다. A씨는 자신의 집에 총기 248정과 탄약 100만 발을 신고 없이 보관하고 있던 혐의를 받는다. 구체적으로는 군용 기관총 11정, 권총 133정, 소총 37정, 돌격

소총 60정, 산탄총 7정, 대용량 탄창 3000정 등이다. 현재 A씨 집에서 발견된 모든 무기는 압수됐다.

한국 사람의 술은 한반도에서 수만 년 전에 농사짓기 시작하는 때부터 밥상에 오르기 시작하였다. 곡식을 저장하면 술이 만들어 졌고 마시고 취하면 노래와 춤이 따랐다. 한국에서 음주는 오랜 역사와 문화적 의미를 가졌다. 한국 사람은 감성과 예술성이 풍만하고 술은 성인들의 사회적 관계에 크게 이바지했다.

소주와 막걸리 같은 많은 한국 전통 술은 한국 문화에 깊이 뿌리 내리고 있다. 전통 술은 크게 탁주, 청주, 소주 세 가지로 나눌 수 있는데 탁주, 청주는 발효 상태의 술이고 소주는 여기에 증류 과정을 거쳐서 도수를 높인 술이다. 술은 모든 의례와 세시풍속에 빠지지 않고 등장하며 탁주는 농주(農酒)라 부를 정도로 농사짓는 노동과 함께 살아왔다.

미국의 총기 자살과 타살 사망은 한 해에 45,000명 정도이지만 매년 더욱 늘어나는 추세이다. 올해 총기 난사 사건은 400여 건으로 최악의 해로 알려졌다. 지난 7월에 65건이 발생해서 81명이 사망하고 300여 명의 부상자를 냈다. 총기 폭력은 미국 성인 둘 중 한 명 꼴로 본인이나 가족 안에 경험한 기록으로 보도되었다. 지난해 총기 폭력 사망자는 2만200여 명이었다. 총을 수집하는 취미를 가진 가정에는 수없이 많은 총기를 구비하였고 아이들이 장난감처럼 만지다가 사고도 많다.

한국의 음주운전 사고는 선진국 대비 교통 후진국이라는 오명을 벗기 힘든 상황이다. 한국에서 취중에 이루어진 범죄는 처벌이 관대한 경향으로 알려져 있다. 최근에 한 음주 운전자가 순찰차의 포위에도 차를 멈추지 않고 급하게 우회전을 해 인근 건물 야외 주차장으로 들어갔다. 그런데 정신없이 도착한 장소는 바로 인천 계양경찰서 주차장이었다. 주차장을 빙글빙글 돌던 음주운전자가 이내 도주를 포기하고 차를 멈추었다. 혈중 알코올 농도는 0.180%로 면허 취소 수치인 것으로 조사됐다. 경찰 관계자는 만취 상태여서 신원 확인 뒤 돌려보냈다고 한다.

일본에서 미국에 온 유학생이 어두운 밤에 길을 잃었다. 차고문이 열린 집이 있어 주인을 찾아 들어갔다. 어두운 차고 안에 집주인이 총을 들고 멈추라고 외쳤다. 주인 음성이 들리는 반가움에 더욱 가까이 다가갔다. 겁이 난 집주인은 방아쇠를 당겼고 유학생은 그곳에서 숨졌다. 후에 유학생 부모가 찾아와서 항의했지만 집주인은 정당방위로 인정받았다. 유학생 부모는 빈손으로 돌아갔다. 가정마다 총을 소지한 미국에서 정당방위는 필연의 결과이다.

미국의 총과 한국의 술은 개인적인 사용에 따라 부정적인 충격 또한 작지 않다. 미국에서 총기 문제는 매우 정치적인 사안이다. 헌법상 보장된 무기 소지 권리를 맹렬히 보호하려는 집단과 총기 규제론 자들이 명료하게 대립하고 있다. 반면에 한국에 술은 생활의 필수품으로 가정이나 직장에서 모든 사람이 즐기며 산다. 나라와 민족은 생활의 풍습이 문화를 이루고 교육과 지성의 성장으로 문명을 이룬다. 미국과 한국의 세계적 위치와 영향력은 끊임없는 성장을 지속하고 있다.

고인돌 문화는 인류 문명의 시작이었다

칭기즈칸은 어떻게 세계를 정복할 수 있었으며 훈족은 왜 로마를 침략했을까? 그들은 한반도의 고인돌 문화에 뿌리가 있었기 때문이다. 한반도의 고인돌 문화는 지난 2000년 12월에 세계 문화유산으로 등재되었다. 한반도 지역이 세계적인 분포권에서 가장 밀집된 곳으로 그 중심 지역이다.

온 세상에 8만여 개의 고인돌 유적이 분포되었고 그중에 한반도 주위에는 약 4만여 개의 고인돌이 모여 있다. 세계유산으로 등재된 고창 · 화순 · 강화 고인돌 유적은 형식의 다양성으로 보아 고인돌의 발생과 발전 과정을 규명하는 중요한 유적이다. 고인돌은 선사시대의 사회구조, 정치체계, 종교형식 등의 인류 생활을 이해할 수 있기 때문이다.

2008년에 사람의 혈액의 유전체를 연구한 보고서에 현대 인류가 아프리카를 떠나서 5만 년 후에 한반도에 이르렀다고 한다. 아프리카와 한반도 사이에 길이 열렸다. 한반도의 고인돌 문화는 그 길을 따라 동남아시아, 서남아시아, 서유럽까지 수천 년 동안 옮겨간 듯하다. 인류가 한반도에서 사계절을 맞아 처음 농사짓기 시작한 능력은 열악한 환경을 극복하고 개척하는 인류의 성장 과정이었다.

석기 시대 한반도에서 동남아세아와는 달리 겨울이 오기 전에 농사를 짓지 않으면 살아남을 수 없었다. 농사지어 겨울철을 극복한 마을은 만주, 몽골, 티베트로 이주해 갔고 북미 대륙으로도 이주해 갔다. 농사짓는 생활은 소, 닭, 돼지, 오리, 거위 같은 가축을 기르기 시작하였다. 겨울동안 불을 피워 살면서 대나무 그릇은 질그릇으로 바뀌었다. 만주 벌판의 초원에서 4계절을 살 수 있게 되면서 염소, 양, 개, 말을 가축으로 기르기 시작하였다.

사람이 죽으면 나무관이나 옹기에 시신을 넣고 동그랗게 흙을 덮어 무덤을 만들며 조상신을 섬겼다. 마을을 이끌어 가는 지도자가 죽으면 시신을 땅에 묻고 온 마을 사람들이 수백 톤 무게의 납작한 바위를 멀리서 끌어와 덮었다. 납작한 바위에는 북극성과 부두칠성을 영혼의 마을로 세기 기도하며 마을의 지도자를 북두칠성처럼 여겼다. 세월이 지나며 납작 바위를 바위 두 개로 받쳐 올려 탁자 모습 고인돌이 한반도에서 처음 나타났다.

농사짓는 마을은 짚으로 초가집을 짓고 짚으로 배를 만들어 물 위에 떠서 살며 온 세상에 옮겨 다녔다. 짚배는 한반도의 제주도 박물관에서 시작하여 동남아시아뿐이 아니고 남미 페루 지역이나 세계 각처에서도 볼 수 있다. 농사짓는 고인돌 마을은 일찍이 인류가 아프리카를 떠나 해 뜨는 동쪽으로 옮겨 살아온 바닷길 따라 어려움을 개척하며 유럽까지 옮겨 갈 수 있었다.

2민 년 전쯤 유럽이 빙하기에서 풀려나기 이전에 농사짓는 마을은 이미 스페인, 프랑스 바닷가에 옮겨 들어가서 고인돌 유적을 남겼고 바닷가 동굴에 소와 말의 그림을 그려놓은 유적을 찾아 볼 수 있다. 소는 고인돌 마을의 농가에서 말은 만주 들판의 유목 마을의 가축이다.

한반도에 농사짓는 마을은 온돌방을 만들어 방바닥 바위를 덥혀서 겨울을 지내고 김치와 된장을 만들어 항아리에 담아서 땅에 묻으면 겨울 동안 음식을 저장할 수 있었다. 짐승 살코기와 생선을 말려 겨울 음식을 장만하였다. 숯불에 흙을 구어 질그릇을 만들고 토기 문명이 시작하였다. 검은 머리에 수염을 기르고 치마를 입고 자개그릇을 만드는 사마리아인은 소를 몰아 쟁기를 끌어 밭을 갈고 지게를 메고 농사짓는 방법을 서남아시아에 전하였다. 한국 문화와 유사한 언어 및 풍습을 가진 우르 문화가 서남아시아에서 시작하였다. 토기 유적은 한반도 주위에서 1만 년 전부터 발굴되고 서남아시아에서는 5천 년 전부터 발굴된다.

고인돌 마을은 질그릇과 청동 금속 도구를 만들기에 이르고 온 세계에 분포하기 시작하였다. 석탄불에 질그릇을 만들다 금속을 녹여 내어 손칼을 만들어 옥돌을 다듬기 시작하였다. 농사지으며 한반도 북부와 만주 지역의 석탄은 흙처럼 흔하였기에 겨울 동안 석탄불에서 금속 문명이 시작하였다. 인류 문명은 석기 시대에서 금속 시대로 변화하였다. 금속 무기, 도구, 장식은 인류의 생활에 혁명적인 변화를 가져왔다. 한반도의 손칼로 옥돌을 조각하는 예술은 오랫동안 지속되었기에 중미 유카딘 반도의 고대 문화에서도 찾아볼 수 있다. 짚으로 짓던 움막집은 나무집이 되고 짚배는 나무배가 되어 바다를 항해하기 시작하였다. 바위벽을 뚫어 동굴사원을 짓기 시작하고 돌집을 짓기 시작하였다. 돌무덤은 계단식 적석총(Pyramid)이 되고 금과 은의 장식물이 나타났다.

석탄불에서 철기를 만들면서 철기 연장과 무기는 마을 나라를 제후국으로 성장시켰다. 농사짓는 마을에서 외바퀴 손수레가 쌍바퀴 수레로 성장하여 사람을 태워 나르고 소가 끄는 달구지가 되었다. 드디어 쇠바퀴를 말이 끄는 거마(車馬: Chariot)의 시작은 말의 고향인 만주에서 시작하였다. 힘이 세고 움직임이 빠른 거마 전쟁은 제후국을 통합하고 제국을 세우기 시작하였다.

홍산문화는 세계에서 가장 일찍부터 바위에 문자를 새기고 성벽을 쌓고 적석총(Pyramid)을 쌓아 올렸기에 만주 지린성과 서안시 외곽 주위에 수천 개의 유적을 볼 수 있다. 고조선 동이 훈족 국가는 중화민족이 황하 문명을 시작하기 이전부터 만주 요하지역을 지배하였다. 고조선 문화가 바닷길 따라 나일강에 전해져서 아프리카 흑인과 아랍인 노동력을 만나 이집트 문화가 시작하였다. 쇠바퀴 문화가 지중해에 전해져서 서남아시아의 애급과 바빌로니아 사이에 전차 전쟁이 시작하였다.

고조선 동이 훈족 국가는 하나라 상나라로 이어졌다가 중화민족 국가 주나라가 황하 지역을 장악하면서 동이 훈족은 세계 각 지역으로 금속 문화와 함께 이주해 나갔다고 사마천의 〈사기〉에 기록되었다. 동이 훈족은 비단길(Silk Road)을 개척하여 지중해에 이르고 로마를 정복하였다. 중화민족과 동이 훈족 사이에 오랜 중원 쟁탈전은 세계에서 가장 큰 만리장성을 남겼다. 진시황제의 제국이 처음으로 세워지고 중국 서안을 중심으로 세워진 당나라 제국도 만리장성 밖에서 꽃을 피운 동이 훈족의 문화권이다. 이런 상황을 이해한 중국은 최근에 동북공정 정책을 발표하였다.

훈족의 내륙 비단길은 칭기즈칸의 세계 제국의 바탕이 되고 유럽 백인을 암흑기에서 일깨워 인류의 현대 역사가 시작하였다. 한국인 누르하치는 금나라를 세웠다가 국호를 청나라로 바꾸어 청나라를 세워 다스렸다. 한국의 백제인은 당나라와 신라의 연합군을 피해 일본에 건너가 나라를 세워 다스려 왔다. 일본은 백제 사람이며 한반도 문화권에 속한다.

동아시아 도교에서 시작한 제국 종교는 갠지스강에 불교로 이어지고 600년 후에 서남아시아 천주교로 이어지며 다시 600년 후에 회교도로 이어진다. 동유럽에 천주교는 종교 개혁을 맞아 기독교 개신교로 서유럽에 전해지고 서유럽의 개신교는 미국에 머물었다가 이제 종교가 시작한 동아시아로 돌아오고 있다. 동아시아 일본이 미국을 공격하며 3차 대전이 시작되었고 한국전은 미국과 중국 경쟁의 시작이었다.

80~90년대 한국 경제 발전은 세계적 기적을 이루었다. 중국이 보호하는 북한은 핵무기를 개발하여 미국을 위협하고 14억 인구를 가진 중국의 국력은 빠르게 성장하는 등 미국의 세계적 주도력은 차츰 동아시아로 넘어오고 있다. 한반도의 세계적 기능과 능력은 앞으로 세월이 갈수록 더욱 커질 것이다.

독일 문학에서 보이는 로마 제국의 초창기 역사

독일의 가장 오래된 영웅서사시 힐데브란트 노래(The Song of Hildebrand)이다. 5세기경에 이태리에서 일어난 아버지와 아들의 전쟁 이야기로 게르만 민족의 구전 문학이었다. 830년경 독일 풀다 수도원의 두 사제가 라틴어 기도서의 앞장과 뒷장 여백에 적어 놓은 게르만 영웅시로 발견되었다. 동로마의 병사를 이끈 아버지 장군이 서로마의 병사를 이끈 젊은 아들 장군과 전쟁터에서 대화를 나누었지만 아버지를 알아보지 못하고 결국은 전쟁을 하게 되는 이야기이다.

힐데브란트가 망명길에 나섰다가 훈족 아틸라의 신하가 되어 30년 만에 돌아온다. 자기가 아버지라는 것을 알지 못하는 아들 하두브란트와 전쟁하게 된다. 아버지 힐데브란트는 로마를 점령하고 다스리는 훈족, 아틸라의 신하로 서로마의 장군인 아들 하두브란트를 만나 교섭해 보았지만 젊은 혈기에 넘치는 아들은 거절하고 전쟁을 하게 되어 서로마는 패배한다. 슬픈 아버지의 노래는 후세에 전해져서 독일 문학의 가장 오랜 기록문이 되었다. 노래 속에 훈족에 의해서 로마 제국이 탄생하는 역사의 한 장면을 볼 수 있다.

훈족이 기마 군단을 이끌고 로마를 점령하여 철기 무기와 기마 군단을 유럽에 전하여 로마 제국의 기반을 세우는 동아시아의 선진 역사를 보여준다. 8세기의 동아시아 문학은 중국의 당나라와 한국의 통일신라 문학 황금기를 이루었다. 그때 유럽은 암흑기 시대에 아직 문학이 성립하지 못한 때였다.

다음은 노래의 내용이다.

힐데브란트의 노래(Hildebrandslied)의 한 부분

– 게르만 설화

용감한 자들은 그를 잘 알았소.
"하늘의 강한 주님을 증인으로 모시건대,
그대 다음가는 친족에 맞서 전장에 나가지 말라."
그리하여 그는 팔에서 고리 하나를 끌렀으니,
그것은 훈족의 왕이 그에게 준 것으로서,
황제의 금을 꼬아서 만든 것이었다.
"우정의 표시로서 나는 그대에게 이것을 주겠네."
힐데브란트의 아들 하두브란트가 답했다 :
"선물은 창으로 받을 것이오,
창끝과 창끝으로.
그대는 간교한 늙은 훈족이니,

그대의 말로 나를 덫에 이끌어
창으로 나를 찌르려 할뿐이오.
그대는 늙어서도 그토록 비열한 짓을 하는군.
지중해를 지나 서쪽으로 여행한 항해자들은
그가 전투에서 죽었다고 말해 주었소.
헤리브란트의 아들 힐데브란트는 죽었소."
헤리브란트의 아들 힐데브란트가 답했다 :
"그대의 전쟁 무구들을 보니
그대는 고향에서 좋은 군주를 모시며,
그대의 왕에게 버림받은 적이 없었던 듯하네."

Early history of the Roman Empire in German literature.
Choi Yong-Wan

The Song of Hildebrand, Germany's oldest epic. The war between father and son in Italy about the 5th century was Germanic orthodoxy. Around 830, two priests from the monastery of Fulda, Germany, were discovered as Germanic poetry written in the front and back margins of the Latin prayer book. The father who led the soldiers of Eastern Rome had a conversation with the young son, who led the soldiers of Western Rome each other, on the battlefield.

Hildebrand embarks on an exile and returns home after 30 years. A war with his son Hadubrand who does not know that he is the father. His father, Hildebrand, the general of the Attila Huns who occupied and ruled Rome. The song of a sad father was passed down to the next generation and became the oldest record of German literature. In the song, we can see a scene of the birth of the Roman Empire by the Huns.

The Huns lead the horse corps and occupy Rome, demonstrating the advanced history of East Asia, establishing the foundation of the Roman Empire by delivering iron weapons and horse corps to Europe. The East Asian literature of the eighth century completed the golden age of Chinese Tang Dynasty and Korean Unification Silla literature. Europe was not yet literally established in the dark ages. Here is a part of the content of the song :

Brave men knew him well…"
"With Almighty God in Heaven for a witness,
may you never go to battle against your next of kin."
And he took from his arm a band of rings,
braided from the emperor's gold,
which the King of the Huns had given to him.
"I give you this in friendship."
Hadubrand, the son of Hildebrand, replied:
"A gift should be received with a spear,
point against point.
You are a cunning old Hun,
leading me into a trap with your words,
only to throw your spear at me.
You have grown old by practicing such treachery.
Sailors traveling westward across the Mediterranean Sea
told me that he fell in battle.
Hildebrand, the son of Heribrand, is dead."
Hildebrand, the son of Heribrand, replied:
"I see from your battle gear
that you have a good master at home,
and that you have never been banished by your prince."

2·8 동아시아 유목민의 세계 침략

동아시아의 문화와 문명은 인류가 지구상에 나타난 이래 13세기까지 세계를 주도해 온 근거지였다. 거대한 동남아시아의 농경 지대에 농경민들의 인구 증가와 막대한 동북아시아의 유목 지대의 유목민들 인구 사이에 상호 경쟁과 상호 화합에서 산출되는 문화와 문명은 지구상에 인류 생활 발달의 원천지였다.

만리장성은 그 분계선에 군사용 고속순환도로이며 두 개의 양극 힘에 균형을 보이는 인류 역사에 동아시아의 상징이다. 인류역사에 가장 큰 제국은 몽골 민족이 아시아와 유럽을 정복하고 세워졌다. 그리고 몽골 제국은 인류의 성장기 중에 아동기에서 사춘기로 변화되는 과정을 보여 주었다. 그 기간의 특성은 마치 소년과 소녀가 처음 보는 이성에 매력을 느끼듯이 아시아가 유럽을 비롯한 아프리카 등의 다른 대륙에 인구 지역을 보고 매력을 느끼고 유럽은 처음으로 아시아를 보고 매력을 갖는 때였다. 인류 역사를 한 사람의 생애에 비교할 때에 사춘기에 변화는 육체적으로나 감성적인 면에서 가장 격렬한 변화의 기간이다. 몽골 역사는 세계 역사의 그러한 부분과 개성을 보여 준다.

1167년에 태무진(칭기즈칸)이 태어난 몽골 사회는 유목 사회의 인구 증가에 따라 음식을 생산하는 유목 토지를 확보하기 위한 끊임없는 전쟁과 고난의 시기였다. 같은 혈연의 만주 민족 이웃 나라인 동쪽에 금나라와 남쪽에 우이거국(友二居國)의 압력을 계속해서 받고 있었다. 어려서부터 풍운아로 자라난 태무진은 주위의 군사들을 모이게 하고 경쟁에서 승리하는 그리고 정복하고 소유하는 즐거움을 길렀다.

30대 나이에 몽골 국을 통일하고 42살 되는 해 1209년에 황하 상류에 옛 당나라의 부귀를 포함하고 있는 우이거국을 정복하고 재원을 확보한 다음 곧 1215년에 황하 하류에 옛 한나라의 부귀를 포함하는 금나라를 정복하여 언어가 통하는 삼국을 통합한 몽골 대국을 확립하였다.

곧이어 1918년에 옛 페르시아 문화 지역인 파키스탄 지역과 카스피안해 지역 동유럽에 침공해 들어갔고 계속해서 1223년에 옛 로마의 영역인 흑해 주위를 정벌하고 군사력은 막강한 무기와 노동력을 구비한 최강의 능력을 구비하였다. 지도체제를 아들과 친족들에게 인계하면서 건강이 약해지는 동안 태무진은 지금의 몽골 고향 카라코룸에 돌아와 향년 60세 되는 해 1227년에 동아시아 만주 지역에서 동유렵 흑해 지역에 이르는 대제국을 세워 아들 오고다이칸과 친족들에게 맡기고 세상을 떠났다.

칭기즈칸이 기마병을 대리고 달리던 대륙횡단의 길은 선조들 훈족이 이미 로마를 멸망시킬 때 열어 놓은 큰 길이였기에 5년 동안에 서남아시아와 동유럽을 장악하는 거사를 쉽게 이룰 수 있었다. 부친의 거사를 이어받아 유럽에 돌아온 오고다이칸은 1230년에 카스피해와 흑해 사이에 백인들의 근거지인 남부 유럽을 공략하고, 1236년에 6년 동안 동유럽 일대를 샅샅이 노략질을 하였다. 같은 때 티베트, 월남, 동인도를 공략하였다.

한반도에는 1231년에 고려의 수도 개성을 함락하고 1260년에 동경(경주)을 점령하고 1274년과 1281년의 두 차례에 거쳐서 일본 침공을 시도하였으나 실패하였다. 이때부터 한국의 문화권에 속해 왔던 일본 문화는 독자적으로 한국이 갖았던 당송 문화를 보존하였고 한반도는 대륙문화의 변화에 따라 당송 문화 경향에서 원명 문화 경향으로 변조되었다. 당송 문화를 보존하는 일본 문화와 원명 문화를 이조말기까지 보존해 온 한국 문화의 대조를 이때부터 이루게 되었다.

1254년에 유럽에 중세기 문화에 주류 역할을 해온 천주교는 위협을 느꼈고 로마의 교황청에서 몽골의 수도 카라코룸에 사자를 보내어 교황청 보호 요청을 청원하였다.

1258년에 바그다드, 터키, 그리고 지중해 연안 일대를 공략하였다.

1260년에 칭기즈칸의 손자 쿠빌라이칸이 집권하여 34년 동안 동남아시아 섬나라들과 인도의 남부와 스리랑카를 점령하고 서남아시아와 유럽에 영토를 더욱 확장하고 모든 피 침략국으로부터 조공을 받치게 하여 국호를 원나라로 칭하였다. 수도를 대도(북경)로 천도하여 자금성을 증축하고 당나라 때 장안에서 누리던 세계의 수도를 다시 세우고 세계 문화와 문명의 중심지를 다시 이루었다.

유럽 국가들이 조공을 바치고 세계 각 대륙에서 상인들이 왕래하였다. 그들 중에 로마 교황의 서신을 가지고 찾아온 마르코 폴로 부자는 쿠빌라이칸의 신하로 일하고 모국을 왕래하면서 동아시아의 문화와 문명을 서유럽에 소개하였다. 유럽은 아직 동전을 사용하는데 몽골은 종이 돈을 사용함이 그들에게는 놀라웠다.

동아시아에는 옷감을 솜, 누에 실, 양털로 짜서 입고 종이와 목판 인쇄가 발달하여 지식과 정보를 교환하는데 이러한 문화와 문명이 그들에게는 신기한 현상이었다. 해양 산업이 왕성하고 세계 지형을 탐험하여 항로를 개발하여 대륙들과 섬나라에서 조공을 받았고 마르코 폴로가 스리랑카에 방문하여 몽골의 세금을 받아 왔다.

북경에서 동인도를 연결하는 육로와 해로는 일찍부터 동아시아와 인도 사이에 도교, 유교, 불교, 등의 청치, 종교, 경제가 연결된 동아시아와 남아시아의 통로였었다. 이 길은 동아시아에서 유럽으로 연결하는 비단길이 있기 이전에 개통하였고 황하와 양자강을 연결하는 인조 운하와 함께 세계에서 가장 먼저 발달된 농경 문화와 유목 문화의 연결이었음을 보여준다. 그 후에 명나라 때 세계 항해지도를 작성하여 나침판과 함께 동아시아 항해 기술이 유럽에 분포되는 결과를 가져와 서유럽에 해양 산업이 촉구되었다.

몽골 군사들은 화약 폭발로 대포를 개발하여 유럽에 전해졌고 군사 전쟁 역사에 변화를 가져왔다. 목판 인쇄와 후에 한국에서 개발된 금속활자 인쇄는 동아시아에서 오랫동안 문화와 문명을 개발하는 능력이었다. 이때 서유럽에 전해진 출판 기술은 유럽에 문예부흥을 가져오게 하는 결과를 가져왔다. 중세기에 암흑시대를 겪은 유럽을 잠에서 깨우고 서유럽에 해양 활동이 시작된다.

유럽 내륙과 해안 일대는 몽골 침략 이후 혁명적인 생활 변화를 초래하였고 이때부터 세계 역사는 동아시아 주도권의 역사에서 서유럽 주도권의 역사로 바뀌지기 시작했다.

6만 년 전에 동남아시아에 현대 인류의 조상들이 아프리카에서 이주해 와 거주하기 시작한 이래 3만 년 전 경에 농경이 시작하여 인구가 성장하면서 동아시아에 유목민 인구가 증가하고 문화는 동남아시아에서 문명은 동아시아에서 시작하여 세계 인류는 성장해 왔다.

유년기와 아동기를 거쳐 사춘기에든 인류 역사에 고대 역사는 이 시점에서 종결되고 이제 현대 역사가 시작된다.

물길, 겨울, 석탄

물길은 인류가 10여만 년 동안 아프리카를 떠나 남아메리카까지 왕래한 바닷길이다. 겨울은 인류가 처음으로 사계절을 맞아 한반도에서 농사짓기 시작하게 한 겨울철이다.

석탄은 한반도와 만주 사이에 흙처럼 흔한 연료이며 질그릇을 구어 만들고 금속을 녹여 내어 인류의 금속 문화가 시작한 석탄불이다. 인류가 아프리카에서 2백만 년 전부터 사람 모습으로 직립보행을 시작하였다. 드디어 걷기 시작하는 어린 나이쯤에 해 뜨는 동쪽을 향하여 아프리카를 떠났다. 유럽은 빙하기에 지중해까지 얼음에 덥혔고 서남아시아는 아프리카의 여름 기후와 빙하기 유럽 사이에 사막 지대의 살기 어려운 기후였다. 4만 년 동안 물길 따라 해 뜨는 동쪽을 향하여 이주한 끝에 기후 좋은 동남아시아에 도착하였다. 고고학자들은 오스트레일리아와 동남아에서 6만 년 전의 인류생활 유적을 발굴한다.

짐승처럼 몰려다니던 인류는 어머니의 젖줄기처럼 음식이 풍부한 동남아시아에 이르러 처음으로 정착된 생활을 시작하였다. 짐승 소리 지르며 살아오던 인류가 처음으로 가족과 친척으로 마을을 이루고 안정된 생활을 하면서 사회적인 언어가 발달하기 시작하였다. 언어학자들은 모든 세계 언어의 뿌리가 동남아시아에 있다고 말한다. 그때까지 종교적 행사가 마을의 모임이며 노래하고 춤추는 감성적 모임이 원시생활의 주축이었다. 언어가 발달하면서 사회적인 기준이 성립되고 마을의 주권이 나타나 마을 사이에 생산과 교류가 시작되었다.

혈연학자들은 인류의 유전자 안에 기록된 과거를 추적하여 2008년에 세계 혈연분포도를 발표하였다. 5만 년 전에 동아시아에 이르러 사계절의 기후를 경험하고 죽음의 계절인 겨울에 더 이상 진전할 수 없는 북위 44도의 벽에 막혔다. 동남아시아에서는 항상 음식을 채집하며 생활했지만 동아시아의 겨울은 음식을 구할 수 없었다. 겨울 동안 생활 할 수 있는 농사짓기를 봄철에 시작하여 여름 동안 가꾸어서 가을에 음식을 저축하는 농업이 한반도에서 시작하였다.

인류가 처음으로 자연의 기후를 극복하고 생존 능력을 얻게 되었다. 마을 주민이 함께 질서를 세우고 영토를 관리하여 인민, 영토, 주권의 초기 국가 형태가 한반도에서 시작하였다. 그것은 인류 문명의 시작이었다.

곡식을 거둔 후에 땅이 얼기 전에 못을 파서 저수지를 만들어 물을 저장하고 파놓은 흙을 모아 동산을 짓고 하늘에 제사를 지냈다. 흙산은 돌산이 되고 적석총(piramid)을 짓게 되는 시작이었다. 마을 사람들이 모여 멀리서 커다란 넓적한 바위를 끌어와서 조상의 묘를 덮고 조상신을 모셨다. 조상의 묘지에 고인돌(dolman)을 세우는 시작이었다.

농사짓는 마을은 고인돌 마을이 되어 오랜 세월 동안 한반도

안에 3만여 고인돌 유적을 남기었다. 한반도 주위에 1만여 고인돌 유적이 남겨 있고 한반도에서 물길 따라 동남아시아, 서남아시아, 유라시아 대륙 서쪽 끝에 영국에 이르기까지 4만여 고인돌 유적이 분포되어 있다. 런던 외곽에 스톤헨지는 2,500년 전에 세워진 고인돌 유적이다. 한반도의 농사짓는 마을이 세계 각 대륙으로 분포된 유적이다. 전라남도 고창, 화순, 강화에서 시작된 고인돌 유적은 지난 2000년 겨울에 유네스코 문화 유적에 등록되었다.

소, 닭, 오리, 거위를 기르며 농사짓는 고인돌 마을은 겨울을 이겨 내어 압록강 건너 만주 요하지역으로 이주해 들어갔다. 개, 고양이, 양, 말을 기르며 유목 생활이 시작되었다. 압록강과 요하지역에 흙처럼 흔한 석탄불로 질그릇을 구어 만들고 금속을 녹여 내어 손칼을 만들었다.

사마리안

유럽 역사학자들은 인류 문명이 서남아시아에서 시작하여 동아시아로 전해진 듯 이해하고 세계의 모든 학교의 교과서는 그렇게만 가르쳐 왔다. 1956년에 사무엘 노아 크레이머(Samuel Naha Kramer)가 저작한 역사책은 사마리안 토기 문자를 판독하고 인류 문명의 처음 기록으로 여겨 사마리안에 의해 인류 문명이 시작된 사실처럼 설명하였다. 역사를 문자의 기록으로만 인정하는 지난 세월이었다. 하지만 이제는 인류 혈연학, 고고학, 지질학, 신학을 동원한 새로운 눈으로 보아 사마리안(Sumer) 문명은 미국의 원주민 문명처럼 동아시아 문명에서 흘러나온 한 부분임을 알 수 있다.

혈연학자들은 2008년에 현대 인류가 10만 년 전에 아프리카를 떠나 동남아시아를 거쳐 5만 년 전에 동아시아에 이르렀다고 발표하였다. 지질학자들은 유럽 대륙과 시베리아 그리고 북미 대륙이 2만 년 전까지 빙하기의 얼음에 덥혀 사람이 살지 못하였다고 설명한다. 언어학자는 세계 모든 언어의 뿌리가 동남아시아에 모여 있다고 설명하기에 현대 인류가 아프리카를 떠나 처음으로 동남아시아에서 정착 생활을 시작한 사실을 추측하고 있다. 토기 문명은 농업 문화에서 시작하였기에 고고학자들의 토기 발굴은 동아시아에서 1만 년 전부터 나타나고 사마리안과 이집트의 토기는 5천 년 전부터 나타난다. 동아시아의 농사짓는 마을은 석기시대부터 나타나 흙을 구워 그릇 만들기를 가장 일찍 시작하여 이미 열린 아프리카와 동아시아를 연결하는 해안선 따라 서남 아시아로 전해지기 시작한 듯하다. 겨울을 준비하는 동아시아 농업 발달은 언어, 과학, 문명을 세계 어느 곳보다 먼저 시작한 듯하다.

유럽 문명이 서남아시아 사마리안(서머, Sumer)의 우르(Ur:) 문명에서 시작했다고 주장하는 2011년 4월에 발표된 조슈어 마크(Joshua J. Mark)의 논설을 인터넷에서 찾아볼 수 있다. 이라크 국의 티그리스 강과 유프라테스 강 지역에서 7천 년 전부터 나타나 3천 년 전까지 지속한 서남아시아 원주민의 유적이다. 영국 런던 박물관에 전시된 우르의 군기(Standard of Ur)라고 불리는 동아시아의 자개 가구에는 그들의 풍습과 모습을 그려 놓았다.

사마리안의 농사짓는 방법도 동아시아와 유사하여 소를 부려 쟁기를 끌고 지게를 등에 지고 짐을 나르는 모습을 볼 수 있다. 수염을 기르고 치마를 입은 모습도 우리의 풍습과 같다.

2017년 10월 서울대 미주 동창회보에 최은관(상대64) 동문은 사마리안과 한국인의 공통성을 다음과 같이 설명하였다. 사마리안 언어의 형식이 우리말 형식과 같아서 주어가 처음에 있고 동사가 끝에 있다. 같은 뜻의 명사나 비슷한 고유명사가 많고 동사의 기본 형식이 일본어처럼 "우" 소리로 마친다. 장소를 가리키는 단어 끝에 "Ae" 발음이 있어 우리말과 같다. 우리말의 명사에 "하다"를 부쳐서 동사를 만들 듯 "-do"를 부쳐 동사를 만든다. 복수의 표현을 생략하거나 관계대명사를 쓰지 않는 특성이 같다. 대영제국의 박물관에 전시된 사마리안의 풍습을 보여주는 자개그릇도 나무상자에 옻칠하고 조개 속껍질을 발라 넣은 한국 가구다. 수염 기르고 치마 입은 모습을 보인다. 사마리안과 한국인의 다섯 가지 공통된 풍습이 나전칠기, 지게의 사용, 청동 단추와 거울, 청동검, 머리에 이고 가는 풍습, 7일 일주일 제도, 등을 들어 설명하였다.

바빌론 제국의 함무라비 법전(4334-4279년 전)의 기록으로 잘 알려진 황금기의 문화로 발굴된 유물 중에 소의 금속 조각물과 목조 자개 유물이 있다. 이들 금속 유물과 목조 자개 가구가 생산되는 과정에 이르는 진화 유적은 이곳에서 찾아볼 수 없다. 금속의 발견은 석기 시대 고인돌 문화에서 제일 먼저 나타난다.

신석기 도구에서 시작하여 청동 무기와 금속 도구가 발전하는 과정이 있고 그 후에 금과 은의 금속 문화로 진화하는 과정을 동아시아에서만 불 수 있다. 생산되기 이전에 시작과 진화되는 과정이 서남아시아 문명에서는 볼 수없이 돌연변이로 나타난다. 서남아시아 문명은 동아시아에서 뻗어 나간 하나의 줄기 가지임을 상상하기 어렵지 않다.

이집트의 피라미드나 거마(車馬, chariot)가 동아시아에서 시작하고 성장하였다. 흙산이 돌산으로 바뀌고 나무바퀴가 쇠바퀴로 바뀌는 진화 과정이 동아시아 문화에만 있기에 서남아시아 문명의 어머니였음을 상상할 수 있다. 그리스의 철학자 플라톤(Platon)은 지중해 문화가 아틀란티스(세계 모든 문명의 어머니)에서 왔다고 설명하여 세계의 탐험가들은 지금도 어딘가 찾고 있다. 이제는 문명의 근원이 동아시아였음을 이해하기에 이르렀다.

사무엘 노아 크레이머의 책(1956)을 읽어 보면 뾰족한 도구로 흙을 눌러 기록한 쐐기 문자를 불에 구운 토기 기록을 해명하고 세상의 모든 것이 여기서 시작되었다는 주장뿐이다. 이제는 언어, 농업, 문자, 과학이 발달한 초기 문명은 동아시아 요하 문명의 홍산문화에서 나타났음을 미국의 역사학회에서도 인정하기 시작하고 있다. 작은 유물에 근거하는 편견은 오늘의 정보시대 종합상식으로 교정되어 간다.

동아시아의 고고학과 연관된 학문은 전쟁과 생활 궁핍으로 1970년대에 이르러서야 시작하였기에 유럽 학자들에게 아직 낯설고 알려지지 못한 부분이 많다. Global Book Publising에서 출판된 〈CHINA〉(2008)에서 중국의 역사는 세계에서 가장 오래된 문명임을 재천명하였다. 그리고 이 글의 저자인 나는 한국문예지 〈자유문학〉 2017년 여름호부터 〈동아시아 문명은 인류문명의 어머니〉를 연재하고 있다. 하지만 백인우월주의 사상이 이러한 사실을 받아들이기 주저함이 현실이다. 초등학교부터 대학 때까지 배워 왔고 그렇게 가르치는 선생님들에게 새로운 상식으로 변화됨은 쉽지 않다.

칭기즈칸의 세계 제국으로 눈을 떠서 총으로 세계를 정복한 백인우월주의의 착각은 이제 교정되는 대세이다. 젊은 세대의 새로운 연구와 학문 개척으로 진실이 밝혀지고 있다. 동아시아에서 시작한 인류 문명은 인도, 서남아시아, 유럽, 미국으로 지구를 한 바퀴 돌아 다시 동아시아로 넘어오고 있다. 서구 세력보다 아시아 세력이 세계적 지도력을 가진 원래의 모습을 되찾아가는 듯하다.

10대 인류의 성숙기

지구상에 인류가 동아시아 유목민의 침략으로 사춘기의 육체적 정서적 변화를 경험하는 기간을 지나서 이제 성숙하는 단계에 진입한다.

몽골족의 지배를 받아온 중국 한족은 몽골 제국이 망하면서 명나라로 이어진다.

인도에는 무굴 제국이,

서남아시아와 지중해 연안에는 오스만 제국이,

북유럽에는 러시아가,

한반도에는 이씨조선이 세워지면서 유럽의 천주교에 침체되었던 중세 암흑기에서 새로운 유럽 국가들이 설립하였다.

이 무렵에 중미와 남미 대륙의 태평양 연안에 아즈텍국과 잉카 제국이 설립하고 아프리카의 동해안에 나라가 성장하였다.

인류의 역사를 한 사람의 생애에 비교하면

인류가 지구상에 생명체의 모습으로 생존해오다가 드디어 2백만 년 전에 포유류(어머니의 젖을 먹는 종류) 직립형(일어선 모습) 고등생물, 호모에렉투스, 구석기인의 원조가 아프리카에 나타났다. 이들의 화석 유적은 북남미 대륙을 제외한 세계 여러 곳에서 볼 수 있다. 이 기간을 인류의 잉태기라고 생각하면 어머니가 아버지의 단세포 정자를 받고 음부 안에서 진화하여 드디어 아기의 모습이 나타나는 과정과 유사하기에 지구는 어머니의 생리를 구비하였다. 놀랍게도 이들 구석기인들은 나무와 돌을 생활 용구로 사용하였고 불을 피워 동굴 안을 덥게 하고 음식을 익혀 먹었다.

최근에 발표된 유전학의 인류혈연 추적에 의하면 지구상에 살고 있는 현대인류는 10만 년 전에 동아프리카에서 태어났다. 이때부터 인류의 역사는 한 사람의 유아기에 모습으로 시작된다. 어머니의 젖을 먹고 어머니 품에서 자라듯이 지구상에 생산되는 자연음식이 풍부하고 기후가 안이한 자연환경이 구비된 장소를 찾아 서식하기 시작하였다. 아프리카 대륙의 남부와 서부로 인구가 증가되다가 드디어 아시아 대륙 남부에 이주해 나갔다. 이때 지중해 연안을 제외한 유럽은 빙하기의 얼음으로 덮여 있었고 그 상태는 최근 1만2천 년 전까지 지속되었다.

현대 인류가 아프리카를 떠나서 동남아시아와 오스트레일리아에 도착하였을 때는 6만 년 전이며 아프리카와 기후가 유사하고 음식이 풍부한 동남아시아 지역은 인류 유아기에 어머니의 품과 같은 곳이었다. 그때 인도네시아 섬들은 커다란 하나의 반도였으며 월남, 캄보디아, 타일랜드로 연결된 동남아시아 대륙의 한 부분이었다. 동남아시아에서 씨족사회가 성장하면서 유아기의 언어가 시작되고 지능이 성장하여 활동력과 활동 지역이 확대되면서 인류는 아동기로 성장한다.

어머니의 젖에 의존하는 자연식물 채집생활에서 씨를 모아 심어서 길러 먹는 농경생활로 변하는 과정은 어머니 젖을 때고 유아기의 인류에서 아동기의 인류로 성장하는 과정이었다. 동남아시아의 기후와 자연조건은 인류의 인구 증가에 적합한 보금자리였다. 동남아시아를 떠난 많은 민족들이 기후 변화에 적응하지 못하고 사멸하였지만 동남아시아는 계속해서 인구를 증가하여 세계 각 지역에 물이 풍부한 장소에 씨족 사회가 안정되도록 인구를 보급하였다.

3만5천 년 전 동남아시아에 아동기 인류는 해안선 따라 아시아 남부와 아시아 동부로 나누어지며 이때 세계 인류는 두 부류로 나누어져 성장하였다. 타일랜드, 마이얀마, 인디아, 파키스탄, 이란, 이라크, 서유럽으로 진출한 남방계 인류혈연이 있고 월남, 동중국, 한국, 일본, 동러시아, 북미대륙, 남미대륙으로 연결되고 몽골, 티베트로 연결되어 동유럽까지 연장되는 북방계 인류혈연이 있다. 동남아시아 언어의 시작은 남방계 인류의 오스트로네시안과 북방계 인류의 오스트로아시아틱으로 나누어진다. 언어학자 조하나 니콜스는 언어 속에 "주어, 동사, 수식어"와 "주어, 수식어, 동사"의 두 가지 정리된 언어 형식에 무질서하고 정리되지 못한 언어 형식을 포함하여 세 가지 언어의 역사적 연관성을 설명하였다. 그녀는 세계 언어의 근원이 동남아시아에 있었다고 설명하였다.

아동기의 인류는 왕성한 활동력과 강한 호기심으로 탐험을 좋아하여 지구상에 인류 분포는 이때 가장 빠르게 확장되었다. 내륙으로 진출한 남방계 인류와 북방계 인류는 중앙아시아에서 혼합되었다. 이때부터 인류의 체질은 주위 환경에 적응하여 그 모습이 다르게 보이기 시작하였다. 아프리카에서 검은 피부로 시작한 인류는 동남아시아에 머무는 동안 붉은색(미대륙 원주민 피부색)으로 변하였다가 북으로 떠난 북방계 민족들은 동아시아의 사계절을 겪는 동안 피부가 하얗게 변하고 눈과 코가 작아지기 시작하였다. 서쪽으로 이동한 남방계 민족들 중에 서남아시아에 건조한 기후에 접하여 코가 커지고 유럽의 빙하대륙 해변에 이주해 들어간 민족은 지하 거주 생활에 익숙하여 피부가 하얗게 되고 머리털이 노랗게, 눈이 파랗게 변하기 시작하였다.

동남아시아에서 농경생활을 시작한 인류는 아동의 체구가 성장하듯이 인구가 빠르게 증가하였다. 닭, 돼지, 오리, 개, 양, 염소 등을 길러 체식과 육식을 하고 소를 길러 노동력을 사용하기 시작하여 음식 찾아 이동하던 생활에서 음식을 생산하는 정착생활로 변화되었다. 소유 개념이 성립하여 가족, 친척 인구와 토지와 재산을 확보하는 씨족 사회가 발달하였다. 생신, 결혼, 제사, 등의 종교 의식이 인류 생활에 문화 형태로 나타났다. 아동의 정서가 성장하듯이 동남아시아에 인류의 문화가 시작된 것이다.

아프리카와 남아시아의 기후는 인류의 안이한 생활을 보장하였지만 북방계 민족 중에 동아시아 해변 따라 산동반도, 요동반도, 한반도에 도착한 대한민족은 3만5천 년 전부터 내륙으로 침투하여 만주, 몽골, 티베트에 이르는 유목민으로 성장하였다.

양자강, 황하, 한반도에 여러 강 하구에 농경생활로 정착하고 신석기시대 현대인류 중에 가장 먼저 사계절에 적응하고 유목민족과 경쟁하는 단련된 생활을 하기 시작하였다. 동남아시아에서 계속해서 이주해 온 해안 민족들은 한반도를 지나서 북남미 태평양 연안으로 이주해 나가고 황해 주변의 강 유역에서 강을 따라 내륙으로 침투해 갔다.

산동, 요동, 한반도는 신석기 시대 인류 역사에 가장 분주한 교통 요지가 되었기에 방죽을 파서 못을 만들어 물을 모으고 산과 고분을 지어 제사를 지내던 흙의 문화와 큰 돌을 멀리서 끌어다가 신전을 세우는 고인돌 문화가 세계에 어느 곳보다도 이곳에 가장 많이 밀집되어있다. 인류가 성장하는 아동기에 그림 그리기를 그리고 노래하고 춤추기를 좋아하였다. 지칠 줄 모르고 뛰어놀기 좋아하고 호기심이 많아 뭐든지 보고 만지고 알고 싶어 했다. 그럴수록 지성은 빠르게 성장하고 하고 싶은 말이 많아 졌고 묻고 싶은 의문도 많았기에 이웃과 대화는 활발해져서 인류의 부락 사회가 빠르게 도시 국가로 성장하는데 도움이 되었다. 이곳에서 씨족들 사이에 경쟁은 더 큰 씨족 사회를 만들어 국가의 형태가 되고 농경 민족과 유목 민족의 경쟁은 제국을 만드는 결과를 가져왔다. 인류가 어린 아동에서 십대 아동으로 성장하는 과정은 동아시아에서 지식이 발달하는 때부터 시작하였다. 경쟁 사회의 상징으로 만리장성이 만들어짐도 이곳에서 시작하여 내륙으로 성장하였다.

세계 문화는 동남아시아의 채집 농경생활에 모계사회에서 시작되었고 세계문명은 동아시아 농경 유목민들의 금속기 생활에 익숙해진 경쟁사회에서 시작되었다. 인간의 본능은 음식을 찾아먹는 능력과 남녀가 교제하여 자식을 낳아 기르는 능력으로 이루어졌기에 사랑은 문화의 근원이 되었고 생존경쟁은 문명의 근원이 되었다. 해안 민족들이 삼나무를 빗어 옷감을 만들어 입다가 누에 벌레에서 비단옷을 만들어 입는 동안에 유목민들은 짐승 가죽으로 옷을 해 입었다. 그 지역의 지하자원 중에 석탄은 금속을 대량생산하는 능력을 갖게 하고 여러 가지 금속기술과 재품들은 생활도구와 군사무기에 혁명적인 변화를 가져와서 세계문명은 이곳에서 시작된다. 사계절에 적응하는 생활은 겨울이 오기 전에 음식, 옷, 집, 연료 등의 필수품을 준비하는 규칙적인 노력과 단련을 갖추었다. 금속연장으로 큰 집을 짓고 큰 배를 만들고 금속 축을 넣은 바퀴는 빠르게 멀리 달리는 전차를 대량 생산하였고 큰 짐을 나르는 마차를 만들어 운송 산업과 함께 모든 산업이 부흥하였다. 자석을 발견하고 철침 나침판을 발명하여 원양 항해가 발달하였으며 종이를 만들어 문자기록이 활발하여 정보교환과 기록 연결은 장소와 시간의 제한을 초월하였다. 수만 년을 일찍부터 많은 인구가 넓고 큰 대륙에 생활하는 동안에 고대 사회의 모든 발명과 발견들은 동남아시아에서 시작되었다가 동아시아의 경쟁사회에 적용되었다.

흙산을 짓는 문화와 큰 돌을 옮겨와 고인돌을 세우는 문화가 결합하여 압록강 유역에서 적석총(피라미드)을 세우는 관습과 기술이 발달하였다. 이집트 나일강 하구에서 돌연변이로 나타난 피라미드 문화도 그리고 남미대륙 태평양 연안에 세워진 계단식 피라미드들도 그들의 뿌리가 압록강 유역에서 진화된 신석기 시대의 문화에 있음을 추측하게 한다. 동아시아 문화가 인더스강 유역과 메소포타미아로 전해지고, 최근 일만 년 전 이후에 지중해 연안으로 전해져서 그리스의 미노안 문화가 시작됐다. 동아시아 주나라 문화의 연장으로 동인도의 불교문화와 지중해에 그리스 문화가 성립하고 동주와 춘추 전국 시대의 여파로 로마국이 건립되어 동아시아의 한나라, 당나라와 함께 유럽이 성장하였다.

동남아시아의 원시 자연종교는 동아시아의 음양사상과 천체종교인 도교, 조상숭배의 유학, 그리고 동인도의 힌두교로 수천 년의 기반을 조성해 왔다. 제국주의 종교가 동인도에서 결성되고 서인도와 동아시아에 포교하는 동안 지중해의 그리스 왕들이 인도와 동아시아의 불교사찰에 찾아와서 불교 승려로 수련하고 아시아의 철학과 문화를 배워갔다(인도와 중국의 불교기록). 그 후 600년에 기독교가 탄생하였기에 초기 기독교와 불교는 공통성이 크다. 유태교는 구약의 종교이며 다시 600년 후에 구약에서 회교도가 시작됨도 세계 종교의 뿌리가 황하와 갠지스강 유역에 있음을 보여 준다.

동아시아의 훈족들이 중앙아시아, 인도의 굽타 제국과 유럽의 로마에 침략해 들어가서 유럽은 중세 암흑기에 잠들고 동아시아는 수나라와 송나라 문화로 계속해서 성장하였다. 서남아시아는 페르시아에서 비잔틴으로 동남아시아에는 캄보디아에 크메르 제국이 성장하면서 세계 인류는 십대 소년소녀의 지성과 감성을 갖춰 갔다. 그러다가 12세기에 동아시아 북방 유목민들이 훈족 선조들이 이루었던 세계 침략을 다시 재연하면서 인류는 사춘기에 든다. 몽골제국의 세계 통일은 인류의 성장기 중에 십대 소년소녀의 사춘기로 변화되는 과정을 보여 주었다. 그 기간의 특성은 마치 소년과 소녀가 처음 보는 이성에 매력을 느끼듯이 아시아가 유럽을 비롯한 아프리카 등의 다른 대륙에 인구지역을 보고 매력을 느끼고 유럽은 처음으로 아시아를 보고 매력을 갖는 때였다. 사춘기에 변화는 육체적으로나 감성적인 면에서 가장 격렬한 변화의 기간이다. 몽골역사는 세계역사의 그러한 부분과 개성을 보여 준다.

칭기즈칸의 손자 쿠빌라이칸이 집권하여 34년 동안 서남아시아와 유럽에 영토를 더욱 확장하고 모든 피 침략국으로부터 조공을 받치게 하여 국호를 원나라로 칭하였다. 수도를 대도(북경)

로 천도하여 자금성을 증축하고 당나라 때 장안에서 누리던 세계의 수도를 다시 세우고 세계 문화와 문명의 중심지를 다시 이루었다. 유럽 국가들이 조공을 바치고 세계 각 대륙에서 상인들이 왕래하였다. 그들 중에 로마 교황의 서신을 갖고 찾아온 마르코 폴로 부자는 쿠빌라이칸의 신하로 일하고 모국을 왕래하면서 동아시아의 문화와 문명을 서유럽에 소개하였다.

동아시아에는 옷감을 솜, 누에 실, 양털로 짜서 입고 종이와 목판 인쇄가 발달하여 지식과 정보를 교환하였다. 해양 산업이 왕성하고 세계 지형을 탐험하여 항로를 개발하여 대륙들과 섬나라에서 조공을 받았고 마르코 폴로가 스리랑카에 방문하여 몽골의 세금을 받아 왔다. 그 후에 명나라 때 세계 항해지도를 작성하여 나침판과 함께 동아시아 항해 기술이 유럽에 분포되는 결과를 가져와 서유럽에 해양산업이 촉구되었다. 몽골 군사들은 화약 폭발로 대포를 개발하여 유럽에 전해졌고 군사전쟁 역사에 변화를 가져왔다. 목판 인쇄와 후에 한국에서 개발된 금속활자 인쇄는 동아시아에서 오랫동안 문화와 문명을 개발하는 능력이었다. 이때 서유럽에 전해진 출판 기술은 유럽에 문예부흥을 가져오게 하는 결과를 자져왔다. 종교개혁, 산업혁명으로 이어지고 인본주의 사상은 제국주의를 축출하여 민주사회와 자본주의 경제와 사회주의 경제가 시작뒤다. 서유럽이 주동이 되어 동유럽의 천주교에서 벗어난 사회종교, 개신교가 시작된다.

그동안 몽골의 침략을 받았던 중앙아시아 중국 한족이 다시 회복하여 명나라를 세웠다. 명나라는 원나라 문화를 계승하고 퇴폐된 모든 정부 정책과 설비를 재정비하였다. 영국의 해군 탐험가 개빈 멘지스는 그의 저서 “1421”에 명나라 해군제독 정허가 명나라 영락제의 명을 받고 사용한 세계 원정의 함선 크기가 151m 길이에 61m 폭의 대형 선박이며 200여 척의 수행 선박들에 2만7천여 명의 수행원들을 거느리고 1405년에 장수성에 태창을 떠나 인도와 아프리카를 거쳐 1421년에 미 대륙에 도착하였다고 설명하였다. 귀국한 후에도 계속하여 1433년에 7번째 원정을 마치고 항해지도를 만들었다고 한다. 1525년에 명나라는 모든 해양산업을 폐쇄하고 쇄국정책을 세웠다. 이들 항해 정보는 유럽에 전파되고 이때 동아시아는 세계 패권을 유럽에 넘겨주고 동아시아의 쇠락으로 가는 현역사가 시작되었다.

1493년에 포르투갈 항해사 콜럼버스는 대서양을 횡단하여 북미 대륙에 이르고 1598년에 바스쿠 다 가마(Vasco da Gama)는 아프리카를 지나서 인도에 도착하여 유럽은 세계에 눈을 뜨게 됐다. 동아시아에 국가 간의 경쟁 사회는 이제 유럽으로 전해져서 유럽에 치열한 내전과 정치, 사회, 경제에 개혁이 계속된다. 경쟁 사회에는 도시 인구가 증가하고 전문 분야가 발달하고 교육산업, 교역, 금융이 급성장하여 해외로 진출하게 된다. 1650년에는 스페인, 영국, 폴란드, 프랑스, 포르투갈, 등의 나라에서 탐험대와 교역 선박들이 북미, 중미, 남미, 아프리카, 인도, 중국, 동남아시아에 여러 섬나라에 왕래하였다. 아시아의 비단, 자개그릇, 털옷, 여러 귀금속들이 유럽에 수입되었고 밭에서 농부가 소에게 끌어 흙을 파는 쟁기와 야채 과일 곡식 씨들이 들어와 유럽에 농업혁명과 산업혁명이 일어났다.

세계의 지식이 유럽에 집중되어 과학과 발명이 성행하고 방직, 운송, 군사 무기, 등의 산업이 발달하고 북미 동해안에 13 식민지를 지역을 나누고 영국, 프랑스, 스페인, 러시아는 대륙을 나누어 소유권을 사고팔았다. 드디어 미국에 이민 온 유럽인들은 미국정부를 수립하고 1775년에 조지 워싱턴은 초대 대통령으로 추대되었다. 영국은 인도, 오스트레일리아, 뉴질랜드를 식민지화하고 세계 제국으로 성장하였다. 러시아는 시베리아 일대를 소유하는 국토 확장을 했고 유럽과 세계지도의 모양이 크게 변하였다. 농업지역 확장으로 노동력이 필요한 지역에 아프리카인들을 납치하여 노예로 파는 사업이 성행하였다.

수만 년 동안 주거해 온 원주민들은 무자비하게 학살되고 그들의 생활지역에서 축출되고 제한된 지역에 감금되는 인류 역사에 가장 큰 비극은 유럽 백인들의 토지 확장의 희생물이 되었다. 이러한 현상은 인류의 성장에 사춘기에 겪는 과격한 정서의 변화 현상이었으며 17세기에 들어 세계 인구의 급성장은 사춘기의 육체적 성장을 보여주는 현상이었다. 북미 대륙에 남북전쟁은 의욕과 양심의 대립이었다. 북군이 승리하고 노예제도는 중단되었다. 에디슨은 전기를 발견하고 전기통신과 전기기계 동력은 증기기관차의 철로 연결과 함께 현대 세계가 완전한 성장된 인류 성인의 모습을 보이기에 이르렀다.

인류 사춘기의 성장은 계속되고 폭력도 보이는 현상이 있었다. 포드는 자동차를 발명하고 기름을 태워 움직이는 자동차는 고속도로로 대륙을 횡단하였다. 수요와 공급을 연결하는 대량 생산은 자본주의 경제에 빈부격차가 나타나고 그에 대조되는 공산주의와 사회주의도 나타났다. 유럽의 국토 확장 의식은 독일과 이탈리아에서 유럽 내에 1차 대전으로 나타났고 미국, 영국, 프랑스와 주변 국가들의 제재로 실패하였다가 1939년에 다시 세계 2차 대전이 시작하였다. 동아시아에 일본은 유럽의 확장주의를 한국과 중국이 쇄국정책을 유지하는 동안에 60년을 앞서서 현대화하였고 한국과 중국 만주를 점령하여 식민지화에 성공하였다. 동남아시아에 확장하려는 의도로 일본은 독일의 2차 대전에 가담하고 하와이 미국 영토에 도전하였다.

압록강 상류 백두산에서 태어난 누루하치는 만주 지역에 청나라를 세우고 1644년에 명나라를 침공하여 중국 한족의 주도권을 북쪽에 흉노 몽골이 빼앗았던 일을 이번에는 동이족 만주 한반도계 민족이 다시 반복하였다. 한반도에 신라가 고려의 침략을 받고 신라의 왕족들이 옛 고구려 영토에 세운 금나라가 북송을 멸망시켰었고 몽골 칭기즈칸은 금나라를 제일 먼저 몽골제국에 연합시켰었다. 청나라가 중국을 통일한 후에 국경 주위와 내국에 반란은 다시 계속되었고 일본 왜족은 한반도에 임진왜란을 일으키면서 계속해서 청나라 해안 지대를 괴롭혔다. 명나라 때 세운 쇄국정책은 청나라 때 계속되고 동아시아의 세계로 연결되었던 오랜 역사는 여기서 끝났다.

독일과 일본이 확장을 시도했던 세계 2차 대전은 1945년에 종말을 지었고 인류의 성숙한 사춘기는 새로운 모습을 보인다.

대영제국이 종식되고 미국이 자본주의 자유시장 경제를 기본으로 하는 강국으로 나타나고 소련은 사회주의 공산당을 앞세워 동유럽에 여러 나라를 포함한 제국주의 체제로 미국에 맞선다. 미국 오하이오주 데이튼에서 라이트 두 형제가 시작한 항공기술이 세계 대전 중에 급격히 발달하고 같은 도시에 계산기 회사에서 시작한 독일과 일본의 전쟁통신기호를 풀이하기 위하여 시작한 컴퓨터 기술은 아이비엠 회사로 이전되어 세계적 정보저장과 연결에 혁명을 가져왔다. 의학이 발달하여 생명이 연장되고 우주항공이 발달하여 우주인이 달에 도착하였으며 인간의 생활권은 지구의 대부분을 차지하게 되었다.

소련의 제국주의 공산당 경제는 붕괴되었고 중국의 공산당 체제는 자본주의에 개방하여 일본과 한국을 이어 세계 자유시장 경제에 가담하였다. 패전국인 독일과 일본은 미국의 경제체제에 가담하여 경제 강국으로 부상하고 미국의 군사력과 경제력이 막강한 중에 국제연합기구가 미국 내에 국제도시 뉴욕에 설립되었다. 개신교를 앞세워 세계에 포교하고 가장 많은 자동차를 갖고 중공업과 경공업에 필요한 중유와 경유를 회교도 국가들에서 수입해 오는 중에 회교도 국가의 저항을 받게 되었다.

인류의 성숙한 사춘기 개성은 여러 면에서 나타난다. 인류가 지구상에 탄생한 이래 신에 의지하고 종교에 부모처럼 집착해 오다가 이즈음에 들어 "신은 죽었다"고 외치고 나와 부모에 반항하는 모습을 보였다. 혈액 연구와 체외 임신기술이 발달하여 개조 인간으로 새로운 우주인을 잉태하고 산출하게 되는 가능성은 성숙한 사춘기의 출산 능력을 보여 준다. 인공위성을 쏘아 인간을 우주의 공간에 투입하는 현상은 남성이 성기에서 정자를 분출하는 현상과 비유된다. 유럽과 미국이 독자적으로 세계를 주도하는 듯하다가 동남아시아와 교섭하는 현상은 남녀가 데이트 하는 느낌을 준다. 시간은 더욱 빨라져서 사춘기의 생활은 기간이 모자란다. 21세기에 들어 인류의 생활은 우주인을 출산하고 기르는 인류 가정생활에 진입하게 되고 지구상에 인류 생활에 가장 행복한 기간을 가져 올 것이다.

– 다음에 소개하는 시는 필자가 2000년 새벽을 맞아서 쓴 글이다.

2000년 새벽

광막한 공간으로 빛을 날리며
흘러가는 혜성은
우리가 살아가는 지구상에
시간이 있는 줄 모른다

역사가 형성되고 기록되어 흙에
묻히면 화석이 되어 바위는 기억한다

동물 중에 인류는 언어를 배우고
글자를 발명하여 지구 표면을

바꾸어 놓았고 이제 컴퓨터를 타고
우주를 향하여 출항한다

이백만 년의 전설을 두 시간으로 줄여서
다시 태어나는 인류의 첫아기 울음소리가
이해 2000년 새벽을 깨우친다

문화, 종교, 문명, 인종, 국가…
모두 합하여 지금은
우리 운명에 새 장을 연다.

만물의 영장

창조주는 오늘부터 영원히 살아 흘러갈
우주 인류 앞길에 횃불을 부쳐 올려
새 천년의 해가 솟는다

오! 찬란하게 빛나는 이 아침

햇빛 함께 날아서 천 광년 끝없는
공간속으로 새벽이 펴실 때
나와 창조주 사이에 이 대화는
겔럭시 사이로 메아리치며 울려간다.

피라미드 진화와 분포

이집트의 피라미드는 세계 역사에 기적이라고 한다. 아프리카 대륙은 원시 생태를 보존해 온 환경이며 과학이 결핍된 사회이고 그곳에 가까운 유럽은 아직 해빙기 이후여서 인적이 드문 때였다. 3000년 전에 세워진 그 거대한 구조는 고도의 과학과 막대한 노동력의 조직 운영으로만 가능한 문명의 건축물이기에 더욱 경이롭다.

한편 그 무렵에 남미 대륙 태평양 연안에 페루에도 층단식 피라미드들이 많이 세워졌다. 동아시아에도 도시 국가들과 제후국들이 경쟁하며 고도의 농경 문화와 유목 문화의 조화를 이루면서 압록강 유역 지린시 일대에 장군총과 같은 대규모 층단식 피라미드들이 건설되었다. 한반도와 황해 연안에 신석기 시대부터 인구 밀도가 높고 훌륭한 종교 문화와 금속문명을 갖추어 그들이 원양 항해를 통하여 남미 대륙과 아프리카에 연결되는 가능성을 보면 세계 역사를 새로운 눈으로 보게 된다.

이제 조금 더 자세하게 설명하고자 하는 새로운 세계 역사관은 학술 논문으로 보기에는 아직 이르고 종합적 상식과 건축 양식에 근거하여 추상적이고 미확인된 부분을 최대한으로 보완하면서 소개하려고 한다.

피라미드는 돌로 지은 큰 무덤이다. 두 가지 요소가 합하여 이루어진다. 첫째는 큰 흙무덤을 짓는 종교 문화와 생활 습관, 둘째는 큰 돌을 다루는 노동력과 운영 그리고 과학기술이다.

첫 번째 요소인 흙무덤에 관하여서는 작은 무덤 위에 흙을 동그랗게 쌓아올리는 관습은 우리나라에서만 흔히 볼 수 있다. 큰 흙무덤(고분)을 짓는 신석기 시대 문화도 동남아시아에서 농경 생활이 활발하고 씨족 사회가 성장하면서 나타난 문화이다. 한반도와 중국의 황해 해변에 밀집하였으며 삼국 시대까지 계속되었기에 현재 전라도와 경상도 일대에 분포되어 있다.

동아시아 신석기인들은 북미 대륙에 이주하여 북미 대륙 전역에 큰 흙무덤을 남겼으며 미시시피강 유역에 수천 개의 큰 흙무덤들을 볼 수 있고 해안선 따라 서유럽에 이르러 덴마크 지역에서 볼 수 있다. 큰 흙무덤을 짓는 동아시아 유목민들은 말을 타고 청동기 문화를 중앙아시아와 동유럽에 전해 주고 커다란 흙무덤들을 남겼다. 동인도 갠지스강 유역에서 시작된 불교문화에 석가의 무덤도 이들 문화에 속한다. 수만 년 역사의 큰 흙무덤 유적은 양자강과 황하의 하구 지역에 넓게 분산되어 중국의 진시황제 무덤도 동아시아 신석기인들의 후손임을 알 수 있다.

두 번째 요소인 큰 돌을 다루는 세계 역사를 관찰해 보면, 작은 돌을 다듬어 생활도구로 사용함은 구석기 시대부터 세계에 여러 곳에서 흔히 볼 수 있다. 큰 돌을 멀리서 채집하여 가져다 종교 기념물로 세웠음은 동남아시아 일대에서 볼 수 있고 큰 돌을 세우고 그 위에 큰 돌을 눕혀 얹은 고인돌은 신석기 시대 후

반기에 거석문화로 세계에서 한반도에 가장 많이 집결되어 있다. 구석기 시대에 나무를 숭배하고 통나무를 높이 세워 종교 행사를 하던 풍습이 신석기시대에 큰 돌과 함께 세웠었다. 이러한 문화는 동남아시아에서 해안선 따라 서유럽 영국 해안까지 분포되었다. 돌을 깔고 돌 밑에 화구를 만들어 온돌방을 만드는 기술도 한반도를 비롯한 동아시아에서 발달된 생활풍습이다.

상고 시대 동아시아의 지리적 배경을 보면 기후 조건이 적합한 동남아시아의 농경 생활에 씨족 사회의 인구 증가를 촉진시키고 소를 몰아 더 많은 곡식을 수확하였다. 해안선 따라 동아시아로 이주한 석기인들은 사계절에 적응하는 생활을 시작하였고 매년 겨울이 오기 전까지 겨울 동안의 음식, 옷, 집을 준비하는 생활습관에 규칙적이며 자연과 시간에 도전하는 단련에서 지식 습득과 조직적인 사회생활을 열대 지방보다 더 앞서 이루었다. 동아시아에 오랫동안 거주해 온 신석기인들이 만주 내륙 초원지대에서 유목 생활이 시작되고 말을 타고 양떼를 몰고 개를 길러서 양들을 지키게 하고 밤이면 불을 피워 생활하게 되었다. 긴 겨울 동안 불을 피우는 연료에 나무와 숯을 사용하다가 석탄을 발견하고 태워 고온을 얻게 되었다. 석탄의 고온은 금속을 생산하는 능력을 주었다.

그때 석기 생활 속에 금속 생활도구와 금속무기는 오늘 우리가 경험하는 원자와 전자처럼 혁명적인 위력을 갖게 하였다. 그러한 위력은 씨족사회에서 도시 국가를 형성하고 더욱 확대된 지배력을 갖추는 제후국을 세우기에 이르렀다. 금속 연장으로 목재와 석재를 다루어 큰집을 짓고 큰 배를 만들어 항해의 거리가 연장되고 기마군단은 장거리 유동력을 갖게 되고 금속 축을 넣은 바퀴는 마차를 만들 수 있게 되고 큰 수레를 만들어 큰 짐을 나르게 되었다. 농경과 유목 생활이 조화된 동아시아 생활은 도시 국가들과 제후국들 사이에 경쟁이 치열하고 문화와 문명이 급속도로 발달하였다. 대나무나 짐승 뼈 혹은 거북이 등껍질에 문자를 기록하다가 종이를 발명하여 정보 교환을 함은 장소와 시간을 초월하였다. 천문과 음양오행의 도교가 그리고 가정과 사회의 윤리와 도덕을 가르치는 유학이 성행하였다.

한반도와 황해 해변에 석기 시대부터 밀집된 인구는 큰 흙무덤(고분)과 고인돌(입석) 무덤의 풍습을 융합하여 요동반도 압록강 유역에 큰 돌무덤(적석총)이 층단식 피라미드 모습으로 건축하기에 이른다. 수만 년의 석기 시대를 거쳐 진화된 고분 문화와 입석 문화는 수천 년을 거쳐 층단식 피라미드로 진화하였다. 만주 지린시를 비롯한 주위 지역에 수천 개의 적석총 유적들은 장군총을 비롯한 고구려 고분군을 포함하여 동아시아 문화의 세계적 유산이다.

세계의 문화는 기후가 농경 생활에 가장 적합한 동남아시아에서 채집 생활에 익숙한 모계 사회를 중심으로 인구가 증가되는 무렵에 시작되었다고 본다. 그리고 세계의 문명은 동아시아의 금속기구 생산에 따른 유목민들의 영역 확장 경쟁력이 증강하는 무렵에 시작되었다고 본다. 문화와 문명은 밀도가 높은 곳에서 낮은 곳으로 전해진다.

고대인들은 석기 시대 때부터 계절 따라 음식물이 공급되는 장소를 찾아 철새들처럼 원거리 여행에 익숙하였다. 세계 문화와 문명이 전해지는 수단은 네 가지 방법들이 있다. 첫째는 씨족이나 민족의 대이동으로 오랜 세월을 거쳐 이루어진다. 둘째는 상업 연결로 육로나 해로를 통하여 동남아시아의 무명과 비단이 서남아시아와 유럽에 전해지듯이 혹은 동아시아의 도교, 유교, 불교가 서남아시아에 기독교나 회교도로 전해지듯이 분포되는 현상이다. 셋째는 급격한 정치적인 분포 현상이다. 침략자가 침략 지역에 문화와 문명을 전달하거나 혹은 현지의 문화를 흡수하는 현상이며 비교적 인접 지역 가까운 거리에서 일어난다. 넷째는 정치적 고위층 무리가 필사의 도망자들이 되어 동행하는 무리와 그들의 지식과 생활 문화를 도피 지역에 전하는 방법이다. 새로운 집권자가 기존 집권자와 주위에 충성했던 귀족들을 모두 말살하려는 의도가 있을 때 필사의 도망자들이 형성되고 거대하고 치밀한 준비가 시작되고 추적을 불허하는 장거리에까지 이르게 된다.

아시아 대륙 안에 6만 년 전부터 해양 민족이 내륙으로 침투하여 농경과 유목 생활을 바탕으로 인구가 성장하였다가 1만2천 년 전에 지구상에 해빙기의 따뜻한 기후가 시작되면서 인구는 더욱 빠르게 증가하여 북방민들이 남쪽으로 점차적 이주하기 시작하였다. 5천 년 전부터 3천 년 전 사이에 민족 대이동이 있었다. 북방민들은 중앙아시아로 그리고 중앙아시아인들은 대거 남쪽으로 이주하여 북인도 지역에 드라비다인을 남방으로 밀어내고 서쪽으로 동유럽에 이주한다. 그리고 몽골 지방에 살던 한반도 혈맥의 몽골 민족이 중앙아시아를 지나서 티베트 지역에 이른다. 같은 때 양자강 중류 중원에서 거주하던 중국 한족이 강 하구와 황하 하류에서 거주해 온 한반도계 해양 민족(동이족) 국가들 상나라, 은나라, 촉나라, 요나라 등의 여러 나라들을 점령하고 주나라를 세운다. 이때 만주 지역 초원에 거주하던 유목민(기마민족)은 한반도의 서해안 평지를 따라 한반도에 이주하고 일본 열도에까지 진출한다.

이때 이미 열려있는 육로와 해로를 따라 상, 은, 촉, 요 등의 동이족 여러 나라 왕들과 귀족들이 주나라의 희생 제물이나 노예가 되지 않으려고 동아시아 역사에 가장 큰, 기록에 의하면 약 25만 명의 인구가 탈출을 하였다고 한다. 동아시아 해양 민족은 이미 해변의 육로와 해로를 통하여 인도, 서남아시아, 지중해 연안 아프리카에 이르는 지식이 있었고 육로로 북아메리카 대륙에 그리고 적도선 해로를 따라 남아메리카에 이르는 필사의 도망을 할 수 있었다.

현대인들이 어린아이들 인식과 능력을 과소평가하듯이 우리는 우리 선조들의 지식과 능력을 과소평가한다. 그들의 수만 년을 거친 석기 시대와 수천 년에 거친 금속기 시대의 산업 혁명을 지나면서 얻은 지식과 경험으로 대형 선박을 생산하고 계절에 따른 기상 기후 변화와 해류의 유동 방향을 이해하기에 원양 항해를 할 수 있었다.

고대인들은 계절 따라 철새들처럼 장거리 여행에 익숙하였고 지금의 에스키모인들 보다 더 오랜 기간을 금식하고 동면하는 능력이 있었기에 동남아시아 섬나라들에서 적도선에 병행하는 해류와 풍향을 이용하여 태평양을 횡단하고 남아메리카 태평양 연안(페루)에 도달할 수 있는 지구력과 생존능력을 갖추었다. 동아프리카인들이 뉴기니아에 살고 폴로네시안들이 남아메리카에 살고 있는 현상은 적도선 해류의 연결이다. 동아시아인들이 사모아섬과 통가 섬나라에 거주하기 시작함도 이때부터이다.

이곳 중남미에 여러 가지 동아시아 문화의 양상을 볼 수 있다. 철기 항해 기구 나침판이 있고, 상나라의 청동기의 문양이 이곳 석조 건축 표면에서 보게 되며, 동아시아 용의 모습이 석조물 조각에 있고, 나무를 숭배하는 생명나무 모습이, 옥돌의 장식이나 무덤 안에 사체를 작은 옥돌로 옷을 만들어 덮고, 한반도에 있었던 편두의 습관 등, 한없이 많은 공통성을 찾아볼 수 있다.

아프리카 나일강 유역에 미라미드를 건조한 왕과 귀족들 중에 동아시아인들의 모습을 볼 수 있다. 가장 큰 피라미드의 주인 쿠푸(고부)가 작은 체구에 동아시아인의 인상이다. 그와 함께 일한 건축가 헤무누 역시 얼굴에 광대뼈가 높은 동아시아인의 모습이며 그들의 후손들이 혼혈아들의 특색 아름다운 모습이며 동아시아에서 명명하던 네 자 이름들이 많다.

우리나라 고구려에 연개소문, 을지무덕처럼 북미 대륙에 원주민들의 이름과 같은 현상이다. 아프리카 귀족들이 사용한 가구들 중에 아랍인들과 흑인 원주민들을 노예로 보이는 그림과 조각물의 예들이 있고, 옥돌, 상아, 목재칠기 등의 모양은 동아시아 제품들과 유사하다.

최근 1986년에 중국의 서남부 지역, 성도시에서 발굴된 삼성퇴 문화는 요동반도와 상나라 사이에 위치하였던 촉나라 씨족들이 주나라가 정복할 무렵에 거대한 청동 가면들과 인체 청동상 및 얇은 금박이 제품들과 수많은 옥돌 제품들을 제작하는 문화와 문명을 갖고 중앙아시아로 이주한 사실을 이해하기에 이르렀으며 이들 문화는 이집트 문화나 그리스의 문화와 공통성을 볼 수 있고 후에 페르시아의 문화와도 공통성을 보게 된다.

동아시아에 수만 년의 사계절을 반복하며 진화된 적토적석 석기시대 문화에 수천 년의 금속문화, 높은 인구 밀도에 사회적 경쟁이 인류문화 문명의 출산지요 요람지였음을 볼 수 있다. 이러한 진화유적이 없는 아프리카 대륙과 남아메리카 대륙에 돌연변이로 나타난 피라미드와 일시적인 문화는 그 뿌리가 동아시아에 있었음을 짐작하게 한다.

최근 과학계에 유전학자들은 현대 인류의 혈연이 10만 년 전에 아프리카의 한 가족으로 거슬러 올라감을 보여주었다. 문화와 문명은 6만 년 전부터 동아시아에 그 뿌리가 있었음을 추측할 수 있다. 근대에 동아시아의 역사는 전쟁과 가난에 가려 세계 학계에 추측만을 주었을 뿐 사실과 논증을 보여 주지 못하였다. 최근 일만 년 동안 세계 역사는 북방민이 남방으로 이주하는 역사이고 동아시아의 문화와 문명이 서아시아와 아프리카, 유럽으로 그리고 북남미 대륙으로 전해지는 역사였음을 볼 수 있다.

13세기에 동아시아계 몽골 칭기즈칸이 서유럽 민족들을 어두운 중세기에서 잠을 깨우고 유럽인들이 동아시아인들의 문화, 문명, 지식을 배우고 세계로 진출하기 시작하였다. 한반도의 북방에 백두산에서 태어난 누루하치는 만주 청나라를 세워 중국 한족을 정복하고 동아시아를 잠들게 하였다.

그동안에 유럽 국가들은 남북 미 대륙을 정복하여 동아시아인 원주민들을 일축하고 미연방국과 식민지 국가들을 세웠다. 이들 백인들은 오스트라리아 대륙을 침략하여 백인 국가를 세웠다가 최근에 아시아인들에게 개방하였다. 인도를 비롯하여 아시아 여러 나라를 식민지로 관리하는 동안에 1 · 2차 세계 대전을 겪었다. 동아시아는 가난과 전쟁으로 시달리다가 지난 5년 전에야 비로소 중국이 일본과 한국의 뒤를 따라 세계 자본주의 무역에 개방하여 새로운 동아시아 경제 시대가 시작되었다.

이제 일본, 한국, 중국이 앞서서 경제력에서 성장한 후에 동아시아에 바른 역사를 세우고 세계에 소개할 수 있을 때에 공정한 세계관을 얻게 될 것이며 이러한 일은 동아시아 학계에 주어진 가장 큰 임무이다.

한류는 세계 역사 흐름의 필연

– '이렇게 생각한다.' 한류가 나타난 인류 문명사적 배경

한류는 한국의 문화이기도 하지만 현대 인류의 문화이다.

일곱 소녀가 무대 위에서 춤을 춘다. 발랄한 음악과 우아한 동작, 휘황찬란한 무대 장치, 빛깔과 색깔이 번쩍번쩍 부딪치는 조명, 한순간도 엇갈림 없는 재빠른 동작, 훨훨 뛰는 젊은 기개, 뒤에서 들리는 관중들의 요란한 함성, 이것은 세상 어느 곳에서나 보지 못한 예술의 창작이다. 동남아시아를 휩쓸고 이제 세계의 무대가 기다리고 있는 한국인의 끼다. 한국의 세계적 K-팝 전성시대가 오는 것인가.

한국 말, 한글, 음식, 드라마, 미술, 교육, 생활용품 등의 끝없는 우리 문화와 문명에 관심이 자라고 있다. 한류는 현대 자동차와 삼성전자 제품들이 열어 놓은 길을 따라, 세상 사람의 눈을 끌어오고 그들의 마음속으로 달려 들어가고 있다. 여기에는 두 가지 역사적 배경이 있다. 단기적인 배경과 장기적인 배경인 것이다.

1 · 2차 세계 대전을 통해서 세계 경제의 앞장을 서게 된 미국은 가장 큰 소비 국가였다. 아시아의 문화와 문명을 몰랐기에 일본이 아시아의 대표인 것처럼 착각을 해왔다. 이제는 중국이나 아시아 나라들의 제품들 없이는 미국인 생활이 과거의 수준을 유지할 수 없을 만큼 되었다. 한국, 중국, 인도와 동남아시아 나라들의 제 모습이 세상에 드러나기 시작하였다. 일본으로

만들어진 베일이 벗겨지면서 그 뒤에 기다린 한국이 나타남은 당연한 순서인 듯하다.

길게 보는 역사적 배경에는 세계 역사가 문헌에 국한되지 않고, 고고학과 인류 혈연학으로 연결되어 인류의 발상지인 아프리카에서 시작된다. 10만 년 전에 시작된 현대 인류는 살기 쉬운 해안선을 따라 해가 뜨는 동쪽으로 새로운 생활지역을 개척하며 이동, 6만 년 전에 동남아시아에 이르렀음을 혈연학과 고고학이 증명한다. 마을이 형성되고 언어가 발달된 지역으로 언어학자들이 생각하게 됨은 세계 언어의 뿌리가 동남아시아에 집결되어 있기 때문이다. 해변을 따라 동으로 이주하는 해양민족이 한반도를 지나 북미 대륙에 다다른 것은 4만 년 전쯤으로 고고학계에서 추측하고 있다.

이들 해양 민족이 서해의 요동 지역에 이르렀을 때는 처음으로 얼어 죽는 겨울 계절을 맞게 된 듯하다. 여름 계절을 기다려 더욱 동쪽으로 이동하려 해도, 한반도를 지나서 당시 빙하기의 알래스카 지역을 지나야 했을 것이다. 요동 지역과 한반도 지역에 머물러 발효 음식들을 만들고 온돌방을 만들어 죽음의 계절, 겨울을 이겨 내어 내륙 민족으로 정착하게 된 듯하다.

몽골 지역을 지나 세계의 고원 티베트까지 진출한 민족이 우리의 피다. 혈연, 생활 풍습, 언어로 연결된 미 대륙의 원주민 민족이 우리의 피다. 말을 타고 유라시아를 횡단하는 비단길을 달려서 로마를 멸망케 한 훈족이 우리의 피다.

최근에 만주 요동 지역 고고학 발굴 유적들이 황하 문명이나 지중해 문명보다 더 오래전에 발달하였음이 증명되고 있다. 땅

파서 못을 지어 한 해 동안 마실 물을 모으고 판 흙으로 봉분(mound)을 지었다. 멀리서 바위를 끌어와서 고인돌을 세우고, 장대를 조각하여 장승(totem pole)을 세웠다. 풍부한 석탄의 고열로 상나라의 금속 문화는 오늘의 세계 박물관에 많은 전시물을 제공할 만큼 풍부했다. 청동 문화의 황금기를 이루고 이 시대와 연결되는 한국의 삼국시대 금관들도 섬세한 아름다움을 보인다. 흙으로 큰 산을 짓고 큰 바위를 끌어와 만주 지역에 남긴 수천 개의 층단식 피라미드(예, 장군총)유적에 관해서는 이집트의 피라미드도 그 조상이 동아시아에 있다는 학설까지 나오게 한다.

유럽 대륙은 2만 년 전까지 얼음이 덮어 있었고, 빙하기 이후에 나타난 민족이 백인 국가들이다. 총을 쏘는 백인 군대가 활을 쏘는 피부색이 다른 원주민을 몰아내고 땅을 빼앗아 국가들을 세운 사실이 최근 300년의 현대사이다. 돌이킬 수 없는 세계 역사는 이제 무력 세계에서 차츰 경제 세계로 바뀌고 그 뒤에 문화 세계가 기다리는 듯하다.

현대 인류 혈연에 가장 오랫동안 자라난 대동맥을 이루고 동아시아에 흐르는 핏속에 5만 년의 문화와 문명이 우리의 것이다. 그 빙산의 꼭지가 이제야 세상 사람의 눈에 보이는 것이 아닐까. 한국의 경제가 80년대 세계 경제에 기적적인 성장을 보이고, 그 뒤를 이어 한류가 세계의 흐름 속에 빛을 보인다. 한국의 소년 소녀들이 무대 위에서 세계의 조명을 받음도 지구의 역사 흐름 속에 하나의 당연한 사실이 아니겠는가.

한반도가 인류 문명의 요람인 진실

인류는 지구상의 동물 중에 제일 늦게 태어난 막내둥이다. 지금까지 우리가 배운 역사는 문자로 기록된 자료를 근거하여 설명되었기에 근시적인 학문이었다. 이제는 정보시대를 맞아 천문학, 지질학, 고고학, 인류 혈연유전학을 종합적으로 검토하여 폭넓고 더욱 정확하게 볼 수 있는 지식을 얻게 되었다. 현존 인류가 어디서 왔는지 그리고 어디로 가는지 살펴볼 수 있는 위치에 이르렀다. 새로운 정보에 관심을 갖고 진실을 이해하여 편견이나 착각을 교정함은 정보시대를 맞은 지식인의 임무이다.

혈연학자들은 현대 인류가 10만 년 전에 아프리카를 떠나 해뜨는 동쪽으로 이주하기 시작하여 6만 년 전에 동남아시아에 이르렀고 5만 년 전에 동아시아에 이르렀다고 2008년 7월에 미국의 과학 잡지(Scientific American)에 발표했다. 혈연학자들이 인류의 연속성을 하나의 근원에서 찾아내어 그동안 많은 의문과 추측을 하나로 정리하였다. 지구촌에 존재하는 많은 민족을 따지고 보면 전부 조상이 하나라는 것이다.

지구촌에 존재하는 많은 민족의 문명과 문화도 모두 거슬러 올라가면 한반도를 중심으로 동아시아 지역에서 시작했음을 이해할 수 있게 되었다. 지질학자들은 10만 년 전부터 2만5천 년 전까지 유럽과 아시아 대륙 북부와 북미 대륙 북부는 빙하기였다고 설명하고 동남아시아, 인도네시아 섬들은 하나의 대륙이었다고 설명한다. 유럽이나 서남아시아는 인류가 정착생활을 할 수 있는 기후 환경이 아니었음을 이해하게 된다. 6만 년 전에 동남아시아에 이른 현대 인류는 풍부한 음식과 따뜻한 기후로 정착된 부락생활을 시작할 수 있었다. 부락과 부락 사이에 필요한 사회적 언어가 발달하기 시작하였다. 언어학자들은 세계 모든 언어의 뿌리가 동남아시아에 있다고 설명한다. 음식이 여유로운 바닷길 따라 북쪽으로 이주해 온 현대 인류는 5만 년 전에 한반도에 이르러 사계절을 맞이하였다. 무서운 겨울이 오기 전에 음식과 땔감을 준비하는 농사짓기를 시작하였다.

현대 인류의 농업이 한반도에서 시작하여 만들어진 질그릇들이 한반도의 1만 년 전 생활 유적에서 발굴되며 쌀과 곡식의 유적이 세계 어느 곳보다 가장 일찍 시작하였음을 보여 준다. 서남아시아에 한반도 문화와 비슷한 사마리안(Sumer) 토기는 5천 년 이후의 유적으로 발굴된다. 한반도의 빗살무늬토기는 한반도에서 시작하여 아시아 대륙을 횡단하여 동유럽에까지 이른다. 농경 생활에서 작은 못과 큰 저수지를 파낸 흙으로 작은 산을 지었다. 봉토를 짓고 그 위에서 하늘에 제사를 지냈다. 한반도의 봉토 문화는 북미 대륙에 전해지고 오대호와 미시시피 강변에 수천 개의 봉토 유적을 남기었다.

농사짓는 마을은 한반도의 호남지역에서 고인돌을 세워 마을 지도자의 묘를 세웠다. 지난 2000년 12월에 세계 문화유산으로 등재된 고창 · 화순 · 강화 고인돌 유적은 형식의 다양성으로 보아 고인돌의 발생과 발전과정을 규명하는 중요한 유적이다. 큰 바위를 멀리서 끌어와 묘를 짓는 마을은 겨울을 이겨 내고 북방으로 이주해 들어가서 한반도와 그 주위에 4만여 곳에 고인돌 유적을 남기었다. 아프리카에서 한반도에 이르는 원래의 바닷길을 따라 수만 년 동안에 서남아시아와 서유럽까지 또 다른 4만여 곳의 고인돌 유적을 남기었다. 2만년 이전에 유럽의 빙하기에 이주해 들어가서 프랑스와 스페인 해변에 한반도의 소와 만주 지역의 말을 해변 동굴에 그려놓았고 2천5백 년 전에 영국 런던 외곽에 원형 배치 스톤헨즈 고인돌을 남기었다. 인류가 태초에 아프리카의 한 가족에서부터 여러 갈래로 갈려 나온 것처럼 현대 인류의 문명과 문화도 한반도에서 시작하여 전 세계에 분포되었음을 보여준다.

한반도 북부와 만주 지역의 석탄은 흙처럼 흔하였기에 농사짓는 고인돌 마을은 질그릇을 만드는 석탄불에서 금속 문명이 시작하였다. 석탄불에 질그릇을 만들다가 금속을 녹여 내어 손칼을 만들고 옥돌을 다듬기 시작하였다. 옥돌 조각 문화는 중미대륙 마야 문화로 전해졌다. 금속 무기, 도구, 장식은 인류의 생활에 혁명적인 변화를 가져왔고 인류 문명이 석기 시대에서 금속 시대로 변화하는 과정이 한반도와 만주 지역에서 시작하였다. 멀리서 바위를 끌어와서 고인돌을 세우다 적석총을 쌓아 올렸고 적석총의 바위를 다듬어 피라미드 짓는 문화가 시작하였다. 요하지역 홍산문화(ca. 4700~2900)의 층단식 석조 피라미드는 이집트보다 2000년을 앞섰다. 요하지역 홍산문화는 바닷길 따라 이집트 나일강에 이르고 흑인과 아랍인의 노동력을 동원하여 이집트 문화가 나타났다. 동아시아의 금속 문화는 상나라 청동 유물이 세계의 각 박물관에 전시되었듯이 지중해의 금속 문화보다 3,000년을 앞섰다.

한반도의 묘지는 동그란 흙무덤이다. 동그란 흙무덤은 동인도 갠지스강 문화에 이어져서 불교의 창시자 석가의 무덤이 동그랗다. 기원전 6세기에 불교가 시작하고 그리스의 왕들이 중국과 인도를 찾아와서 머리를 깎고 승려가 되어 아시아의 종교와 문화를 배워가서 지중해 종교와 문화가 시작하게 되었음은 중국과 인도의 불교 역사 기록에 있지만 유럽의 학자들은 백인들의 자존심을 우려하여 그들이 저작한 책에서 이러한 사실을 거론하지 않는다. 그리스 문화는 불교문화의 영향으로 시작하였고 기독교 문화는 600년 후에 탄생하였다.

요하지역의 유목 생활은 말과 개를 가축으로 길렀다. 농사짓는 마을에 외바퀴 수레는 소가 끄는 달구지가 되었다가 쇠바퀴를 말이 끌면서 거마(chariot)는 홍산문화에서 발달하였다. 그 후에 거마는 이집트를 비롯한 여러 나라에 전해지고 동아시아 중원을 차지하는 거마 전쟁이 유행하였다. 1만 년 전부터 남쪽에서 이주해 온 중화민족이 동이족과 혼합아여 황하 문명을 이루고 새로운 세력을 구축하기 시작하였다. 세계의 첫 제국을 세운 진시황제의 기원전 2세기에 훈족의 세력과 계속된 분쟁으로 세계에서 가장 오랜 만리장성 건설이 시작하였다.

훈족의 기마 군단은 티베트와 서역을 지나 지중해에 이르는 비단길(silk road)을 개척하였다. 서로마를 정복하고 동로마를 세워 4년 동안 다스리며 동아시아 문화를 유럽에 전했다. 훈족의 기마민족 이동은 세계 역사의 가장 큰 민족 이동을 일으키는 충격을 거두었다. 훈족이 열어 놓은 비단길은 11세기에 칭기즈칸의 몽골제국이 유라시아를 통일하는 발판이 되었다. 마르코 폴로의 여행기로 유럽 민족을 암흑기에서 일깨웠다. 유럽의 세계 침략이 시작되어 동아시아 원주민의 영토인 북남미 대륙을 빼앗아 오늘의 세계지도를 만들기에 이르렀다.

한반도에서 시작한 동아시아 역사는 한결같이 만주 훈족, 몽골제국으로 성장해 오는 동안 동이 훈족 역사는 하(夏, Xia)나라, 상(商, Shang)나라로 이어져서 중국 역사가 시작되었다. 동아시아의 문명은 세계를 통일한 몽골제국에 이르렀다. 하지만 그리스의 철학자 플라톤(Plátōn, 영어, Plato)는 지중해 문명이 돌연변이처럼 나타났다 사라짐을 보고 아틀란티스(Atlantis, 세계 모든 문명의 근원)에서 전해온 문명이라고 이야기했다.

돌아보면 아틀란티스는 곧 한반도를 중심으로 동아시아였음을 이해하기에 이른다. 동아시아에서 시작한 인류의 문화와 문명의 중심은 지난 5만 년 동안에 서쪽으로 움직여서 지구를 한 바퀴 돌아서 유럽과 미국을 지나고 있다. 가까운 장래에 다시 동아시아로 돌아오고 있음이 오늘에 이르는 세계 역사의 진실이다.

훈족이 다스린 신생 로마 제국

훈족은 동아시아 기마민족이다. 오늘의 정보시대를 맞아 여러 학문을 종합해 보면 다음과 같은 역사적 가설이 성립되고 유럽의 고대 문화는 동아시아 문화에 의존한 사실을 이해하게 한다.

5만 년 전부터 한반도에 정착하여 사계절에 익숙해진 우리 선조는 봄, 여름, 가을에 농사지어 겨울동안 생존하는 생활 능력을 얻었다. 구석기 시대에서 신석기 시대로 발전하였다. 드디어 북위 44도 이북으로 이주해 들어가서 농사지으며 유목 생활에 익숙해지기 시작하였다. 소, 개, 말, 염소와 양을 기르며 만주, 몽골, 티베트와 아시아 내륙으로 이주해 갔다. 압록강과 만주 요하지역에서 석탄불의 고열에서 금속을 생산하며 신석기 시대에서 금속 시대로 진입하는 현대 인류의 생활 혁명이 우리 선조의 발길에서 나타났다.

요하지역의 홍산문화는 인류 문명의 시원이 되고 고조선 훈족 역사의 시작은 고구려 문화로 이어졌다. 남쪽 황하 지역으로 이주해 가며 하나라와 상나라 문하로 이어지며 1만 년 진부터 동아시아에 나타난 중화민족 역사의 기반을 이루었다. 진시황제가 서안 지역에서 세계의 첫 제국을 세우고 훈족이 두려워 만리장성을 쌓기 시작하는 무렵에 훈족의 기마군단은 중앙아시아를 가로 질러 지중해 지역으로 향하였다. 서기 370년에 유럽에 이른 훈족의 기마군단은 알란족, 고트족, 색슨족을 비롯한 여러 민족을 축출하며 유럽 전역에 민족 대이동을 일으켰다. 스페인과 이집트를 포함한 지중해 연안을 공략하고 449년에 로마를 점령하였다.

유럽 중세 초기의 문학에 《힐데브란트의 노래》는 고대 독일어 영웅 서사시이다. 독일어로 된 가장 오래된 문학 작품 중 하나로, 아들과 아버지가 서로를 알아보지 못하고 싸워서 비극적 결말에 이르게 된다는 내용이다. 현재까지 보존된 거의 유일한 게르만 구비 문학의 자료로, 동로마 훈족 수령을 따르는 아버지 장군이 서로마를 지키려는 아들 장군의 대결로 서로마가 멸망하는 모습을 보여 준다.

훈족의 아틸라 수령과 그의 아들이 로마와 주위 국가들을 17년의 세월을 다스리는 동안 동아시아의 문화는 유럽에 전해져서 로마 왕과 귀족은 비단 옷을 입고 금으로 장식을 시작하였다. 로마군을 처음으로 훈족처럼 금속 무기를 갖추고 말을 탄 기마 군단을 만들고 삼족오 깃발을 나부꼈다. 고구려 문화와 유사한 제도와 풍습이 동로마의 초기현상을 이룬다.

일주일에 Sunday는 해의 날, Monday는 달의 날, Tuesday는 불의 날, Wednesday는 물의 날, Thursday는 나무의 날, Friday는 금속의 날, Saturday는 흙의 날로 정해진 로마의 달력도 고구려의 음양오행 순서이다. 당나라의 수도, 장안(서안)과 비단길로 연결되어 동아시아 문명이 들어오며 로마 제국은 유럽 역사의 황금기를 이룬다. 그 후부터 로마가 쇠퇴하며 유럽은 중세 암흑기에 접어든다. 훈족이 열어놓은 비단길은 몽골의 칭기즈칸이 11세기에 다시 유럽을 정복하는 통로가 되었다.

중앙아시아를 지배한 훈족 기마 군단의 세계적 침략은 458년에 인도의 갠지스강 유역에 굽타 제국을 공격하며 시작하였다. 470년에서 542년까지 인도의 북방을 다스렸다. 한반도와 백제의 땅, 일본열도에도 훈족의 흔적을 남기었기에 백제문화가 7세기경에 일본에 전해지기 이전부터 기마민족의 발자취를 볼 수 있다.

경상도의 언어가 북방계의 억센 발음으로 호남의 언어와 대조되고 황금장식의 특색으로 신라의 선조는 훈족이었을 듯하다. 유럽의 훈족은 동유럽의 헝가리 평원에 정착하였기에 헝가리 민족은 훈족의 후예로 여겨진다.

신라의 최치원이 당나라 문인으로 활동하는 때 유럽은 아직도 문자가 없는 《힐데브란트의 노래》 구전문학 시대였음을 보아도 동아시아 문명이 유럽 문명을 다스렸던 사실을 볼 수 있다.

제4부
사람방 글샘터

1. OC 한미 가정상담소의 사랑방 글샘터

– 2009년

한미 가정상담소(수잔최 이사장, 유동숙 소장)는 오렌지카운티에서 23년 동안 한인들의 가정상담을 해오는 동안 여러 가지 문화행사를 운영해 왔다. 상담소의 문화공간으로, 회화, 음악, 조각, 사진, 글쓰기, 등의 많은 활동 중에 가장 꾸준하게 지속하는 사랑방 글샘터는 2009년의 이사회에서 최용완 시인/수필가를 지명하여 창설되었으며 지금까지 많은 문인을 배출하였다.

그해 프로그램 디렉터로 부임된 지니최 씨의 남편인 최용완 씨는 2004년에 35년의 오하이오 건축가 직업에서 은퇴한 후에 전문 작가로 한국 문단에 등단하고 시, 수필, 소설, 논술에 끊임없는 노력을 기울이고 있다. 매주 수요일 아침 10시에 모이는 글샘터는 회원들의 시, 수필, 소설 및 생활 수기, 등의 작품을 회원들과 함께 감상하고 논의한다. 저명한 강사를 초청하여 특강을 열기도 하며 이민 생활에 싸인 한과 슬픔을 글로 써서 승화시키며 자신을 회복하고 즐거움을 다시 찾는 모임이다.

글 쓰는 마음은 삶의 어려움을 극복하고 자신을 찾아 아름다운 기억을 남기게 한다. 이혼 수속하려고 상담소를 찾은 어느 고객이 글샘터 회원이 되어 지금은 행복한 가정에서 글쓰기에 몰두하며 중앙일보에 정규적으로 글을 올리는 회원이 되었다. 혹은 93세 된 노인이 죽을 날만 기다리며 살다가 글샘터 회원이 된 후에 삶의 희망을 다시 찾고 인생의 경험담을 기록하여 출판하고 한국에서 대상을 받는 명예를 얻기도 했다. 갑자기 남편 잃은 아내가 남편의 무덤 옆에서 시를 쓰기 시작하여 시인이 되고 후손에게 시집을 남겨 주게 되었다.

시를 쓰지 않았으면 지금 자식들과 함께 있을 수 있었을지 모른다고. 우리 모두 아름다운 기억을 찾아내 마음의 그릇에 담아 글로 남길 수 있다.

글을 읽고 쓰는 시간이 가장 행복한 시간이라고 말하는 최용완 회장은 1966년에 도미하여 미네소타대학 한인학생회장으로 시작하여 오하이오주 데이튼 한인회장 재임 시에 미국 주류 사회에 한국인의 위상을 높여 대한민국 대통령의 표창장과 공로상을 받은 바 있다.

서울 숭례문 화재 시에 숭례문의 유일한 실측도를 보관하여 숭례문 재건축을 도와 대한민국 국보 제1호의 은인이 되었다. 서울대학 재미동창회지 논설위원으로 활동하며 혹은 베텔 한인교회에서 글쓰기 모임을 지도하기도 한다.

최용완 회장의 아내 지니최 목사는 35년의 마취의사 직업에서 은퇴하고 미국 감리교에서 목사 안수를 받은 후에 뉴포트비취 감리교회에서 부목사직을 2년 동안 수행하였다. 지난 5년 동안 상담소의 프로그램 디렉터 기능을 수행하고 있다. 경기여고 동창회장 등의 사회봉사하며 상담소 고객과 가정 상담, 영적 상담 혹은 건강 상담을 한다. 글샘터 교실을 통하여 한국의 수필가로 등단하였으며 글샘터를 돕고 있다.

지난 5년 동안에 20여 명의 등단 시인, 수필가, 소설가를 배출해 온 글샘터는 최용완 회장, 이신우 부회장, 안상선 사무부장의 봉사 활동으로 운영되며 누구에게나 문이 열려있다. 좋은 글을 읽고 자기의 생각과 느낌을 어떻게 쓰는지, 혹은 시, 수필, 소설을 감상하고 자기의 작품을 어떻게 창작하는지, 등에 관하여 쉽고 재미있게 소통하는 문학 모임이다. 회비는 교제와 간단한 점심을 포함하여 $10:00이다.

모임은 수요일 아침 10시에 시작하여 오후 1시 이전에 마치도록 한다. 장소는 한미 가정상담소 12362 Beach Blvd #1, Stanton CA 90680이고 전화: (714) 892-9910 자세한 문의는 (949) 554-4721로 하면 된다.

2. 송축사, 효시적 합동 문예 종합지의 개가

- 사랑방 글샘터 동인 문학집 출범

홍승주(시인, 문예비평가)

1946년 6월, '청록파'로 일컫는 박목월의 나그네, 박두진의 해, 조지훈의 승무가 수록된 최초의 동인 시집 '청록집'이 출간되어 문화 예술계에 참신한 충격을 주었다. 이들은 초기에 시를 쓰면서 상호간의 검진과 조언을 우편으로 교류, 후세에 기릴 명작들을 남겼다.

대저 문학적 '동인'이란 문학의 한 장르에 머무는 것이 예사였음에 여기 사랑방 글샘터는 외로운 미주 땅에서 오직 문학만을 붙들고 미친 듯 심혈을 끌어 안은 다 목적, 다 장르의 혼합적 문학의 종합 산실이었다.

시가 있고 소설과 수필, 시조와 더러는 평론, 드라마에 이르기까지 회원의 특성도 다양했지만 강사진도 프로페셔널한 일가견의 문인들로 흡사 대학의 국문과를 방불케 하는 커리큘럼이었다.

수요일마다 열리는 강의실은 강사진의 열기와 수강 회원 상호간의 리얼한 작품 평으로. 작가로 가는 명실상부한 문학 센터로 일취월장해 갔다.

사랑방 글샘터를 개설한 시인이며 수필가, 일찍이 남대문 수

복에 기여한 건축가이며 고고학자인 최용완 회장은 시인이며 수필가인 부인과 함께 강의실을 개설하고 자료실을 설치, 문학 동호인들을 수렴, 사랑과 소명의 문인 그룹을 형성, 어언 20개 성상의 피나는 연수와 습작의 역정이 흐르는 동안 마침내 형설의 공을 이루었다. 그리고 미주와 고국 문단에 60여 명의 신인 작가를 배출하고 빛나는 저서를 상재하여 글샘터의 위상을 대내외에 떨쳤다. 사랑방 글샘터를 걸쳐간 문인회원만 해도 무려 수십 명을 헤아린다.

길고 아득한 각고 끝에 성취된 2019년 찬란한 황금 돼지해, 꿈의 숙원이던 대망의 동인 종합문예지, '문학의 오솔길'을 피땀으로 상재한 동인작가 제위와 편집진에게 뜨거운 감사드린다. 또한 '사랑방 문학온실'에서 연년세세 속간되기를 축원하며 좋은 작가란 책상에 오래 앉아 작품을 구상하고 창작하는 지구력에 있음을 후기하며 서정과 낭만의 상징인 이 빛나는 '사화집'이 고국은 물론 외로운 미주 교포 사회에 위안의 등불과 길잡이가 되어 삶의 활력소로 타오르기를 바라며 뜻 깊은 하사의 말을 가늠합니다.

3. 재미있게 함께 나누는 글샘터

– 창작으로 자기표현하세요

미국에서 가장 살기 좋은 캘리포니아의 오렌지카운티는 최근에 가장 많은 한국인 가정이 둥지를 튼 반세기 미만의 한인 역사를 펴는 새로운 지역입니다. 100년 전에 하와이에 이민 생활을 뿌리내린 이후부터 한국인 국회의원과 시장을 배출한 1세와 2세의 사회 활동이 두드러지게 나타나는 지역이기도 합니다.

이곳에 20여 년의 역사를 가진 가정상담소의 문화 행사의 한 부문으로 사랑방 글샘터를 2009년에 시작한 때부터 벌써 여러 시인과 수필가들이 한국 문단에 오르고 주옥같은 시와 수필을 창작해 왔음은 참으로 자랑스러운 한국인의 긍지인 듯합니다.

만남의 즐거움을 이야기하는 동안에 좋은 생각을 조리 있게 말합니다. 남의 이야기를 처음부터 끝까지 조용히 듣는 습관을 기릅니다. 느낌을 글로 써서 전하고 감상하는 방법, 창의적인 착상을 창작적인 표현으로 서로 공감을 이룹니다. 그러는 동안 우리의 삶이 풍요로워지는 즐거운 시간입니다.

이곳에 모인 사람들 중에는 등단을 꿈꾸는 한인들이 구슬땀을 흘리면 글공부하는 사람도 있고 '자아실현'과 '치유'라는 또 다른 열매를 맺는 분들도 있습니다. 우리가 매일 살아가는 크고 작은 사회 안에서 존경스럽고 헌신하는 자신으로 준비되도록 우리의 인격이 향상됩니다. "내가 보는 세상을 다른 이들도 그렇게 보는가?" 하는 마음으로 읽으신 글, 혹은 쓰신 글을 가져오셔서 5분 동안에 발표하시면 즐겁게 토론하고 서로의 창문을 열고 함께 배웁니다.

이 모임은 다른 문학 단체들과 다르게, 다른 사람이 얘기할 때 듣는 습관과 자신의 말하는 습관에 대해서도 훈련을 받습니다. 이 모임 창립을 주도한 최용완 수필가, 시인은 "사랑방 글샘터는 단순한 문학적인 모임이 아니라 인격적인 모임에 더 중점을 두고 있다"며 "글 쓰는 법과 대화하는 방법에 익숙해진다."고 합니다.

2009년에 한국에서 이미 잘 알려진 홍승주 작가를 비롯한 박경호 시인의 지도로 진행되어 오던 중에 2011년에 미주 문인협회에 수필분과를 지도하시는 강정실 수필가의 정성스러운 가르침을 받게 되었습니다. 우리 글 모임은 모국을 떠나 외국 문화에 적응하는 분주한 이민 생활 중에 우리의 뿌리를 견고히 내리고 훌륭한 우리 문화가 자라나는 한 나뭇가지가 신세계에 뻗어나감을 보게 됩니다.

이 작은 모임이 요즘 한류가 세계 문화에 넘치는 때와 함께하는 흐름이 되어, 우리의 삶이 더욱 풍요롭고 창작의 즐거움이 더욱 빛나는 보금자리로 이어지기를 기대해봅니다. 여러 회원이 참석하시여 함께 배우고 웃고 잠간 세상을 잊어버리는 즐거운 시간이 되기를 기대합니다.

이 모임에 가입되어 있는 회원 중에는 이미 글쓰기를 좋아하는 분들이 시, 수필, 산문, 소설에 대해 토론도합니다. 참가자들은 각자 5분 동안 자신들이 읽은 책들이나 토론하고 싶은 소재에 대해서 발표한 후 전체 회원들이 토론하는 시간을 갖게 됩니다. 만남의 즐거움을 이야기하는 동안에 좋은 생각을 말하고 듣는 습관, 느낌을 글로 써서 전하고 감상하는 방법, 창의적인 착상을 창작적인 표현으로 서로 공감을 이루면 우리의 삶이 풍요로워지는 즐거운 시간입니다. 우리가 매일 살아가는 크고 작은 사회 안에서 존경스럽고 헌신하는 자신으로 준비되도록 우리의 인격이 향상됩니다.

"내가 보는 세상을 다른 이도 그렇게 보는가?" 하는 마음으로 읽으신 글, 혹은 쓰신 글을 가져오셔서 서로의 창문을 열고 함께 배웁니다. 빈손으로 그냥 오시더라도 다른 이들의 시와 수필 작품들을 감상하시고 글쓴이에게 도움이 되는 한마디 말씀은 귀한 교감을 이루고 서로 고마운 친구가 됩니다. 작품 하나하나 단어와 조사, 문장의 연과 단을 지적하며 수정을 합니다. 복습하시고 다음 글을 쓰시는 모든 회원에게 혜택이 됩니다.

다음은 20012년 5월 1일 〈중앙일보〉 기사입니다.

"죽을 날만 기다리던 제가 글을 배우곤 삶의 희망을 갖게 되었습니다."

1922년생으로 글을 배운지 올해 2년째인 신성철 옹은 "글을 배우면서 나에게도 희망이 있다는 것을 알았다"고 강조했다. 그는 "원래 작가가 되는 것이 꿈이어서 대학에서도 국문학을 전공했는데 사는 게 뭔지 글을 제대로 써보질 못했다"고 말했다. 선생님의 지적에 자존심이 상하지는 않느냐 질문에 그는 "오히려 관심의 표현이니 기쁘다"라며 "내가 발전할 수 있는 기회인 보배라고 생각한다"고 덧붙였다.

"이번에는 신성철 선생의 수필을 보겠습니다", "살아온 과정에서 보고 듣고 느낀 것을 글로 표현한 자전적 수필이죠", "뭐가 문제입니까? 글이 많이 좋아졌지만 서두와 말미가 부정확하고 예술성이 부족합니다."

사랑방 글샘터 모임 강정실 선생의 따끔한 지적이 이어지자 올해 91세인 최고령 문하생 신성철 옹의 얼굴에도 긴장한 표정이 역력했다. 하지만 선생님의 말씀을 하나라도 빠뜨리지 않기 위해 종이에 필기를 하는 그의 손은 분주하기만 하다.

글을 통해 부부 간의 깊은 갈등을 해결한 사람도 있었다. 이지나 씨는 "부부 사이가 힘들어서 '돌솥과 양은냄비'라는 주제로 글을 쓴 적이 있었다"며 "그런데 글을 쓰면서 감정은 줄어들고 이성적인 판단이 되면서 남편을 더 깊이 이해하게 됐다"고 말했다. 그는 이어 "글을 쓰면서 부부 관계가 더 좋아졌고 대화가 되다 보니 남편도 나를 많이 이해해 준다"며 "이제는 남편이 글 쓰는 것을 적극 후원해 주고 있다"고 부연했다.

글쓰기를 통해 얻는 열매가 이뿐 아니었다. 한효진(66)씨는 "글을 쓰다 보니 사물이 평범히 안보이고 생각이 깊어지는 훈련이 되더라"면서 "뇌도 활성화가 되는 것 같고 노화방지나 치매예방에도 좋은 것 같다"고 말했다.

'세상만사'라는 주제로 글을 쓰고 있는 안윤태(78)씨는 "기초 실력도 없고 해서 쉽게 쓰자는 생각에 눈에 보이는 세상을 '세상만사'라는 주제로 풀어 보고 있다"며 "글을 쓰기 위해 항상 기승전결을 생각하는데 생각하는 힘도 자연스레 길러지는 것 같다"고 글쓰기 예찬론을 이어갔다.

이날 모임 참석한 10여 명의 문하생들은 기존 작가들의 작품과 회원들의 글을 함께 읽으며 맞춤법 띄어쓰기 등 글쓰기 기초를 공부하고 있었다.

사랑방 글샘터 회원은 매주 수요일 아침 10시에 만나서 공부합니다. 모임에 친구들도 불러오시고 많이 참석하셔서 메마른 우리 정서에 목을 축이세요. 회비는 $15입니다. 간단한 음식이 준비됩니다. 장소와 설비를 마련해 준 가정상담소의 고마운 마음에 모든 회원과 함께 감사합니다.

장소 : 한미 가정상담소(이사장 수잔 최)

주소 : 12362 Beach Blvd #1, Stanton CA 90680

오렌지카운티 스탠턴 소재(가든 그로브와 비취 길 인근)

전화 : 714-892-9910

모임에 대한 자세한 문의는 (949)554-4721 최용완,

최용완(Bryan Choi) : 시인, 수필가

미주문협 신인상/ 한국문예지 자유문학 신인상/ 한국수필지 에세이포레 신인상

1957년 광주일고 졸업/61년 서울공대 건축과 졸업/63년 국보 제1호 서울 남대문 중수공사 설계사/64년 문교부 문화재 전문위원/71년 美 미네소타 주립대 대학원 졸업/82년- 05년 오하이오주 건축회사 사장(오하이오주 한국전쟁 참전용사 기념공원 설계, 다수 건축 설계상 수상)/데이튼 신크레어대학 강사, 데이튼 한인회장 및 이사장, 美 연방인권위원회 오하이오주 위원, 오하이오주 민주평통 지회장 등을 역임했다.

현재 캘리포니아주 뉴포트비치에 거주/63년 서울특별시장 표창장, 03년 대한민국 대통령 표창장 및 공로상 수상/저서 "한국 건축 문화사 (1965)", "새로운 눈에 보이는 세계"(2006).

4. 2013년 계사년 신년시

새벽빛

– 최용완

검은 용띠 따라 60해 잠을 깬 검정 뱀
어둠을 뚫고 새 하늘에 솟구친다
거북이 몸을 감은 고구려 현무
남해를 누비던 장보고 이순신 후손
한강 줄기 꿈틀거려 세계로 뻗는다

일찍이 앞선 씨족 몽골 티베트 이어지고
북남미 대륙까지 달려나간 혈연
김치 된장 온돌방에 고인돌 지어 올려
재치 깊은 끼 범람하는 한류
우리말 한글문화 오대양에 넘친다

뛰지 않고 도도히 움직이는 흑사의 기운
한반도를 끌어안은 태백 줄기
한라 지리산에서 백두산까지
새아기 울음소리 메아리 울려라

가슴 벅차 두근거리는 젊음의 기상
찬란한 조국 찬가 목청 올려 불러라
달 화성 가까워지는 첨단을 앞서
지구를 당겨가는 관악의 열기
태양계의 문을 열어 깃발 높이 날려라

5. 2013년 글샘터 작품 출판

김일형 : 고해 바다에서 헤매는 인생, 미국의 생화 터전, 서예(書藝), 진정한 이웃

노순미 : 시 3편

배원주 : 도전하는 삶, 맨땅에 헤딩하기, 아들이 선택한 길, 달리는 길(시), 사진/이력

안상선 : 가리나무, 비빔밥 인생, 11월 마지막 날에(시), 귀선(시), 사진/이력

안윤태 : 사막 속에 바의(시), 세상만사 4(시), 세상만사 5(시), 세상만사 6(시)

심경아 : 어머니 내 어머니, 키다리 백인 남자와 아기, 희고 긴 손가락의 남자, 나를 끌고 가는 시간(시), 당신의 사랑으로(시), 바람(시),

이복자 : 내가 본 8 · 15 해방, 무작정 떠난 가족여행, 용 따라 떠나간 원앙 한쌍, 송구영신(시), 묘석의 꽃(시), 바다의 신비(시), 사진/이력

이산하 : 아름다운 생각(시), 통일 전망대(시), 두고 온 마음(시)

이신우 : 서생원 죄가 많아, 아버님!, 사랑하는 이여, 세월

(시), 사랑은(시), 어머님(시), 사진/이력

이주혁 : 광석 라디오, 무작정 삶, 삶의 용광로, 거울 속에 숨겨진 나(시), 영원한 해돋이(시),삶의 시간들(시), 사진/이력

한효진 : 구급차의 사이렌, 음주 운전, 팜스프링스 야시장

강정애 : 새벽 기자 소리, 텃밭, 파도 소리에 담긴 어머니의 음성,

거울(시), 풀꽃(시), 아들에게(시),

최용완 : 내 인생을 바꿔 놓은 선배의 말 한마디, 무등산 기슭, 혈전,

2013 새벽빛(시), 1234(시), 고문 기술자(시)

6. 2014년 · 1

지난해에 한국 문단에 시인 2명과 수필가 2명이 등단한 글샘터 회원들이 2014 갑오년에도 훌륭한 창작 활동을 다짐하며 하례식을 가졌다. 오렌지 한미 가정상담소(수잔최 이사장)의 문화 활동으로 매주 수요일 아침 10시에 모여 작품을 나누어보며 지난 5년 동안에 14명의 문인을 배출한 모임이다. 회장 최용완(뒷줄 바른편 두째)에게 문의하면 누구나 참석할 수 있다.

회비는 $15(간단한 점심 포함)

장소 : 한미 가정상담소(비치와 람프슨 교차로 부근)

주소 : 12362 Beach Blvd #1, Stanton CA 90680

문의 : 상담소 714-892-9910

최용완 949-554-4721

한미 가정상담소에서 매주 수요일 오전 열리는 사랑방 글샘터 모임에서 등단을 꿈꾸는 한인들이 구슬땀을 흘리면 글공부를 하고 있다.

7. 2014년 · 2

어제 모임은 정호승 시인의 '밥그릇'을 감상하며 쉽게 쓰는 시를 보았습니다.

삶에 힘이 되는 명언을 읽으며 '나도 한마디'를 써서 후손들에게 남기도록했습니다.

소설, 단편 소설, 꽁트의 다른 점과 특성을 공부하고 우리의 수필을 소설화하면 더 재미있는 창작이 되고 소설가 되는 첫걸음을 경험하는 기회임을 배웠습니다.

꽁트 작품 '할머니'를 감상하며 감동을 나누었습니다.

우리 모두 소설 쓰는 의욕을 느꼈습니다.

다음 주에 강정실 강사님께서 다음 행사에 관한 설명을 해주십니다.

6월 8일부터 3일간에 한국 부산 문학회 회원 30여 명이 이곳 한국 문인협회 미주 지회를 방문합니다. 작가의 집에서 시화전을 개최하고 함께 맘모스에 1박 2일 여행 다녀옵니다.
달력에 비워두시고 모두 참석해 주시기 바랍니다.

참석 회원 : 이신우, 안상선, 배원주, 김일형, 이산하, 제봉

주, 노순미, 이주혁, 서성희, 강정애, 최용완.

매주일 시, 수필, 꽁트 중에 한 작품을 쓰도록 노력하시고 적어도 2주에 한 작품은 꼭 쓰시도록 노력해 주시기 바랍니다. 우리의 글은 주위 친구와 후세에 남겨 주는 영원한 기록입니다.

다음 모임 5/14일은 강정실 수필가의 강의 시간입니다.

수필 작품들을 일요일까지 제출해 주시기 바랍니다.

세월호 참사로 희생된 선생님이 학생들을 끝까지 구출하고 본인은 구출되지 못한 학생들과 함께 목숨을 같이했습니다. 그렇게 희생된 아들을 자랑스럽게 이야기하며 기뻐하는 아버지를 보고 안산 장례식장 사장님이 모든 수입을 희생된 학생들 가족에게 기증하기로 결정했습니다.

긍정적인 생각은 자신을 행복하게 하고 사회를 행복하게 하는 위력입니다. 우리 모두 실습하시기 바랍니다.

수요일에 뵙겠습니다.

– 최용완 올림

어제 모임은 정호승 시인의 '밥그릇'을 감상하며 쉽게 쓰는 시를 보았습니다.

삶에 힘이 되는 명언을 읽으며 '나도 한마듸'를 써서 후손들에게 남기도록했습니다.

소설, 단편 소설, 꽁트의 다른 점과 특성을 공부하고 우리의 수필을 소설화하면 더 재미있는 창작이 되고 소설가가 되는 첫 걸음을 경험하는 기회임을 배웠습니다.

꽁트 작품 '할머니'를 감상하며 감동을 나누었습니다.

우리 모두 소설 쓰는 의욕을 느꼈습니다.

다음 주에 강정실 강사님께서 다음 행사에 관한 설명을 해주십니다.

6월 8일부터 3일간에 한국 부산 문학회 회원 30여 명이 이곳 한국 문인협회 미주 지회를 방문합니다. 작가의 집에서 시화전을 개최하고 함께 맘모스에 1박 2일 여행 다녀옵니다. 달력에 비워두시고 모두 참석해 주시기 바랍니다.

회원 작품 : '존댓말 유감', '자살 시도', '말린 고구마', '어머니의 사랑과 믿음'.

참석회원 : 이신우, 안상선, 배원주, 김일형, 이산하, 제봉주, 노순미, 이주혁, 서성희, 강정애, 최용완.

매주일 시, 수필, 꽁트 중에 한 작품을 쓰도록 노력하시고 적어도 2주에 한 작품은 꼭 쓰시도록 노력해 주시기 바랍니다. 우리의 글은 주위 친구와 후세에 남겨주는 영원한 기록입니다.

다음 모임 5/14일은 강정실 수필가의 강의시간입니다.

수필 작품들을 일요일까지 제출해 주시기 바랍니다.

세월호 참사로 희생된 선생님이 학생들을 끝까지 구출하고 본인은 구출되지 못한 학생들과 함께 목숨을 같이했습니다. 그렇게 희생된 아들을 자랑스럽게 이야기하며 기뻐하는 아버지를 보고 안산 장례식장 사장님이 무든 수입을 희생된 학생들 가족에게 기증하기로 결정했습니다.

긍정적인 생각은 자신을 행복하게 하고 사회를 행복하게 하는 위력입니다. 우리 모두 실습하시기 바랍니다.

수요일에 뵙겠습니다.

– 최용완 올림

8. 글샘터 문학동우회 교재(2016년 12월 7일)

- 국어 문장을 이루는 9가지 품사

▣ 주어

1. 명사 : 사람, 여자, 사과, 사물

2. 대명사 : 나, 너, 이것, 저것, 여기, 저기

3, 수사 : 하나, 둘, 셋, 넷

▣ 서술어

4. 동사 : 자동사 - 가다, 갔다, 갈 거다,

타동사 : 먹다, 먹어라, 먹을까

5. 형용사 : 크다, 컸다, 클 것이다, 커라, 클까

▣ 수식어

6, 관형사 : 헌 신발, 그 사람, 세 남자, 큰 나무

7. 부사 : 매우 아름답다, 모질게 사나운, 매우 빠르게 간다. 그리고

▣ 조어

8. 조사 : 격조사 - 이, 가, 께서(주격 조사), 을, 를(목적격 조사)

에, 에게, 라고 (부사격 조사), 의 (관형사격 조사)
이다, (서술격 조사)
접속 조사 - 와, 과,
보조사 - 은, 만, 도, 마저, 조차
9. 감탄사 : 아, 와, 아뿔싸

운문(韻文)은 일정한 규칙(운율)에 따라 쓴 문장(글)이다. 시에서 주로 이용된다. 일정한 리듬을 가져 암송하기 적합하기 때문에 고대부터 신화나 역사의 서술에 이용되어 왔다.

산문(散文)은 리듬이나 운율에 구애받지 않고 형식이 없이 생각과 느낌을 자유롭게 쓴 글을 말한다. 운문과 상대적인 개념이다. 산문의 형식으로는 소설, 수필, 신문기사, 평론, 일기, 희곡 등이 있다. 대체로 일상적인 표현 방식이나 언어 용법으로 짜여져 있는 글, 이것이 바로 산문에 대한 통념이다.

서사시 · 자유시 · 산문시(prose-poem) · 이야기시(story-poem), 그리고 중국의 한 표현 양식인 부(賦) 등과 같은 표현 양식들은 산문적 특질과 운문적 성격의 상호 침투 가능성을 잘 입증해 주고 있다.

서사시(敍事詩)는 자연이나 사물의 창조, 신의 업적, 영웅의 전기 등을 주제로 하는 이야기시이다. 서사시는 인류의 역사 속에서 존재한 거의 모든 문화에서 발견할 수 있다. 넓게는 문자 없이 들려주는 이야기로 전해져 온 것도 서사시에 포함하나 일반적인 서사시는 운문의 형식으로 쓰인 것을 말한다.

서사시는 서정시 · 극시와 함께 시의 3대 형식의 하나로서, 객관적 문학의 총칭에도 사용된다.

서사시의 특징은 작자의 주관이 불명확한 데에 있다. 사건의 발전 · 갈등 · 해결에 작자는 자기 견해를 삽입하지 않는다.

서사시는 신화와 매우 밀접한 관계에 있다. 서사시에서 다루어지는 이야기는 주로 천지의 창조나 영웅의 전기등으로 신화의 주제와 일맥상통한다.

소설(小說)은 사건을 미적으로 질서화하여 통일적인 의미가 구현될 수 있도록 산문으로 서술한 서사 문예이다. 건축처럼 인물 · 사건 · 배경을 구조적 기본 요소로 하는 허구적인 서사 문예인 것이다. 인류사적 보편성을 담고 있는 소설일수록 생명력이 강한 경향이 있고 이런 소설은 '고전'이라고 명명되며 오래도록 읽힌다.

소설은 서사시에서 발달한 이야기 쓰기 형태로 보이며, 이러한 이야기를 쓰는 작가를 소설가라 한다. 흔히 한국에서는 영어의 Novel을 소설이라고 간단히 번안하여 소설 전반을 범칭하고 있지만 엄밀한 의미에서 Novel은 근대 장편소설을 지칭하는 단어이기 때문에 소설 전반을 아우르는 범용어로 사용하기에는 적질하지 않다.

한국에서 많이 쓰이는 단편소설의 경우 Novel 대신 Short Story라 한다. 중편소설은 이태리어인 Novella를 쓴다. Novel와

Novella는 '이야기'와 '소식'이라는 의미를 갖고 있다.

소설은 수필과 달리 실제 있었던 일이 아니라 작가가 상상을 통해 꾸며낸 이야기라는 점이 가장 큰 특징이다. 그러나 그 꾸며진 이야기는 당시 작가가 살았던 현실을 작가만의 방식으로 반영한 것이기 때문에 현실의 문제점을 꼬집고 되돌아보게 하는 데에 소설의 의의가 있다. 때문에 소설의 특징을 체험과 상상이 빚은 언어 예술로서 '진실된 거짓'으로 파악하기도 한다.

또 소설은 형식미와 예술미를 갖추어야 하는 예술의 범주에 속하면서도 시와 달리 운율을 맞추어야 한다는 제약이 없이 자유롭게 지은 산문이라는 특징이 있다.

소설의 3요소는 주제, 구성, 문체이며

주제 : 작품을 통하여 작가가 나타내고자 하는 중심 사상이다.
소설 속에서 쌓아올려진 의미를 주제라고 할 수 있다.
소설의 주제는 이야기를 통해 구체화된다.

구성 : 주제를 효과적으로 표현하기 위해 사건을 질서 있게 배열하는 것으로

인물 : 작품 속에 등장하는 사람.

배경 : 인물이 행동하는 때(시간)와 곳(장소).

사건(갈등) : 인물들이 일으키고 겪는 일과 행위.

문체 : 문장에 나타난 작가의 독특한 개성이다.

유형적 묘사 : 관념적, 상투적 비유의 사용, 관용어구의 사용
운문체, 설화체, 문어체 등이 있다.

소설의 단계는 5단계 구분에 따른 것이다. 이 외에도 기, 승, 전, 결로 나누는 4단계로 구성되는 경우도 있다.

발단 : 인물과 배경이 소개되고, 사건의 실마리가 나타난다.

전개 : 사건이 전개되면서 인물들 사이에 갈등이 나타난다.

위기 : 갈등과 대립이 심화되고, 위기감이 고조된다. 때로는 반전이 나타난다.

절정 : 갈등, 대립이 최고조에 이르며, 주제가 뚜렷하게 나타난다.

결말 : 갈등이 해결되고, 사건이 종결됨.

수필(隨筆) 또는 에세이(essay)는 생각을 자유롭게 표현한 산문문학이다. 주제에 따라 일상생활처럼 가벼운 주제를 다루는 경수필과 사회적 문제 등의 무거운 주제를 다루는 중수필로 나뉜다. 특히 중수필에서 사회적 이슈를 주제로 쓴 것을 칼럼이라 한다.

첫 수필로 8세기 신라 승려 혜초가 쓴 왕오천축국전을 들 수 있으며 근대적 형식의 수필은 유길준의 서유견문을 들 수 있다. 17세기 독서 수필, 한거 수필, 일신 수필 등에서 처음 수필이란 표현을 쓰기 시작했다. 수필이 포함하는 글의 형태로 잡록, 일기, 기행, 내간, 야담, 패설, 시화, 비평 등이 있다.

9. 2016년 시와 수필에 '반전'

1. 이날 방송에 MC진이 듣는 한 여성의 고민이 남자친구의 '욱'하는 성격이었다.

승부 근성이 강한 이 남자는 오목 게임에 졌다고 모니터를 박살 내는 엄청난 성질을 가졌다고 침울한 호소였다. 문제는 이 남자가 시 짓기를 좋아하고 대나무를 그리기 좋아한다는 것. 이에 MC진은 즉석 자작시를 요청했고 남자는 시를 읊조리며 반전(反轉) 매력을 발산했다. 이날 여자친구는 "조금만 욱하는 성질을 줄여 달라"고 부탁했고 남자는 "저 여자는 내 가슴 속에 있는 나의 여자다"라며 여자친구에게 애정을 표현하기도 했다.

한편 승부 근성 넘치는 남자에게 즉시 가위바위보 승부와 팔씨름 승부를 요청했다. 남자의 승부 근성은 계속 증폭되며 방청석의 폭소를 이끌어냈다.

2. 생김새나 말씨, 연기로 특정한 이미지를 얻은 스타들이 이와 상반된 모습을 드러낼 때면 대중은 놀라움을 금치 못한다. 악역 전문 배우로 불린 한 연기자는 '시 쓰기'라는 서정적인 취미를 즐긴다고 고백했고 아리따운 신인 여배우는

중학생 시절 무협소설을 연재했다고 밝혀 화제를 모았다. 화면 속 이미지와 어울리지 않는 이색 취미를 즐긴 스타들은 반전(反轉)의 매력으로 많은 이들을 사로잡았다.

3. 시의 문법(김동렬) : 시의 구조는 첫째 소재, 둘째 반복, 셋째 대칭, 넷째 반전, 다섯째 감탄이다. 모든 시에는 반드시 이 다섯 가지가 들어 있다. 처음에는 어떤 소재를 제시하고 다음 무언가 반복하여 라임을 준다. 그리고 대칭을 시켜 긴장을 준다. 다음 비틀어서 시야를 넓힌다. 그때 인간은 카타르시스를 느낀다. 소재, 반복(음율), 대칭을 넘어 토대의 공유를 보여준 다음 반전으로 감탄하여 에너지를 넣어 준다. 물론 이 순서를 기계적으로 지킬 필요는 없다. 연역과 귀납의 모순에 의해 순서가 바뀌기 때문이다. 어쨌든 그 안에 시의 구조가 있다는 사실을 아는 것이 중요하다.

시의 형식은 에너지를 태우는데 있다. 그냥 '쥐새끼 씨박놈아!' 하면 감정의 표출일 뿐 시가 아니다. 시는 아트다. 예술적으로 감정을 실어야 한다. 그 방법은 뒤통수를 치는 것이다.

즉 방향 전환이다. 반전이다. 대개 자연을 노래하다가 갑자기 인간사회의 비유로 방향을 튼다. 이때 독자의 카타르시스를 끌어내려면 미리 충분한 긴장을 주어야 한다. 어떤 소재를 제시한 다음 반복하여 주목을 끌고, 대칭하여 긴장을 태우고, 방향을 틀어 정신이 번쩍 들게 반전하고, 마지막으로 감정을 실으면 시가 된다. 정형시든 자유시든 산문시든 마찬가지다.

4. 좋은 글쓰기 : '갈등과 반전의 묘미'를 함께 살려야. (중앙일보 기자, 정상) 화가와 시인의 차이란 바로 생각의 그림을 어디에다 옮겨 놓는가의 차이인 셈이다.

이때 갈등과 반전의 내용을 함께 담아낸다면, 작가는 정말 멋진 그림과 시, 곧 좋은 글을 생산하게 된다. "왔노라, 보았노라, 이겼노라(Veni, vidi, vici)" 이 단 한 줄의 글로 전쟁에서의 승리를 한껏 확신한 카이사르의 이 표현에서 우리는 승리의 커다란 감격을 온 몸으로 느끼는 등 충분한 감동을 받는다. 비록 단 한 줄이지만 이 글이 주는 감동의 크기를 말로 다 표현하기는 어렵다. 많은 시 중에서 이만한 시를 발견하기란 또한 쉽지 않다.

아무튼 좋은 글을 쓰는 데는 이처럼 순간의 충격적 감동을 제대로 포착해 담아내는 순발력을 또한 요구한다. 한편 시를 포함한 모든 글은 진솔성을 담아낼 때, 그리고 그 순간 이는 감정의 크기를 제대로 담을 때, 비로소 만인에게 감동을 주며, 그 감동을 또한 지속시킨다.

5. 신작 수필 : 〈반전(反轉)의 공식 '오동추야' 외〉 이원우(84년 〈한국 수필〉추천, 97년 〈한글 문학〉 소설 신인상, 저서 〈열아홉 살 과부가 스물아홉 살 딸을 데리고〉 등 16권).

왜 나는 유유자적하지 못하는가? 바쁘다는 말을 그저 입에 달고 산다. 가만 있자, 만으로 예순여덟을 넘긴 '백수'의 처지에서 봐도 이 푸념 아닌 푸념은 비정상적이다. 몸부림쳐 봤자 어제도 오늘도 나는 어정뱅이일 따름이거늘.

(중약)

나는 다그쳐 묻지 않고, 가겠다는 대답을 건성으로 하곤 수화기를 놓았다. 그러면서 장탄식을 하였다. 세월 이기는 장사가 없구나, 10여 년 전만 하여도 노인 학생들을 가르친다는 그런 개념과는 동떨어진 수업을 하는 데, 이의를 다는 학생이 있었던가? 좌충우돌 종횡무진, 나는 그 혼란의 한복판에서 두 발은 공중에 떠 있었다. 심지어는 '청춘 등대' 한 곡만 반복하여 목이 터져라 열창하여도, 학생들은 군소리 않고 열광의 도가니에 빨려 들어왔다.

이 자리에서 다시 한번 불러 보자.

파도치는 등대 아래 오늘도 둘이 만나/ 바람에 검은 머리 휘날리면서/ 하모니카 내가 불고 그대는 노래 불러/ 항구에서 맺은 사랑 등댓불 그림자에 아 아 아 아 정은 깊어 가더라.

그러나 어쩌겠는가? 나는 그 무트로 누린 행복의 시간을 여태껏 만끽할 수만은 없는 현실과 맞닥뜨려 있는 것이다. 약속한 당일 무슨 노래든 제대로 몇 곡 골라 선보여야 한다. 그리고 2선으로 물러서서 조연의 지혜를 발휘해야 한다. 그것들로써 어차피 주변인 일 수밖에 없는 그들과 나의 공통분모로 삼아야 한다. 삶의 양태가 서로 달랐다고 해서 분자(分子)를 비교하는 것까지 포기

할 수 없지 않은가? 연산은 내가 한다. 복정을 안긴 S학장에 대한 원망을 시간조차 없이 그렇게 무심히 시간만 흘러갔다.

밤중에 그만 가뭇없이 잠까지 사라지기 예사였다. 27년 동안의 관록(?)이 무용지물이 되는 현실 앞에 속절없이 애간장을 태웠다. 난수표(亂數表)와 씨름하는 기분과도 같았다고도 하자.

어제 11일 10시, 부스스한 머리카락에 빗질조차 못하고 아침은 먹는 둥 마는 둥 하고선 집을 나섰다. 후배가 마침 그쪽으로 가는 길이라 그 차에 편승했다. 노인회 사정으로 몇 달 문을 닫은 적이 있는지라, 학교가 어쩐지 낯선 느낌이 들었다.

어쨌든 교실 문을 열고 들어섰다. 일순 탄성이 흐르고 여기저기서 학생들이 아는 체하였다. 나는 목례로 답했지만 잔뜩 속내를 쉬드러낼 수 없었다. 저들 중 어느 누구가 나를 폄하하였으려다?

드디어 분침과 시침이 11에서 일치되고 나는 교단에 올라서서 미소를 지어 보였다. 그러나 그건 본격적인 기 싸움의 시작일 따름이다. 이런저런 싱거운 소릴 던지고 나서, 갖고 간 두 가지 노래 인쇄물을 나누어 주었다. '오빠 생각'과 '클레멘타인' 이 둘이야 말로 남녀노소의 한계를 뛰어넘는 환상의 조합이다. 그러나 20분 넘게 온갖 몸부림을 쳐봤는데도-일흔 노인인 내 그 짓거리는 말과 글로써는 표현하기 힘들다. 목격해야 한다.-한계에 부딪히는 듯한 느낌이었다.

20분을 남기고 나는 번개처럼 20년 전으로 거슬러 올라갔다. 내 노인 학교가 제자리를 잡아갈 그 시절, 나는 120명 학생을 5개 반(班)으로 나누고 기상천외의 이름을 붙였으니. '홍도야 울지 마라' 반/ '해조곡' 반/ '만리포 사랑' 반/ '굳세어라 금순아' 반/ '이별의 부산 정거장' 반 등이었고, 정원(?)은 각기 25명 안팎. 그런데 지금 내 앞에는 겨우 32명이 열대여섯 명씩 양분되어 앉아 있다.

섬광! 나는 다시 그걸 확인했다. 그건 머릿속에서가 아니라, 외제(外在)로서 실체를 드러낸 것이다. 나는 오른쪽을 '오동추야' 반으로 왼쪽을 '앵두나무 처녀' 반으로 명명했다. 비로소 폭소가 터졌다. 사실 두 노래는 너무나 닮은 점이 많다. 첫째가 가사 내용이 저급(低級)이라는 것이다. 악상은 스윙(4/4박자), 작곡가는 한복남, 여가수가 부른 곡, 3절까지 있는 연년생!

회심의 미소를 지으면서 낚시꾼처럼 나는 미끼를 던진 셈이다. 반가(班家) 제창!! 반응은 이내 터졌다. 어느 쪽 소리가 큰지 그 자연스런 경쟁의식을 부추긴 꼴이었다. 그리고 얘긴데, 대한민국에서 미국 민요 '클레멘타인'을 포함해서 흘러간 이들 두 노래를 모르는 노인이 어디 있다는 말인가. 점입가경, 웃고 떠들고, 손뼉 치고 흔들고….

가만히 서서 손짓만 해도 물결이 치듯 열기가 이리저리 오가고 있었다. 나는 쾌재를 부르짖었다. 아, 지난 열흘 동안 나를 짓눌렀었던 무거운 짐을 벗었구나! S학장의 얼굴에도 어느새 미소가 번지고 있었다. 그리고 수업이 끝났을 때 그는 학생들 앞에서 내 칭찬을 아끼지 않았다. 미심쩍어하던 그의 목소리를 기억하고 있는 나로서는 기분이 하늘을 날 듯했음은 두말 할 나위가 없다.

지금은 내 일상이 평안을 되찾았다. 탄우(彈雨)를 뚫고 나온 것 같은 느낌은 체험해 본 사람의 전유물이다. 그걸 설명한다는 것이 어리석은 짓임에야 무엇 하러 시도조차 하겠는가? 다시 나는 내일을 준비할 따름이다. 반전(反轉)의 공식을 찾는 척이라도 해야 하지 않을까?

'오동동 타령'과 '앵두나무 처녀'에서 비롯되는.

10. 2017년

2014년 문학캠프는 4개 단체 미주연합문학캠프로

– 9월 19일~20일, LA '로텍스 호텔'에서

미주한국문인협회(회장 문인귀), 미주한국소설가협회(회장 박계상), 재미수필문학가협회(회장 성민희)와 재미시인협회(회장 장효정) 4개 단체가 2014년부터 여름문학캠프를 연합으로 개최하기로 했다.

지금까지는 각 단체마다 여름 휴가철을 이용해 일정(日程)의 중복과 이곳 문단 분포의 특정상 참가자들이 이중, 삼중으로 행사에 참석해야 했던 부담을 덜어 내는 한편 1년에 한번 미전역에 있는 각 장르별 문인들과 '함께 한 자리'에서 만나는 '문학축제'가 될 것을 기대하며, 행사 장소도 LA 시내로 정하여 문학에 관심을 갖은 많은 사람들이 참석할 수 있도록 기획하였다.

여러 단체 중 유독 위 4개 단체만 모여서 결정한 것이냐고 말할 분도 있겠지만 섭섭해 할 일이 아닐 것이다. 우리 4개 단체는 축제를 준비하는 부분을 맡는다는 의미로 일을 하는 것이며 잔치는 누군가가 준비를 해야 하고 또한 준비된 잔치에는 누군가가 참석해서 성황을 이루어야 균형을 갖추는 성공적인 잔치가 되는 것이라고 미주문단 전체 회원들의 참여를 권하고 있다.

한편 이번 행사에 강사로 초청되어 오는 유안진 시인/수필가는 "문인끼리, 한글로 글을 쓴다는 공동의 공모자들, 우리 문학에 자원입대한 십자군 부대원의 사명감으로 서로의 고민과 고통을 털어놓고 수다 떨다보면, 뭔가 느낌으로 소통되고 이해되어, 이것이 세계문학을 공략하는 화살촉 한 개는 될지도 모른다"고 했으며 백시종 소설가는 "미국에 뿌리를 박고 일단 우뚝 설 수 있다는 그 사실 하나만으로도 꿈의 절반은 이루었고, 그런 어려움 속에서도 한글을 모국어로 삼고, 창작하는 일에 열중하고 있다면, 자기 정체성을 확실하게 구축한 아름다운 세계관을 가진 사람들임에 틀림없다"고 인사말을 통해 미주 한국문학인들에게 세계문학을 공략하는 교두보 역할을 기대하는 심경을 전해왔다.

일정

일시 : 2014년 9월 19~20일 오전 9시부터 저녁 9시 공식일정 후 10시부터 뒤풀이 한마당.

장소 : LA 한인타운 내 '로텍스 호텔'

시, 수필 강의 : 유안진 시인/수필가/서울대학교 명예 교수/정지용 시 문학상 수상

시집 : 〈달하〉, 〈다보탑을 줍다〉, 〈걸어서 에덴까지〉 등

수필집 : 〈사랑, 바닥까지 울어야〉, 〈우리를 영원케 하는 것은〉 등

소설 : 〈바람꽃은 시들지 않는다〉, 〈땡비〉,

소설 강의 : 백시종 백시종 소설가 / 현 한국소설가협회 이사장1966년 《대한일보》 신춘문예입상. 《전남일보》 신춘문예에 동화 〈꽃마음〉이, 장편 〈자라지 않는 나무들〉 이 당선. 주요 작품으로 〈신화가 보이는 숲〉, 〈자라지 않는 나무들〉, 〈들끓는 바다〉, 〈바람난 황제〉 등이 있다.

참가비

일반 참가비 : $40(당일 문학 강의와 각종 행사 참가. 점심, 저녁, 뒤풀이 한마당 참가)

숙박회비 : $ 150(2일 밤 숙박 및 4식 제공과 각종 행사 참가)

행사 : 소설, 수필, 시 3개 강의, 식사와 뒤풀이, 기념품 제공

문의 및 접수처

미주한국문인협회 : 714-334-3531 562-455-8831

미주한국소설가협회 : 213-200-2173 213-434-4894

재미수필문학인협회 : 714-318-2523 714-335-5523

재미시인협회 : 213-222-3959 310-920-2285

11. 2017년 글샘터 문학동우회 문학특강

– 박계상 소설가

글샘터 문학동우회(회장 최용완) 소식
오렌지카운티 가든그로브에 한미 가정상담소

문학특강

박계상 소설가 문학 특강

3월 15일 수요일 아침 10시
미주 소설가 협회 회장 역임
미주 문협 소설 분과 위원장역임
장편 소설 저서 : 1. 우산국 2. 독도
강의 주제 : 경험을 통한 소설작법

글샘터 문학동우회는 이선하, 제봉주, 김윤기 등의
저명한 소설가들을 배출하였다.

홍승주 작가 문학 특강

3월 22일 수요일 아침 10시
한국 문단의 시 수필, 소설, 평론, 희곡 장르의 거장
강의 주제 : "문학은 사람의 이야기이다."
강연과 회원 작품 시, 수필, 소설 등의 심사 및 평론

글샘터 문학동우회는 지난 8년 동안에 30여명의 회원들이
한국과 미국에 등단 작가로 진출하였다.

사랑방 글샘터 모임은 매주 수요일에 모임을 갖고 있다.

글샘터 5회원 미주문학 신인상 등단

지난 8월 11일 미주 문인협회(회장 이윤홍) 여름캠프가 팜스프링 미라클 호텔에서에서 오후 1시부터 1박2일 행사로 열렸다. 한국 경희대학교 홍용희 교수와 한남대학교 김완하 교수를 초빙하여 미국 각 지역에서 수백 명의 문인들이 모여들어 참석하였다. 20018년 여름호의 작품으로 7신인 작가들이 신인상을 수상하였다.

오렌지카운티에 글샘터(회장 최용완) 회원 5사람이 시, 수필, 소설 부문에서 각각 신인상을 받으며 등단했다. 수필 부문에서 이신우 회원은 작품 '어머님의 물레가 돈다'로, 김장진 회원은 '부

정무한'으로 수상하였다.

시 부문에서는 장은돈 회원은 작품 '꽃의 뱀'으로, 손영환 회원은 '레이크 타호'로 각각 수상하였다. 소설 부문에서 민유자 회원은 단편소설, '거벽'으로 신인상을 수상하였다.

글샘터 문학동우회 모임은 매주 수요일 아침 10시부터 오후 1시까지 한미가정 상담소에서 모인다, 문학 강의를 듣고 점심과 교재를 포함해 회비는 $10.00이다. 오는 8월 22일에는 한국 문단의 거장 홍승주 작가가 문학창작 강의를 한다. 글쓰기 창작에 흥미가 있는 사람은 누구나 참석할 수 있다.

장소는 12362 Beach Blvd. #1, Stanton CA.

전화 949-554-4721

12. 2018년 12월 19일 사랑방 글샘터 모임

– 잘 지내고 계시지요!

존경하는 여러 스승님과 선생님을 모시고 우리 글샘터에서
더 이상 좋을 수 없는 1년이 지나고 있습니다.
정말로 우리는 꼭, 교향악단 같다는 생각을 하고 있습니다.

자신이 소리를 내야할 때와 그러지 않을 때를 잘 구별하여
생각하고 말하고 행동하고 배우며 교제하며 축복받은 시간을
보낼 수 있는 축복에 크나큰 감사드립니다.

이전 메일에서 언급되신 분들, 다시 중언부언하지 않아도 마음은 같습니다. 어떻게 표현할지를 몰라서 우물쭈물하는 사이에 이, 민 선생님이 이렇게 표현하시니 거기에 제 마음도 더합니다.

글샘터 동우회의 마음의 지주, 홍승주 선생님,
우리들의 지휘자 최용완 님
그리고 사모님, 부지휘자 이신우 님
약 30명의 식사를 흔쾌히 준비해 오시면서도
늘 즐거우신 연연숙 님,

하나라도 더 가르쳐 주려고 노심초사하는 연규호 님,
시간마다 달콤한 강의로 영문학, 국문학을 두루 섭렵하는
이윤홍 님, 멋진 작품으로 가을의 찬연함을 보여주는
우리들의 작가님들, 일일이 성함을 불러봅니다.
지극한 감사를 드립니다.

한 해 동안 수고 많았습니다.
오는 해에도 더욱 불꽃같은 활동하시겠지요!
가는 해 부디 평온하고 즐거운 날 되십시오.

새해, 2019 기해년에도 더욱 풍성한 복락을 누리면 좋겠습니다. 이 해가 다 가기 전에 우리 다 함께 큰 목소리로 불러봅니다.

13. 2019년 홍용희 수필 강의

– 2019년 4월 3일 글샘터 교재,

산문시, 삽 / 정진규

삽이란 발음이, 소리가 요즈음 들어 겁나게 좋다 삽, 땅을 여는 연장인데 왜 이토록 입술 얌전하게 다물어 소리를 거두어들이는 것일까 속내가 있다 삽, 거칠지가 않구나 좋구나 아주 잘 드는 소리, 그러면서도 한군데로 모아지는 소리, 한 자정(子正)에 네 속으로 그렇게 지나가는 소리가 난다 이 삽 한 자루로 너를 파고자 했다 내 무덤 하나 짓고자 했다 했으나 왜 아직도 여기인가 삽, 젖은 먼지 내 나는 내 곳간, 구석에 기대 서 있는 작달막한 삽 한 자루, 닦기는 내가 늘 빛나게 닦아서 녹슬지 않았다 오달지게 한번 써볼 작정이다 삽, 오늘도 나를 염(殮)하며 마른 볏짚으로 한나절 너를 문질렀다

〈해설〉 – 문태준 · 시인

시인은 언어의 맨살을 만진다. 말과의 상면과 말의 '한 줄금 소나기'를 만나는 순간의 경이를 시인은 표현한다. 우리의 마음에서 세상에 대한 경이가 사라지는 일은 슬픈 일이다. 보고 듣고 냄새를 맡고 혀를 대보고 생각을 만드는 이 날것의 감각에서 소위 맛이 사라지면 살맛이 가실 것이니 이 세상은 얼마나 캄캄한 절망이겠는가. 이 세상을 다시 맞는 아침에는 당신도 "아,

세상이 맛있다!"라고 말해 보라. 애초에 생(生)에는 무력감이 없으므로.

시 '삽'에는 경이가 있다. 나도 '삽'을 발음해 본다. 입술이 모시조개처럼 예쁘게 모인다. 손으로 목화를 따 들이는 느낌이 있다. 시인은 이 발성의 쾌감에 희열한다. 그리고 거기서 좀 더 들어간다. "젖은 먼지 내 나는 내 곳간"에 작달막한 삽 한 자루가 세워져 있는 것을 보여준다. 언젠가 제대로 한 번 써볼 생각으로 연일 '마른 볏짚으로' 문질러 놓아 녹슬지도 않았다. (나도 나의 아버지가 들일을 마친 해질 무렵에 마른 볏짚으로 삽날을 문지르는 것을 많이 보았다. 그 저녁 풍경의 숙연함이여!)

시인은 무슨 일에 이 삽을 사용하려 하는 것일까. 당신의 사랑을 얻을 때에 한 번 뜨고, 종국에 닥칠 나의 죽음을 내 스스로 거두어들일 때 한 번 뜨겠다고 한다. 생의 한 경이를 포착한 이 시가 참 좋은 이유는 시 전반부의 발성의 쾌감이 후반부의 비장함으로 진행되는 데에 있다. 비장하지만 마구 심각하지는 않다. 다가올 시간에 대한 기다림이 있기 때문이다. 이 또한 경이다. 경이가 없다면 기다림도 없을 것이므로. (연애에 경이가 사라지는 순간 우리의 애인들이 내일을 기다리지 않고 당장 모두 떠나가 버리는 것처럼)

시 전문지 월간 '현대시학'의 주간을 맡고 있는 정진규(69) 시인은 산문시의 성공적인 전형을 제시하고 있는 시인이다. 그의 산문시는 영혼을 한순간에 탁, 부려 놓는다. 그리하여 산문시 아닌 시들보다 오히려 더 아름다운 음악을 만들어낸다. 시 쓰는 일을 비유하길 세상을 배알하는 일이라고 겸손하게 말하는 그는 올해로 칠순을 맞았다. 그의 시는 종심(從心)이되 어긋남이 없으니 무량무변하다.

– 〈출처〉 2008.01.26 / 조선일보

글샘터 2019년 12월 시행방침

회원 여러분 안녕하십니까?
우리 모임에 점심시간을 강의 이후로 미루려고 합니다.
강의 시간은 10시에 시작하고 강사님에 따라
12시 혹은 12시 30분으로 마치려고 합니다.
점심을 희망하시는 분은 김밥, 짜장밥, 비빔밥, 피자, 혹은 다른 선택을 자원봉사 하셔서 회원들과 나누시면 되겠습니다.
한 사람에게 의존하는 폐단은 계속되지 않기를 바랍니다.
회원님들의 의견을 종합해서 12월부터 시행하려고 합니다.
의견을 모아주시기 부탁합니다.

저의 소견입니다. 정복성

Break/Sneak time : 중간 시간에 점심 준비하시는 회원님이 너무 많이 수고하시고 계십니다. 또 현재 식후 계속하여야 할 귀중한 강의 시간이 10~15분씩 잠식되고 있습니다. 중간에 10분 정도 개인 용무 겸 break time을 갖고 곧 이어서 강의를 지속하였으면 합니다. 강의 종료 후 1:00시에 점심을 하면서 친교하고 각자 편한 시간에 귀가하였으면 합니다. 시장기가 있으면 break time에 간단한 sneak을 하면 좋겠습니다.

강의시간 : 10:00 a.m.~11:50 오전 강의

11:50~ 12:00 Break/Sneak time

12:00~ 01:00 pm 오후 강의

01:00~ 점심/친교/귀가

글샘터 운영 윤곽을 짐작합니다. 매번 참석 회원수는 ± 20 ~ ± 30명 정도로 일정하지 않습니다. 즉 확정수의 년 회비 납부제가 아니기 때문에 운영 예산을 편성 계획하기가 어려울 것 같습니다.

그러나 매월 지출 : 임대료 $100.00, 강사비 4회$800.0, (5회) ($1,000.00)이면 최소 월 고정 지출이$900~1,100/월 되겠습니다.

일회 회원 참석비 $10.00 이면 평균 20~30명 참석하여야 근근이 매월 경비를 지출할 수 있겠습니다?

점심 : 전례로 글샘터가 특별히 점심이 있었기에 회원 간의 화합과 친목, 남이 부러워하는 분위기의 모임이 될 수 있었습니다. 계속되기를 바랍니다. 식사 마련은 각 회원이 전부 균등하

게 참여하여 공동으로 제공하는 것을 원칙으로 하지만, 예외로 어느 X, Y, Z회원이 자원 특별 제공하는 경우에는 감사하게 수용하였으면 합니다. 돌이켜 보면 연 권사님의 지난 봉사적인 점심 제공은 대단하셨습니다.

주 1회 식대($100~$120) : 어떻게 조달되고 있는지요, 방안 찾기에 협조하도록 하겠습니다. 예 : #1 강의 종료 후 1:00시에 점심을 할 회원은 $5 추가 납부. 그 회원 수만큼 오전에 식사 주문. (식사 종류, 주문. 배달 방법 강구)

#2 X, Y, Z회원이 자원 특별 제공(식사종류, 주문. 배달 방법 강구)

#3 점심을 Sneak으로 대치

#4 ???

나와 글샘터 모임

지난 13년 동안 글샘터 재미문학은 성장을 지속하고 있다. 최근에 가주의 비영리 단체로 등록되었다. 매주 수요일에 모임을 갖고 시, 수필, 산문, 소설을 서로의 심사와 격려로 성숙한 작품으로 창작하고 퇴고하여 출판 작품을 준비한다. 코로나 기간 동안 회원은 zoom meeting으로 오렌지카운티 지역을 초월한 미주 지역과 한국으로 성장하고 있다.

대학 다니며 쓴 시가 100편 쯤 되었을 때 한국의 문인협회 회장을 역임한 신세훈 선생을 LA에서 만났다. '코리언 에어 비빔밥'을 비롯한 10편의 시가 2011년 한국에 '자유문학' 봄호에 신인상 작품으로 실리며 나는 드디어 한국문단의 시인으로 등단하였다. 저명한 평론가이며 '에세이 포레' 발행인 겸 편집인 한상열 선생은 나의 수필 '미국의 개 이야기'를 역시 2011년 봄호에 실어 신인상 당선 작가로 한국 문단에 수필가로도 등단하였다.

200편쯤의 시를 썼을 때, 한국문단에 오직 한 사람뿐인 시인, 수필가, 소설가, 희곡작가, 평론가의 거장, 홍승주 선생을 만났다. 그 분이 나의 시를 보고 시집출판을 권고하여 2013년 6월 15일에 시집을 출판하였다. 내가 자라난 광주의 무등산을 회상하여 시집 이름을 '무등산 가을 호랑이'라고 정했다. 남가주의 오렌지카운티에 글 쓰는 한인들이 가든 그로브 한미 가정 상담소 문화행사로 '사랑방 글샘터' 모임을 시작하였다. 운영 책임을 나에게 맡겼다. 늦깎이 문학 열정을 불태우기 시작했다. 매주 수요일 아침에 모여 시, 수필, 소설, 생활수기, 논설을 쓰는 문학공부를 해왔다. 저명한 강사들을 초빙해 지도를 받고 바쁜 이민 생활로 젊었을 때 이루지 못한 문학에 대한 꿈을 펼치고 있다.

회원들 중에는 이혼 수속을 위해 상담소를 찾았다. 글쓰기 시작하지 않았다면 원수처럼 미웠던 남편과 헤어졌을 것이라고 회고하며 지금은 자식들과 함께 모두 행복하다고 고백한다. 또 93세 된 한 노인이 죽을 날만 기다리며 살다가 회원이 된 후 삶의 희망을 다시 찾고 인생 경험담을 기록해 책을 출판하기도 했다. 한 회원은 남편을 잃은 후 무덤 옆에서 시를 쓰기 시작해 시집을 출판하기도 했다.

이민 생활을 통해서 겪는 한과 슬픔을 글로 승화시키며 자신을 회복하고 즐거움을 다시 찾는 모임이 되었다. 한국문인협회와 연결되어 지구문학, 한미문단, 회원작품 집을 발간해 왔고 지난해부터 연규호 소설가와 힘을 모아 글샘터 문학 동우회는 더욱 성장하고 있다. 지금까지 100여 명의 시인, 수필가, 소설가, 회원들이 한국과 미주 문단에 등단하였다.

1961년에 서울 남대문(숭례문) 중수공사에서 시작한 나의 건축 인생은 2008년에 불에 탄 남대문을 다시 건설하는 일로 한국 역사와 문화를 세상에 알리는 노력에 전심을 기우리게 되었다. 2017년에 “동아시아는 모든 문명의 어머니”를 한국에 〈자유 문학〉에 연제하기 시작하였다. 한국 천산출판사에서 2020년에 〈동아시아는 인류 문명 · 문화의 어머니〉를 출간하였다. 같은 내용을 세계의 지성인들에게 알리려 영문으로 번역하여 〈Civilization begins in East Asia〉를 영국의 저명한 Austin Macauley Publishers, London 에서 2023년에 출판하였다.